IBRASA
LIVROS QUE CONSTROEM

CB122349

CIP-Brasil. Catalogação-na-Fonte
Câmara Brasileira do Livro, SP

Caprio, Frank Samuel, 1906-
C248a Ajuda-te pela psiquiatria : guia prático para
29.ed. viver de maneira mais sábia e saudável / Frank S. Caprio ; tradução de Dilma Ferraz Sampaio Carrazedo. -- 29. ed. -- São Paulo : IBRASA, 1980.
(Biblioteca psicologia e educação ; 4)

1. Higiene mental 2. Psicoterapia - Obras de divulgação 3. Psiquiatria - Obras de divulgação I. Título.

17. e 18. CDD-616.89
17. e 18. -614.58
17. -616.891
18. -616.8914
80-0960 NLM-WM 75

Indices para catálogo sistemático:

1. Higiene mental : Saúde pública 614.58 (17. e 18.)
2. Psicoterapia : Medicina 616.891 (17.)
616.8914 (18.)
3. Psiquiatria : Medicina 616.89 (17. e 18.)

AJUDA-TE PELA PSIQUIATRIA!

Biblioteca "PSICOLOGIA E PSIQUIATRIA"

Volumes publicados:

1. *O Segredo da Paz Familiar* — H. F. Tashman
2. *Usos e Abusos da Psicologia* — H. J. Eysenck
3. *Relações Humanas* — Thomaso / Clement
4. *Ajuda-te Pela Psiquiatria* — Frank S. Caprio
5. *Nos Subterrâneos da Mente* — Fritz Redlich
6. *Descobre-te a Ti Mesmo* — Stephen Lackner
7. *Seja Invulnerável* — Laura A. Husley
8. *Renovar Para Vencer* — John W. Gardner
9. *A Conquista da Mente* — William Sargent
10. *As Drogas e a Mente* — Robert De Ropp
11. *Fato e Ficção na Psicologia* — H. J. Eysenck
12. *A Marca da Violência* — F. Wertham
13. *Condicionamento Pessoal* — Hornell Hart
14. *Sonhos e Pesadelos* — J. A. Hadfield
15. *As Três Faces de Eva* — C. H. Thigpen
16. *O Rapto do Espírito* — J. A. Merloo
17. *A Face Final de Eva* — J. Poling
18. *O Século de Freud* — Benjamin Nelson
19. *Ajude Seu Marido a Vencer* — Kenneth Hutchin
20. *A Criança Problema* — Joseph Roucek
21. *A Criança Excepcional* — Joseph Roucek
22. *Psicoterapia de Grupo* — Vários Autores
23. *História da Psiquiatria* — Franz Alexander
24. *A Necessidade de Amar* — Theodor Reik
25. *Qual o Problema de Seu Filho?* — F. L. Ilg/L. B. Ames
26. *A Juventude Descobre o Amor* — E. M. Duvall
27. *A Saúde Mental da Criança* — Michael M. Miller
28. *A Nova Juventude* — W. Menninger
29. *Eros e Tanatos – O Homem Contra Si Próprio* — W. Menninger
30. *Amor Contra o Ódio* — W. Menninger
31. *A Mente Humana* — W. Menninger
32. *Ajuda-te Pela Nova Auto-Hipnose* — Paul Adams
33. *Saúde Mental na Empresa Moderna* — Harry Levinson
34. *Ajuda-te Pela Psicologia Aplicada* — R. H. Anderson
35. *Psicologia da Criança* — Garrison/Kongston
36. *Como a Criança Pensa* — Ruth M. Beard
37. *Análise Científica da Personalidade* — Raymond Cattell
38. *Comunicação e Dinâmica de Grupo* — Michael Argyle
39. *Guia Prático Para Entender Piaget* — Brearley/Hitchfield
40. *Como Alterar o Comportamento Humano* — H. R. Beech

AJUDA-TE PELA PSIQUIATRIA!

Guia Prático para Viver de Maneira mais Sábia e Saudável

FRANK S. CAPRIO

Tradução de

DILMA FERRAZ SAMPAIO CARRAZEDO

47ª edição

IBRASA
INSTITUIÇÃO BRASILEIRA DE DIFUSÃO CULTURAL LTDA.
SÃO PAULO

Título do original norte-americano:
Helping Yourself with Psychiatry

Direitos desta edição reservados à

IBRASA
INSTITUIÇÃO BRASILEIRA DE DIFUSÃO CULTURAL LTDA.

Rua 13 de Maio, 446 - Tel.: 3284-8382
01327-000 - Bela Vista - São Paulo - SP
e-mail: ibrasa@ibrasa.com.br
home page: www.ibrasa.com.br

Impresso em 2009

IMPRESSO NO BRASIL - PRINTED IN BRAZIL

A VOCÊ

Nós, na grande maioria, passamos pela vida conhecendo metade de nós mesmos e, portanto, usufruímos apenas metade dos nossos recursos de capacidade, confiança e felicidade. Grandes áreas de força permanecem escondidas. Sofremos porque somos estranhos a nós próprios.

RECONHECIMENTO

Meus sinceros agradecimentos ao falecido Douglas Lurton, pela permissão que me concedeu para usar matéria previamente publicada em forma de artigos na revista "Your Life" e outras, das quais era editor e aos vários membros do "staff" de Prentice-Hall, que tão gentilmente me auxiliaram na preparação final dos originais.

ÍNDICE

O QUE A PSIQUIATRIA PODE FAZER POR VOCÊ pág. 16

Què Espécie de Pessoa é Você? A Vontade de ser Ajudado é a Metade da Batalha. Você Pode Ajudar-se a Si Mesmo. Saber é Poder. Qual o Papel do Psiquiatra? Tipos de Doenças Tratadas pelo Psiquiatra. A Psiquiatria é Hoje uma Especialidade Indispensável. O Que Acontece Exatamente no Consultório de um Psiquiatra? Os Pacientes Curam-se a Si Próprios. Podem os Padrões de Hábito ser Modificados? Por que as Pessoas se Comportam dessa ou daquela Maneira? Como Começar a ser o Psiquiatra de Nós Próprios. O Objetivo Deste Livro. Conclusão.

Sessão 1.

COMO FUNCIONA A SUA MENTE pág. 27

A Mente Humana. A Influência da Religião. A Necessidade de Entender O Inconsciente. As Três Partes da Mente. A Casa Construída por Freud. O Que Você Necessita Saber a Respeito do Inconsciente. Seu Termostato Sexual. Exame do Passado. Sua Personalidade é Influenciada pelo Inconsciente. Todos Nós Temos Dupla Personalidade. Um Exemplo Verídico para Demonstrar como Opera o Inconsciente. A Doença da Consciência. O Inconsciente é o Seu Cofre de Segurança. A Resolução de Conflitos entre a Consciência e o Inconsciente. Você Pode Controlar o Inconsciente. Técnicos da Auto-Análise. O Método Autobiográfico. O Método do Questionário. O Método da Livre Associação.

Sessão 2.

ADOTE UMA ATITUDE REALISTA PARA COM A VIDA pág. 37

Escapismo: Fuga da Realidade. O Escapista Recusa-se a Encarar a Realidade. A Pessoa Normal Encara a Vida Realística e Corajosamente. Os Mortos-Vivos. O Escapismo pela Autodestruição. Está Você Vivendo em uma "Tôrre-de-Marfim?" É Necessário que Você Viva Hoje. Um Escapismo Normal é Necessário para a Saúde e para a Felicidade. Desenvolva uma Filosofia Prática da Vida. A Felicidade é Uma Maneira de Pensar. Desenvolva Uma Filosofia para Viver Alegremente. Aplique o Que Você Aprende. O Que se Deve ter em Mente.

Sessão 3.

A AUTO-ANÁLISE ATRAVÉS DA INTERPRETAÇÃO DOS SONHOS pág. 45

A Antiga Arte de Interpretar os Sonhos. Possuem os Sonhos Valor Científico? Todas as Pessoas Sonham. Por que é Importante Lembrar-se dos Seus So-

nhos. Os Sonhos Possuem Funções Úteis. Os Sonhos Preenchem Nossos Desejos. Os Sonhos que Preenchem os Desejos Podem Inspirar-nos. Os Sonhos Libertam Nossas Inibições. Os Sonhos Libertam as Emoções Doentias Acumuladas. Os Sonhos Escondem Seu Significado em Símbolos. Os Sonhos nos Levam de Volta a Uma Infância Despreocupada. A Vida Onírica é por Vezes Ambivalente. Os Sonhos Podem Reprimir os Desejos Doentios. Os Sonhos Podem Ter Um Valor Prático. Sonhos que se Repetem. Como Lembrar-se dos seus Sonhos. A Interpretação dos Seus Sonhos. Um Mapa dos Sonhos para Orientá-lo. Sumariando o Que Você Aprendeu Sobre Sonhos.

Sessão 4.

NÃO ADIANTA CULPAR A HEREDITARIEDADE pág. 59

Fatos e Falácias Sobre a Hereditariedade. O Que Faz Você Ser o Que é. Você em Três Dimensões. Nossas Personalidades Devem Ajustar-se às Diferentes Situações. Haverá Circunstâncias em que Você Possa Culpar os Pais? Os Escravizados à Família. Emocionalmente é Ainda uma Criança. A Esposa-Criança. O Marido-Criança. O Casado-solteiro. O Obstáculo de Ontem Pode Tornar-se o Predicado de Amanhã. Os Pais Neuróticos são Vítimas do Próprio Inconsciente. É Fútil Culpar os Pais. Filosofia Apartada da Vida. Siga Estas Nove Regras de Senso Comum.

Sessão 5.

O QUE É UMA PESSOA NORMAL pág. 69

O Que Constitui a Normalidade? Todo Ser Humano está Enquadrado num destes Seis Grupos. As Qualidades da Personalidade de uma Pessoa Normal. O Marido Normal. A Esposa Normal. Estão as Pessoas Normais Sujeitas a Frustrações? Como Pensam e Vivem as Pessoas Normais?

Sessão 6.

SER NEURÓTICO NÃO É SEMPRE UM OBSTÁCULO pág. 75

O Que é Neurose? Tipos Comuns de Neurose. A Personalidade do Neurótico. Os Neuróticos Não São Sempre Casos Perdidos. Os Neuróticos em Geral São Bem-Intencionados. Como Cuidar de uma Pessoa Neurótica. Seja Firme, Porém Bondoso. A Intolerância Agrava a Situação. A Lei da Supercompensação. Sentir Pena de Si Mesmo Apenas o Tornará Mais Neurótico. A Moça que Se Recusava a Crescer. Nunca é Tarde Demais para o Amor. Quem Faz Sua Vida é Você Mesmo.

Sessão 7.

SEUS MALES FÍSICOS PODEM SER PSICOSSOMÁTICOS pág. 82

A Influência da Mente Sobre o Corpo. Os Gregos e os Romanos Já Conheciam as Doenças Psicossomáticas. Os Conflitos Emocionais Podem Causar uma Variedade de Doenças. A Linguagem dos Sintomas Psicossomáticos. Dores de Cabeça Causadas por Frustração Sexual. Os Sintomas Têm Significados Simbólicos. A Discordância Mental é uma Causa Comum dos Distúrbios Psicossomáticos. Doença Causada por Culpa do Sexo. Uma Perturbação de Olhos Emocionalmente Produzida. A Compreensão da Linguagem do Inconsciente. Indigestão Mental. A Personalidade Ulcerante. A Infelicidade Fixou-se no Estômago. Os Sentimentos de Culpa Podem Causar Úlcera. Quando a Mente e o Estômago se Casam. O Preço da Hipersensibilidade. A Provocação de Distúrbios Psicossomáticos por Motivações Inconscientes. A Culpa como Motivo. A Culpa em Forma de Câncer. O Motivo Erótico. A Hostilidade como Motivo. O desejo de Obter Atenção como Motivo. Uma Dor nas Costas que Demonstrou ser uma "Dor de Coração". Um Substitutivo para o Amor de Mãe. Como Avaliar e Controlar os Males Físicos.

Sessão 8.

FADIGA NERVOSA — O GRANDE MAL DA AMÉRICA pág. 96

O Que é Fadiga Nervosa? Intoxicação de Fadiga. A Fadiga Nervosa como Síndrome. A Fadiga como um Sintoma de Aviso. Nervos em Frangalhos, Causas do Cansaço Crônico. Um Caso de Neurastenia. O Emocionismo Pode Ser a Causa do Seu Cansaço. Insatisfação no Trabalho. E o Trabalho Excessivo? Os Medos Podem Extenuá-lo. Miscelânea de Fatores Associados à Fadiga. O Que Você Pode Fazer para Sentir-se Menos Cansado.

Sessão 9.

A HALITOSE DA PERSONALIDADE E SEU REMÉDIO pág. 103

A Rigidez da Personalidade. O Excêntrico de "Cabelinho nas Ventas". O Egocêntrico Excêntrico. Supersensibilidade. O Excêntrico e Sua Saúde. O Queixoso Crônico. Você não se Pode Dar ao Luxo de Ser Beligerante e Sarcástico. Cultive sua Personalidade. Percepção Íntima. O Equilíbrio. A Ambição. A Perseverança. A Diplomacia. Procure Gostar das Pessoas. Não se Coloque Numa Falsa Posição. A Intolerância Atrofia Sua Personalidade. Dez Sugestões para se Ganhar Amigos.

Sessão 10.

VENÇA SEU COMPLEXO DE INFERIORIDADE pág. 113

Todos têm Sentimentos de Inferioridade. A Piedade por Si Mesmo Destrói a Autoconfiança. Um Empecilho Físico Pode Proporcionar-lhe um dos Maiores Impulsos para o Sucesso. A Invalidez Psíquica. A Autopiedade Pode Torná-lo Fisicamente Doente. É Egoísmo Sentir-se Inferior. Supercompensação Negativa. Falta de Autodisciplina. O Contrário de Inferioridade: o Falso Senso de Superioridade. A Necessidade de Ser Querido. Um Complexo de Inferioridade Repele o Amor. Homens que se Sentem Inferiores. Providências Essenciais para a Cura da Inferioridade.

Sessão 11.

O ESGOTAMENTO NERVOSO PODE SER EVITADO pág. 121

O Que é Esgotamento Nervoso? Causas Precipitantes. Uma Ferida Mental: a Tristeza. O Problema de Ajustamento de Uma Viúva. A Tristeza Pode ser Autopiedade. Não Reprima as Lágrimas. Você Precisa ser Objetivo. Reações Anormais à Dor. A Dor Pode ser Sublimada. O Divórcio: Outra Ferida Mental. Não Há Motivo para que o Divórcio Signifique Desespero. Idealistas em Demasia. Quando Você Precisa Consultar um Psiquiatra. O Meio mais Fácil é o Melhor Caminho. O Pensamento Negativo. O Pensamento Mórbido Pode Tornar-se um Hábito. Use seu Comutador Mental Quando Tiver Necessidade. Deixe de Meditar em Coisas Mórbidas. O Álcool Não é a Resposta. É Você Quem Escolhe. Outras Coisas que Você Pode Fazer para Evitar o Esgotamento Nervoso.

Sessão 12.

O ÁLCOOL E VOCÊ pág. 133

O Álcool como Doença da Personalidade. A Bebida Pode Custar Sua Vida. Os Etilistas São Infantis. Encare-se a Si Mesmo. Psicoterapia em Grupo. É Hoje em Dia Maior o Número de Pessoas que Bebem? O Beber Moderado. O Que o Torna um Alcoólatra? A Teoria do Complexo Mamilar. A Teoria do Escapismo. A Teoria do Suicídio Psíquico. A Teoria da Libertação das Inibições. O Álcool Liberta as Emoções Doentias. Os Alcoólatras Precisam ser Reeducados. Os 25 Mandamentos.

Sessão 13.

VOCÊ PODE EVITAR UM CASAMENTO INFELIZ pág. 143

A Escolha do Cônjuge. Sinais Perigosos. Beber Compulsório. A Infidelidade. A Imaturidade Emocional. O Ciúme. Complexos Sexuais. A Infelicidade

Crônica. Os Casamentos na Adolescência São Arriscados. O Casamentos Impulsivos São às Vezes Causados pelo Apetite Sexual. As Desvantagens do Casamento Prematuro. Irene Confundiu Sexo com Amor. O Princípio das Complicações. O Divórcio Foi Inevitável. A Prudência Veio Depois da Experiência. Quando Houver Dúvida.

Sessão 14.

QUANDO O CASAMENTO ESTÁ PERICLITANDO pág. 152

Menos Necessidade para o Divórcio. Os Casamentos Doentios são Causados por Personalidades Doentias. Os Cônjuges Infelizes. Por que Fracassam os Casamentos? Muitos Casam por Outras Razões que Não o Amor. A Doença Pode ser Responsável pelas Dificuldades Conjugais. A "Menopausa Masculina". Os Casamentos Impossíveis. Complicações que Levam ao Divórcio. O Ciúme. O Ciúme como Emoção Protetora. As Duas Espécies de Ciúme. Confissões de Infidelidade. A Repercussão da Culpa do Marido. O Senso do "Fair Play". Por que Provocar Complicações? Não Tente, Deliberadamente, Provocar Ciúmes ao Marido. Perdoar Quer Dizer Esquecer. A Infidelidade. As Conseqüências da Infidelidade. A Infidelidade Física. O Mau Casamento. Esposa Somente no Nome. Como Pode ser Salvo um Mau Casamento? A Cooperação é Necessária. Ser feliz é ser Humano. Olhe-se Intimamente. As Respostas Poderão Dar-lhe uma Pista Valiosa. Faça um Conceito Geral de Sua Pessoa. Procure Ajuda se Você Tiver Necessidade. Os Neuróticos Raramente Admitem que São Culpados. O Casamento Comum. Como Permanecer Feliz no Casamento.

Sessão 15.

QUÃO NECESSÁRIO É O SEXO? pág. 171

O Sexo e a Saúde. A Felicidade Sexual Está Relacionada com a Felicidade da Personalidade. A Doença Sexual Causa a Doença Física. A Necessidade do Esclarecimento Sexual. A Ignorância Sexual é Dispendiosa. A Necessidade de Ser Realista. A Incapacidade Sexual no Homem (Impotência). A Incapacidade Sexual na Mulher (Frigidez). Os Maridos São às Vezes os Culpados. Homossexualidade. Desvios Sexuais Diversos. Você Pode Planejar uma Vida Sexual Mais Feliz. A Atitude Certa e a Errada. Os Casais Devem Decidir Por Si Próprios. Inibições Neuróticas. Tudo Depende da Sua Atitude. O Amor e o Sexo no Casamento. Tire o Melhor Proveito da Felicidade Sexual. Pense acertadamente Sobre Sexo. Eduque-se Sobre as Questões Sexuais. Procure Conselho. Resumo Geral.

Sessão 16.

LIVRE-SE DOS MEDOS QUE O TORNAM DOENTE pág. 187

Tipos de Medos. As Pessoas Reagem Diferentemente às Situações que Provocam o medo. Fobias Comuns. A Fobia Simples. Fobia Complexa. Que é Superstição? Medos Imaginários. Que Simbolizam as Fobias? Um Caso de Cardiofobia. Um Caso de Acrofobia. As Fobias Causam Ansiedade. Cada Fobia Tem uma Causa Determinante Própria. Tanto os Medos Neuróticos Como os Reais Podem ser Controlados. Admita o Seu Medo. Compreenda o Seu Medo. Faça Alguma Coisa com Relação aos Seus Medos. Mantenha-se Ocupado. Procure Auxílio.

Sessão 17.

PARE DE ODIAR-SE pág. 196

Que Quer Dizer Odiar? As Reações do Ódio São Muitas Vezes Inconscientemente Reprimidas. Por que Odeiam as Pessoas? Os Surradores de Esposas. O Ódio Explicado por Freud. O ódio em Relação ao Medo. A Conseqüência de Odiar-se a Si Mesmo. O Ódio Provoca Complicações de Ordem Física. Odiar é Anormal. O homem que Odiava as Mulheres. Como Vencer o Impulso de Odiar.

Sessão 18.

É HUMANO TER ABORRECIMENTOS pág. 204

Todos nós Temos Nossos Altos e Baixos. É Nosso Dever Sobreviver às Frustrações da Vida. Tem Você Preocupações Crônicas? Aplique em Você Este Teste de Preocupação. A Frustração de Sentir-se Só. A Solidão Auto-provocada. O Conselho para os Solitários. As Frustrações Não Devem Dominá-lo. A Auto-Aquisição de Conhecimento Íntimo. Como Governar as Frustrações de Cada Dia.

Sessão 19.

APRENDA A PERDOAR-SE A SI MESMO pág. 214

É Anormal Ser Infeliz. É Você o Responsável pela Sua Própria Infelicidade? A Infelicidade é Uma Atitude da Mente. Os Neuróticos Verbalizam e Propagam Sua Infelicidade. A Infelicidade na Vida Adulta Muitas Vezes Tem Sua Causa numa Infelicidade da Infância. A Necessidade de Expiação. Medo de Ser Feliz. Não Faça da Infelicidade Seu Alibi. O Que Dizer a Si Próprio Quando se Sentir Infeliz?

Sessão 20.

AVANCE EM SABEDORIA À MEDIDA QUE AVANÇA EM IDADE pág. 219

Você Tem a Idade que Sente. Faça Sua Própria Idade. Permaneça Jovem Conservando Seus Pensamentos Jovens. Não Há Necessidade para Temermos a Idade Avançada. Os Anos de Colheita de Sua Vida. É Você Pessimista ou Otimista? Começando a Viver. Alguns Conselhos Profissionais. Torne Seus Últimos Anos Mais Valiosos e Mais Felizes. Que Idade Tem Você? Pode o Excesso de Trabalho Causar uma Velhice Prematura? Um Exemplo de Mocidade Triunfante. As Pessoas Famosas Nunca Envelhecem. Diminua Seu Trabalho mas não se Aposente. Você Já Fez Planos Para Seus Anos de Descanso? Então Você Vai Viajar. O Sentimento de Ser Útil é Necessário. Os Segredos para Permanecer Jovem.

Sessão 21.

O PODER DO AMOR pág. 232

Que é o Amor? As Coisas que Todos Devem Entender a Respeito do Amor. O Amor Verdadeiro é ao Mesmo Tempo Prático e Idealista. Espécie Errônea de Amor. Uma Regra da Natureza. A Origem de Todo Amor é Maternal. Os Eternos Bebês. Infantilismo Adulto. O Amor e o Companheirismo Precisam Ser Conquistados. O Sexo Pode Ser uma Demonstração de Amor. As Crianças Precisam Ser Ensinadas a Amar. As Conseqüências da Inseguridade do Amor. Quão Adulto é Você com Relação ao Amor? Qual é o seu Q.A.? O Amor Controla o Medo e o Ódio. A Onipotência do Amor. O Desenvolvimento da Capacidade de Amar. É Preciso Que Você Sinta Amor para que Seja Amado. O Amor não é Egoísta. Como Amar, Aceitar e Reter o Amor.

Sessão 22.

PLANEJE UMA VIDA BEM EQUILIBRADA pág. 247

A Saúde da Inteligência. A Saúde do Corpo. O Sucesso no Trabalho. A Felicidade no Amor. A Compatibilidade da Personalidade. Dar-se Bem Consigo Mesmo. Dar-se Bem Com os Outros. Relaxamento Recreacional. A Consciência como Religião.

Epílogo

UM PENSAMENTO FINAL pág. 259

- *Que Espécie de Pessoa é você?*
- Que espécie de pessoa sou eu?

Já lhe ocorreu alguma vez perguntar a si mesmo:

- Por que penso e me comporto assim?
- Quais as minhas qualidades obscuras, fraquezas e deficiências de personalidade que deixo de reconhecer ou recuso acusar?
- De que modo é minha saúde afetada pelas frustrações emocionais da vida diária?
- Possuo um senso de valores destorcido?
- Sou imaturo nas minhas atitudes com relação a sexo, amor, pessoas e à vida em geral?
- Quais as motivações subconscientes que permanecem atrás dos meus preconceitos e aversões?
- Sou egocêntrico demais ou supersensível?
- Costumo culpar os outros pelos meus próprios fracassos?
- Procuro levar avante um desejo sincero de crescer e progredir?
- Qual o meu objetivo na vida?

Se as suas respostas forem honestamente auto-estimadas, Você poderá descobrir a razão para muitas das suas dificuldades.

Já pensou que se Você aplicar um pouco do seu tempo na análise das próprias faltas e corrigi-las, utilizando as vantagens da biblioterapia (benefício terapêutico obtido através da leitura de livros de auto-educação), Você se tornaria uma pessoa completamente nova? Isto pode ser feito. Apenas requer um pouco de autoconhecimento, autodisciplina e determinação para a aquisição de um novo conjunto de hábitos de pensar.

• A Vontade de Ser Ajudado é a Metade da Batalha

Todas as pessoas, sem qualquer exceção, podem suportar alguma dose de auto-aperfeiçoamento. Este livro foi escrito para servir de guia ao bem-estar emocional, através da auto-análise. Tem por objetivo auxiliar Você a ajudar-se a si próprio, levando-o a resolver sabiamente seus problemas pessoais, a descobrir os motivos que precedem seu comportamento, a equilibrar a energia dos seus nervos, a tornar-se dono das suas emoções, a aumentar sua eficiência e a gozar sua vida integralmente.

Em muitos casos é creditada ao psiquiatra a cura de seu paciente, quando na realidade é o paciente quem cura a si próprio. O psiquiatra age como um conselheiro e professor, possibilitando ao paciente aperfeiçoar seu auto-entendimento. Sem a cooperação do paciente a cura não pode ser realizada.

A preservação da saúde mental é ao mesmo tempo ciência e arte, podendo ser administrada àqueles que desejam aprender e para aprender é necessário que não haja resistência em modificar a maneira pré-estabelecida de pensar; é preciso que Você seja receptível a sugestões construtivas com relação aos remédios para as deficientes adaptações aos problemas quotidianos da vida.

Se você desenvolve o desejo de ser ajudado, se acusa necessidade de entender a si mesmo, se procede a um inventário íntimo e bastante pessoal, bem como se faz esforço num determinado sentido de modificar-se para melhor, seus dias futuros se tornarão mais do que compensadores.

• Você Pode Ajudar-se a Si Mesmo

Estimou-se nos Estados Unidos que existem 14.000.000 de pessoas que sofrem de conflitos emocionais e que poderiam ser beneficiadas com o auxílio de psiquiatras.

Se Você é um desses 14.000.000 de semivivos, deveria ser confortante saber que Você é capaz de ajudar-se a si mesmo, de modificar o seu modo de pensar e a sua maneira de viver. Descobrirá então que esses distúrbios de saúde tão penosos são psicossomáticos — resultantes de uma frustração emocional — e que Você não poderá, com pílulas, curar as doenças de fundo emotivo.

As doenças emocionalmente induzidas — termo usado por John Shindler, autor do "best seller" How to Live 365 Days a Year (Como Viver 365 Dias por Ano) — podem ser evitadas. Você necessita apenas aprender a compreender a origem e a psicologia dos seus conflitos emocionais, dos seus medos e ansiedades e a íntima relação de todas essas perturbações com a sua saúde física. A aplicação inteligente desses conhecimentos poderá fazer que

Você seja seu próprio psiquiatra, com a ressalva natural no caso de o seu estado apresentar raízes profundas; Você então agirá inteligentemente se procurar a orientação de um especialista competente.

• Saber é Poder

Algumas pessoas são de opinião que "pouco conhecimento é perigoso". Argumentam que a demasiada introspecção, adquirida através de leituras auto-educativas, serve apenas para aumentar a original ansiedade do indivíduo. Estão sempre recordando o provérbio que diz – "Quando se é feliz com a ignorância é loucura tornar-se sábio". Mas não é verdade que ao dirigir um automóvel pode tornar-se positivamente perigoso quando o motorista está bêbado, é irresponsável ou imprudente? Justificaria esse fato a paralisação do fabrico de automóveis? Assim como a energia atômica contém o maior potencial do mundo para o avanço da Medicina e da Ciência em geral, assim também nos sentimos no dever de declarar, embora com pesar, que ela contém, por outro lado, a maior força devastadora do mundo. Contudo, não é propriamente a energia atômica que atua dessa maneira, mas sim o uso que dela fazemos é que determina suas boas ou más potencialidades, como também não é inteligente suprimir o conhecimento científico porque alguns histéricos usam erradamente o que aprendem.

Existem por exemplo pessoas partidárias da supressão dos livros que tratam do conhecimento da questão sexual. Os psiquiatras chegaram à conclusão de que essas pessoas sofrem de hipocrisia moral. Essas pudicícias ou pseudomoralidade representa um mecanismo inconsciente de defesa contra os seus próprios e insolúveis conflitos sexuais. Temem que os livros de educação sexual possam evidenciar os seus sentimentos de culpa. É como o Dr. Ernest Jones, psicanalista de renome mundial, se exprime: "As pessoas com secreta atração para diversas tentações são as que mais se preocupam em remover essas mesmas tentações de outras pessoas; na verdade defendem a si mesmas sob o pretexto de defender os outros, porque no íntimo sentem a própria fraqueza".

Isto talvez explique por que Sigmund Freud enfrentou uma severa crítica quando tentou expor os segredos do inconsciente – desejos intuitivos que temos o cuidado de reprimir.

Em uma carta a um jovem escritor – Bruno Goetz –, Freud escreveu:

Meu propósito é ajudar o melhor possível as pessoas que vivem num constante inferno. Não no Além, mas aqui mesmo na Terra, onde muita gente vive num inferno ... Minhas descobertas científicas, minhas teorias e métodos, visam torná-las conscientes desse inferno, para que dele possam libertar-se.

A ignorância causa prejuízos. O conhecimento é poder – varre o medo. O medo faz que Você fuja da Vida. A autocompreensão lhe dá o fundamento para uma vida bem equilibrada.

• Qual o Papel do Psiquiatra?

Existem pessoas mal-informadas que abrigam a falha concepção de que o psiquiatra é um indivíduo que trata somente de pessoas "neuróticas". Em benefício dessas pessoas deixe-me dizer-lhe que o psiquiatra na sua clínica particular é um médico que se especializa no tratamento das diversas doenças nervosas e perturbações mentais. É um especialista qualificado para analisar e entender as frustrações emocionais da vida diária, com relação à própria saúde do indivíduo. Está habilitado a guiar e a assistir aqueles que possuem problemas de ordem pessoal. Investiga em pacientes de outros médicos, que vieram para tratar de suas perturbações físicas, as interferências emocionais dos sintomas apresentados, constatando que as dificuldades apontadas são principalmente de ordem emocional e mental. Pode-se dizer que o psiquiatra é aquele que estuda as alegrias, as tristezas, as esperanças e os medos do seu paciente; está completamente convencido de que é tão importante saber que espécie de paciente tem essa ou aquela doença, como também saber que espécie de doença tem esse ou aquele paciente.

• Tipos de Doenças Tratadas Pelo Psiquiatra

Entre as diversas situações que na clínica particular a média dos psiquiatras verifica, estão os maus ajustamentos da personalidade, as fobias e medos mórbidos, as incompreensões conjugais, as questões domésticas, os problemas sexuais, a depressão mental, o alcoolismo, o complexo de inferioridade e o de insuficiência, os males da saúde para os quais os remédios nada adiantam, os esgotamentos nervosos e as psicoses.

A duração do tratamento, exatamente como em distúrbios físicos, depende de cada caso individualmente. Algumas condições melhoram com tratamento relativamente curto.

• A Psiquiatria é Hoje Uma Especialidade Indispensável

Seria deveras lastimável se o leitor adquirisse do conteúdo deste livro a impressão errônea de que a Psiquiatria é uma especialidade supérflua e de que a Psicanálise é um luxo ao qual somente os ricos se podem dar. Como psiquiatra que sou e em exercício de minha profissão, estou mais convicto das vantagens advindas da ajuda de um profissional. Todos nós conhecemos, em virtude dos seus fracassos na manutenção de uma vida feliz, os milhares de pessoas que precisam urgentemente dos serviços profissionais de um psiquiatra.

• Que Acontece Exatamente no Consultório de um Psiquiatra?

Uma das primeiras coisas que um psiquiatra faz é examinar cuidadosamente o seu paciente. A entrevista inicial é extremamente importante, porque proporciona ao psiquiatra a oportunidade de chegar a uma tentativa de um diagnóstico-estimativo de seu paciente. Na maioria das vezes sua primeira impressão é confirmada. Logo constata se o paciente está sofrendo de uma neurose profunda ou se é apenas vítima de uma frustração situacional, o que é muito mais simples de corrigir.

Além disso, o psiquiatra verifica se o paciente está apto a reagir favoravelmente ao tratamento ou se irá mostrar-se resistente a anticolaborador. Suas deduções baseiam-se no estudo da aparência geral do paciente — características da sua personalidade e comportamento no consultório. Nota se o paciente vem só ou acompanhado de um amigo ou de um parente chegado; se é magro ou gordo; se usa óculos ou se ouve mal; se tem boa ou má postura; se está triste ou zangado; se está agitado, calmo ou indiferente. Ouve atentamente o que o paciente tem para dizer-lhe e como se expressa; observa se é lógico ou ilógico no seu raciocínio e se deixa transparecer algum indício da natureza da doença.

Quando a consulta termina, apresenta ao paciente o benefício da sua opinião profissional, discute o modo de pagamento e elabora um agradável programa de tratamento.

Se o psiquiatra é um psicanalista — aquele que analisa a si próprio e que tem prática nesse método particular de tratamento — ele manterá o paciente deitado num sofá para a realização das suas subseqüentes sessões. O uso do sofá tem por objetivo relaxar fisicamente o paciente, permitindo também uma melhor concentração sobre o que deseja falar. As pacientes, com especialidade, se mostram menos embaraçadas quando podem revelar seu passado íntimo sem encarar o psicanalista. Este método não só beneficia o analista, habilitando-o a relaxar e estimar o que escuta, como também evita o constrangimento de uma entrevista frente a frente. Nem todos os psiquiatras são psicanalistas; portanto, quando o paciente consulta apenas o psiquiatra, não há necessidade de repousar no sofá.

Aliás, as pessoas que mais necessitam de um guia e de uma reeducação são as mais relutantes em consultar um psiquiatra. A sensibilidade do seu ego – particularmente o sexo masculino – faz que se tornem autoconscientes para admitir a si próprios a necessidade de um psiquiatra. A explicação reside no medo que têm do que possam aprender sobre si mesmos.

O que o psiquiatra conversa com o paciente, a fim de ajudá-lo a alcançar um melhor entendimento nas suas dificuldades, chama-se Psicoterapia. O termo é derivado das palavras "psique", que significa mente e "terapia", que significa tratamento. A palavra Psicoterapia, portanto, pode ser definida como técnica de tratamento usada pelo psiquiatra, com o fito de influenciar e melhorar: (1) a própria maneira de pensar do paciente – razões que antecedem o seu comportamento presente e passado; (2) a saúde – ajudando-o a diferenciar os sintomas, que são de origem física, daqueles que são de origem psicogênica ou neurótica; (3) o ambiente social – atitude para com as pessoas e (4) a sua própria filosofia da vida. A Psicoterapia – terapia do discernimento profundo – pode, de certa maneira, ser considerada como a Terapia da Personalidade.

No curso de diversas sessões psicoterápicas o paciente principia a encontrar-se a si próprio. Pela primeira vez aprende, a seu respeito, coisas que nunca entendeu. Ser psicanalisado é, portanto, como se olhássemos num espelho, vendo-nos pela primeira vez como realmente somos.

• Os Pacientes Curam-se a Si Próprios

Todas as vezes que, durante uma entrevista inicial, o parente de um novo paciente me pergunta se posso garantir a cura, aproveito a oportunidade para esclarecer-lhe que ninguém é curado por psiquiatra algum.

O psiquiatra age apenas como professor e guia. Supre o paciente com um mapa rodoviário apontando os desvios perigosos que devem ser evitados, bem como a direção a ser tomada. Proporciona ao paciente a oportunidade de analisar-se a si próprio pela primeira vez. Este autoconhecimento íntimo, trazido à tona pela auto-análise, juntamente com o apoio moral do psiquiatra, capacita o paciente a modificar-se para melhor, livrando-se dos diversos medos e conflitos emocionais. Mais tarde cada paciente terá de aprender a ser o seu próprio psiquiatra.

Que muitas pessoas estão habituadas a analisar vantajosamente os próprios problemas emocionais está provado no livro "Self-Mastery Through Psychoanalysis" (*Autodomínio Através da Psicanálise*), cujo autor William J. Fielding, assim escreve:

> A Psicanálise é particularmente a autopsicanálise, isto é, o fato de necessitarmos de recorrer à riqueza do inconsciente e dele haurir essa mesma riqueza não conduz apenas a um desenvolvimento mental e psíquico; forma também valioso método de utilização e desenvolvimento das nossas possibilidades latentes. É uma forma de auto-educação que não pode ser adquirida de nenhuma outra maneira.
>
> O processo de examinar e reexaminar por diversas vezes as nossas experiências, até chegarmos a um completo entendimento, faz parte da auto-análise. Isso naturalmente não implica em que o indivíduo selecione certas sórdidas lembranças e delas não se separe; esse processo o amarrará, deixando-o num estado mórbido de mente que, com o tempo, se tornará uma condição mental fixa. O hábito de analisarmos nossas experiências, efetuado objetiva e desprendidamente — e que pode ser adquirido — muito ao contrário produzirá resultados intelectuais de grande alcance.

• Podem os Padrões de Hábito Ser Modificados?

Inúmeras vezes tanto amigos como pacientes me têm perguntado:

— Como pode o senhor tornar as pessoas diferentes?

Como se quisessem dizer: "É impossível alguém alterar as manchas de um leopardo".

Esses indivíduos têm a noção de que a personalidade básica de todas as pessoas permanece a mesma. Alguns pacientes me dizem:

— Doutor, tenho a impressão de que sou muito velho para mudar. Deveria tê-lo consultado anos atrás.

Outros encaram qualquer modificação da personalidade como um melhoramento simples e superficial, acreditando que no final a pessoa reverterá ao seu padrão de comportamento original. Isto talvez seja assim para algumas pessoas. Entre os psiquiatras, contudo, a opinião geral e consensa é que as pessoas podem ser modificadas e reeducadas chegando a ponto de evidenciar uma melhora contínua.

A falecida Karen Horney, famosa psicanalista, fez pública, há alguns anos, a opinião de que as pessoas na sua maioria podem ser modificadas para melhor, se elas assim se propuserem. Como exemplo verídico, em um dos seus trabalhos publicados, relatou o caso de uma paciente que venceu suas dificuldades de personalidade através da auto-análise.

Há pessimistas que afirmam que os padrões de comportamento se tornam fixos. Se isto fosse verdade, a especialidade da Psicanálise nunca teria sobrevivido. Mas a evidência dos fatos prova o contrário — a maioria das pessoas podem tornar-se indivíduos bem integrados. Aqueles que desenvolvem um conhecimento profundo das atitudes inconscientes, que o impulsionam, pode conseguir a substituição dessas atitudes que lhe trouxeram infelicidade. Acabará por concluir que, por hábitos saudáveis de pensar, poderá até alargar esta sua nova auto-avaliação em termos das suas experiências passadas chegando a uma apreciação psicológica mais profunda do porque de as pessoas pensarem e agirem como o fazem.

• Por que as Pessoas se Comportam Dessa ou Daquela Maneira?

Várias teorias têm tentado explicar o enigma das inúmeras variações do comportamento humano. Os psiquiatras não escapam das seguintes e desafiadoras perguntas:

— Qual a causa do desajuste das pessoas?

— É a hereditariedade responsável?

— Por que é tão difícil manter boas relações com certas pessoas?

— Por que as pessoas reagem diferentemente aos infortúnios?

— Devemos culpar os pais pela delinqüência juvenil?

— Por que as pessoas bebem excessivamente ou tomam tóxicos?

— A que se atribui o elevado grau de divórcios — 400.000 por ano?

— É o ciúme uma demonstração de amor?

— Por que atualmente tantas pessoas fazem uso de sedativos? São eles saudáveis ou prejudiciais?

— Os homossexuais já nascem com essa tara?

— Podem os criminosos ser reabilitados?

— O que leva uma pessoa a odiar outra?

— Qual a causa das guerras?

— Qual a causa de uma pessoa tornar-se atéia?

Freud acredita que o comportamento neurótico estava enraizado nos conflitos sexuais. Alfred Adler explica o comportamento humano com a sua teoria da "vontade de poder", clamando que todo ente humano se esforça por compensar excessivamente, de um modo ou de outro, os seus sentimentos básicos de inferioridade. Karl Jung pregava a necessidade da religião no homem.

A despeito das diferentes escolas de pensamento, nós nos encontramos vivendo sob o mesmo céu, neste mundo turbulento no qual cada um de nós luta para sobreviver física, econômica e emocionalmente.

Minha contestação pessoal tem sido, por muitos anos, que a frustração básica do homem reside no fato de ele nascer para sentir-se emocionalmente inseguro. O homem nasce medroso, vive com medo e morre com medo. Neste sentido todo ser humano compartilha de um inevitável senso de insegurança, constantemente exposto às ameaças de uma morte prematura. Buscamos na Religião, além do conforto e consolo, a promessa da imortalidade. Contudo, sempre que a nossa autopreservação é por qualquer forma ameaçada, tendemos compulsoriamente a reagir com o medo. Isto, por seu turno, nos leva a um excesso de autopreservação, tornando-nos, como resultado, neuroticamente defensivos e hostis.

Parece-me, pois que as pessoas se comportam dessa maneira por causa do medo — denominador-comum de todos os comportamentos. Incapacitados de entender e controlar esse medo interior, na maioria das vezes inconsciente, tornando-nos vítimas de várias manifestações de egoísmo. Pensamos e agimos defensivamente.

Aprendendo a entender-nos com relação ao nosso inconsciente, estaremos melhor capacitados a controlar os nossos medos e ansiedades, a desenvolver com maior estímulo o desejo de nos tornarmos generosos e, por último, estaremos aptos a encontrar a paz de espírito que todos buscamos.

• Como Começarmos a Ser o Psiquiatra de Nós Próprios

Requer-se dos psicanalistas que, antes de analisarem as pessoas, sejam eles próprios analisados. Devem aprender a aquilatar e eliminar suas próprias deficiências, a dar provas de que são indivíduos estáveis e bem integrados, livres de conflitos emocionais. Seria irônico para o paciente aconselhar-se com um psiquiatra que necessitasse, ele próprio, de alguns conselhos.

Não nos é lógico presumirmos que, estando Você de mal consigo mesmo, não poderá manter boas relações com outras pessoas?

A infelicidade não é apenas uma coisa que se torna hábito, é também contagiosa. Principie, portanto, convencendo-se de que, sem aperfeiçoar o seu auto-entendimento e sem apreciar a causa-raiz da sua própria infelicidade, Você não poderá ser uma companhia agradável.

Decida agora mesmo e não amanhã que a atitude de que "eu não posso" será para sempre subjugada; que Você irá encontrar a verdade a seu respeito; que enquanto estiver lendo este livro irá realizar uma verdadeira faxina mental. Acredite que pode melhorar e que no final de tudo Você será mais feliz.

• O Objetivo Deste Livro

É meu sincero desejo que nossas vinte e duas sessões de Psicoterapia, abrangendo princípios de higiene pessoal e mental, possam: (1) capacitá-lo a desenvolver um profundo conhecimento, tanto de si próprio como de outros; (2) ajudá-lo a alcançar uma autoconfiança maior e (3) convencê-lo de que um dos maiores triunfos na vida é a conquista do próprio íntimo, o qual ensinará a Você e a outros que é melhor amar do que odiar.

Lucy Freeman, na sua obra "Hope For Troubled" (*Esperança Para os Conturbados*) salienta a necessidade do auto-entendimento, da tolerância e do amor, expressando-se eficazmente assim:

> "Ninguém deseja odiar se é capaz de amar. Ninguém deseja ser infeliz, uma vez convencido de uma melhor maneira de viver. Ninguém é culpado por sentir-se conturbado. Se desejamos ajudar-nos a nós próprios e aos outros, devemos primeiramente superar o medo dos sentimentos conturbados. Devemos saber que o homem é tão responsável pela sua infelicidade quanto o é pela existência do vírus causador da poliomielite. Ambas as coisas estão além de seu controle.
>
> Não podemos culpar uma criancinha indefesa que sente medo por não receber amor, nem podemos culpar os pais, quando eles próprios desconhecem o amor e não podem dar o que nunca conheceram.
>
> Em vez de punirmos os homens por sentirem medo, não poderíamos entender que eles buscam amor? Não poderíamos entender que lutam para o enriquecimento e a glória ou matam, tudo numa vã tentativa de alcançar o amor? Se pudermos, estaremos aptos para ajudar-nos mutuamente, ajudando também nosso país e o mundo a alcançar maior felicidade e paz."

Se esta obra conseguir, de maneira saudável, tornar o público em geral mais interessado pela Psiquiatria; se proporcionar àqueles que se encontram sob os cuidados de um psiquiatra um conhecimento profundo capaz de torná-los menos refratários ao tratamento; se fizer com que muitos, em urgente necessidade de conselhos e orientação profissional, se tornem mais submissos à idéia de procurar auxílio, quando necessário — terá ela encontrado a sua finalidade.

- **Conclusão**

É minha esperança também que aqueles que foram esclarecidos através das sessões informais se tornem mais inclinados à bondade e à compreensão para com as pessoas que tanto necessitam sentir-se amadas e desejadas. Se assim procederem, estarão contribuindo grandemente para que a Psiquiatria preventiva atinja sua meta final — o amparo para Você e para os outros contra uma infelicidade desnecessária.

SESSÃO 1

COMO FUNCIONA A SUA MENTE

• A Mente Humana

A pessoa comum acha difícil controlar o que nunca foi capaz de entender, *os trabalhos da sua própria mente.* Se Você se põe a meditar no que é o *ambiente,* bom ou mau, senão uma conseqüência de *reflexo do pensamento do homem* e que a criação do Céu ou do inferno em que está vivendo não é senão também fruto da ação da sua própria mente — Você poderá perguntar a si mesmo: se os males da Civilização foram causados pela inabilidade do homem em compreender os motivos que jazem atrás do seu comportamento destruidor, por que durante todos estes anos não fizeram alguma coisa? A resposta será então que temos feito, sim, alguma coisa, mas que nossa tarefa se encontra apenas na metade.

• A Influência da Religião

A perpetuação das diversas religiões, em todo o mundo, é prova suficiente da tentativa do homem para influenciar o comportamento social a caminhar na direção certa. A Religião constitui uma forma de disciplina social. Contudo o homem, para obedecer aos 10 mandamentos, necessita mais do que a promessa da imortalidade. A despeito da sua fé na Divina Providência, ele continua cometendo crimes contra a Humanidade. Constatamos a evidência destes fatos todos os dias.

Os psiquiatras acreditam ter encontrado a razão da importância da Religião que, por si só, não pode impedir as guerras e muito menos curar as perturbações mentais do indivíduo.

• A Necessidade de Entender o Inconsciente

Até 50 anos atrás, pouco se sabia a respeito da parte negativa da natureza do homem. A Psicanálise descobriu que a solução do enigma do comportamento humano não reside no estudo que o homem executa e nem na tentativa de convencê-lo de que é compensador ser bom. Reside apenas no desejo de fazê-lo entender o porquê do seu comportamento.

Hoje em dia, a grande maioria está convencida de que o comportamento anormal é uma doença da mente — uma doença da personalidade. Tanto é assim que a Religião se está voltando para a Psiquiatria em busca de auxílio. Os sucessos dos livros "The Power of the Positive Thinking" (*O Poder do Pensamento Positivo*), de Norman Vicent Peale e "Peace of Mind" (*Paz de Espírito*), de Joshua Liebman, são provas de um desejo do público para entender mais profunda e psicologicamente nossos conflitos emocionais, além de uma necessidade que tem este mesmo público de sentir um conforto espiritual através do perdão.

• As Três Partes da Mente

Precisamos avaliar corretamente a natureza dos nossos instintos e apetites básicos, a fim de que, melhor equipados, possamos controlá-los. O mundo, neste particular, está em débito para com Sigmund Freud, o descobridor da Psicanálise, em virtude de ter sido ele o primeiro homem a passar a mente humana pelos raios-X com êxito, descrevendo seus complicados trabalhos.

De acordo com sua teoria a mente está dividida em três partes:

1. O inconsciente
2. O Consciente, e
3. A Consciência

Freud deu a estas três partes da mente nomes técnicos específicos, chamando o Inconsciente de *Id;* o Consciente de *Ego* e a Consciência de *Superego.*

• *A* Casa Construída por Freud

Se fizermos idéia de que a mente é uma pequena casa, poderíamos chamar o Inconsciente de porão — andar subterrâneo; o Consciente de andar principal, parte da casa onde realmente vivemos e nos entretemos, e a Consciência — o censor moral, a polícia — seria o sótão.

É lógico presumirmos que o porão não é tão limpo ou não está tão em ordem como a parte de cima. Na maioria das casas o porão torna-se um lugar para despejo, onde se armazena quantidade de velharias e, ao mesmo tempo, se localiza o sistema de abastecimento para toda a casa.

• O Que Você Necessita Saber a Respeito do Inconsciente

O Inconsciente é o armazém dos nossos impulsos primitivos. Às vezes admitimos simplesmente uma desculpa para justificar perante nós mesmos as atitudes provocadas por esses impulsos, usando de verdadeiros alibis, tais como: mal hereditário, pobreza, obstáculos físicos, frustrações conjugais e assim por diante. A maior parte das nossas tendências destruidoras está trancada no "porão" da nossa mente. Quando, porém, abrimos a sua porta e deixamos um destes encarcerados impulsos em liberdade, a sociedade sofre as conseqüências: alguém é assassinado, um banco é roubado ou alguma inocente moça é violentada.

Mas, não é assim tão sério. Nós, em geral, não somos tão imprudentes a ponto de concedermos deliberadamente tal expressão de liberdade a esses impulsos; muito ao contrário, reprimimos esses desejos, socialmente censuráveis. Quando a luta para contê-los, contudo, se torna por demais renhida, a ponto de estes impulsos ameaçarem quebrar os elos que os prendem, nós nos tornamos emocionalmente doentes. Os sintomas neuróticos (dores de cabeça, indigestão nervosa, insônia etc.) vêm em nosso socorro, atuando como uma defesa contra a prática de alguma coisa errônea. Pude verificar que entre alguns dos meus pacientes o medo da loucura era na realidade um disfarce do medo de cometer algum ato anti-social.

• Seu Termostato Sexual

O instinto sexual presente em todo ser humano é representado por uma fornalha, também localizada no "porão". A energia sexual, porém, como o calor, deve ser regulada por um termostato. Algumas pessoas nunca aprendem a ajustar seu termostato sexual — o que Freud chama de "Libido" ou fome sexual — a uma temperatura normal. Como resultado, ou deixam o fogo apagar-se, tornando-se frias ou sofrem o desconforto por sentirem calor em demasia, ou então se arriscam a uma explosão da caldeira por descuido ou por abuso. Isto explica o porque de tanta infelicidade ser traçada pela nossa falta de entendimento relativo à natureza dos nossos impulsos sexuais.

Muitos de nós têm medo de explorar e limpar os "porões" da nossa mente com receio do que possamos descobrir. No porão estão armazenadas todas as recordações do passado, todas as coisas que aprendemos e experimentamos, prontas para serem usadas quando delas necessitamos. O consciente deve conservar-se livre dessas experiências passadas até o momento em que elas forem requisitadas, a fim de ir ao encontro das experiências diárias e das futuras do dia de amanhã. Cada dia, a vida começa novamente, mas nossa maneira de encarar o novo dia e nossas atitudes para com os acontecimentos de cada dia são coloridas pelas nossas experiências passadas e pela maneira como então a elas reagirmos. O modo pelo qual reagirmos hoje dependerá grandemente das reações que tivemos no passado. Encontramo-nos conscienciosamente despercebidos da influência do inconsciente, embora muitas vezes perguntamos a nós mesmos: "Então, o que me levou a agir desse modo? O que me fez agir assim tão bobamente?"

• Sua Personalidade é Influenciada Pelo Inconsciente

A habitual maneira de agir é adquirida através da vida, a fim de aliviar o conhecimento íntimo da opressão das decisões. Aprendemos a andar, a tomar banho, a vestir, a comer, tudo sem a direção da consciência. Da mesma maneira também adquirimos hábitos de pensar. Se aprendemos a ser bondosos e polidos, a aceitar pequenas mágoas ou aborrecimentos com um sorriso ou com um gesto de pouco caso, a olhar para o lado bom da vida, então tendemos a continuar esta maneira de agir e pensar através das nossas vidas.

Se, por outro lado, costumamos ser ásperos, ofendemo-nos facilmente, retorquinos a todos pronta e impolidamente, mostrando-nos rudes e desconfiados, dispostos a trapacear e a mentir; então nossas reações tenderão a ser as mesmas sempre. Para reagir de maneira melhor, permitindo que o *consciente domine o inconsciente,* teríamos de desenvolver luta constante. Este conflito diário, além do desperdício de energia, impede a mente de ocupar-se das coisas mais elevadas da vida.

• Todos Nós Temos Dupla Personalidade

Alguns consideram que penetrar no interior do inconsciente é equivalente a comer fruto proibido da "Árvore da Vida". Depois dos 40 anos, porém, Freud teve a coragem de morder a maçã do conhecimento, chegando à conclusão de que todos nós temos uma dupla personalidade. Admitiu francamente que dentro de nós existem o Dr. Jekyll e o Mr. Hyde e que o comportamento é determinado pela nossa habilidade de executar um saudável convênio entre as duas forças opostas existentes dentro de nós: o inconsciente (que sempre exige a gratificação dos nossos desejos egoísticos) e a consciência moral (que restringe e disciplina o impulso de agir erroneamente).

• Um Exemplo Verídico Para Demonstrar Como Opera o Inconsciente

Talvez eu possa ilustrar meu ponto de vista citando o caso de uma moça, Eleanor, que encontra uma bolsa com trezentos dólares. Seu primeiro impulso é guardá-la. Considera-se uma moça de sorte e não tira da cabeça as inúmeras coisas que pode adquirir com o dinheiro. Isto nada mais é do que o inconsciente de Eleanor trabalhando. A tentação de ajudarmos nosso sentido de segurança à custa de alguém é encontrada em todos nós; é uma manifestação do nosso instinto de autopreservação. Mas Eleanor sente-se atormentada pela sua consciência, que lhe murmura aos ouvidos: "Você precisa devolver a bolsa ao verdadeiro dono. O seu nome e endereço estão escritos na Carteira de Identidade. Como se sentiria se fosse Você quem tivesse perdido esta quantia? Você poderia ser feliz sabendo que quem perdeu a bolsa está condenada a sofrer as conseqüências desse transtorno?"

Apesar das dores na consciência, contudo, Eleanor decide guardar a bolsa e gasta o dinheiro em roupas e frivolidades, desconhecendo o preço que terá de pagar pela desonestidade. Seu senso de culpa principia por demonstrar-se na forma de enxaquecas. Eleanor, porém, jamais suspeitaria de uma conexão entre seus sintomas e a guarda da bolsa. Ironicamente ela descobre que, indo de médico a médico em busca da causa-raiz das suas dores de cabeça, despenderá importância maior do que a que encontrara. Esta é a maneira pela qual a mente trabalha em milhares de casos de desordens neuróticas.

• A Doença da Consciência

A consciência, responsável pelos sentimentos de culpa de Eleanor, reside no "sótão" da mente. O ego consciente está apertado entre o "porão" e o "sótão". Tanto é anormal viver no "sotão" como o é dormir no "porão". Existem muitos neuróticos que sofrem do complexo de falsa culpa ou do que muitos têm denominado "doença da consciência". Levam tudo a sério demais, são superconscienciosos e, em casos extremos, tornam-se ascéticos, considerando os prazeres da vida pecaminosa. Por exemplo: uma mulher moralista, supersensível, que, somente por causa de uma pudicícia fanática, prefere ficar solteirona a tomar uma atitude inteligente e saudável para com o amor, sexo e casamento, necessita ser reeducada.

• O Inconsciente é Seu Cofre de Segurança

Não se deve pensar que o inconsciente é um almoxarifado, apenas para guardar as más experiências da vida. De modo algum isto é verdade. Assim como adquirimos bons e maus hábitos de agir e pensar, também estocamos boas ou más recordações. O encanto de uma boa música é mais do que um apelo ao nosso senso estético. É como um caminho que nos leva de volta a agradáveis recordações de bons tempos que passamos com pessoas amadas ou com amigos. O sentimento de bem-estar que provém da música que se ouve surge de uma associação interna com as lembranças de felizes recordações, boas resoluções e propósitos elevados. Ocasionalmente, a música nos traz tristes recordações; lastimamos os dias perdidos, os erros do passado e então choramos. Se a música leva ao nosso percebimento íntimo uma apreciação das nossas faltas e a uma resolução para acharmos o lado melhor da vida, a música é terapêutica.

O que permanece no inconsciente é semelhante ao que resta em nosso cofre de segurança: lá nada há além do que colocamos ou além do que nos tem sido caro. Os impulsos derivados dos velhos e longínquos instintos e das emoções do animal não se enquadram no viver de uma comunidade civilizada e, se for permitida sua continuação, bem como seu aparecimento em nossos "maus momentos" para atormentar-nos, eles darão uma nova cor em nossas vidas, perturbando nossa visão. Para vivermos em paz com o mundo é preciso, primeiramente, sermos capazes de viver em paz com nós mesmos. Uma luta constante entre a consciência, a qual foi criada para um viver harmonioso, e o inconsciente, onde os desejos reprimidos passaram a ser de suma importância, produz um sentimento de frustração emocional e encoraja nossa fuga para uma doença neurótica.

• A Resolução de Conflitos Entre a Consciência e o Inconsciente

As pessoas bem-ajustadas não viram as costas para o Inconsciente nem zombam da sua consciência. Aprenderam a não ter medo das ocasiões em que sua mente se dá ao luxo de pensamentos travessos. Não permitem que tomem expressão e nem reprimem os desejos perturbadores, mas, ao contrário aprenderam como controlá-los, analisando-os e entendendo-os.

É o subir e o descer da gangorra dos instintos bons e maus do homem que determina as oscilações do comportamento individual e social. Isto explica por que a história se repete com os seus ciclos de guerra e paz. Temos a impressão de que Freud foi inspirado pela convicção de que o homem civilizado somente aprenderá a viver sabiamente quando for capaz de entender o funcionamento da sua própria mente. É como Herbert Spencer disse: "É a mente que produz o bem ou o mal, que produz a desgraça ou a felicidade, a riqueza ou a pobreza."

• Você Pode Controlar o Inconsciente

Aqui estão algumas sugestões específicas que poderão capacitá-lo a aplicar este novo conhecimento da sua mente e seu funcionamento na vida prática de todos os dias.

1. Lembre-se de que todos nós possuímos certos instintos que somos obrigados a controlar. Se a sociedade espera que amordacemos nosso cão, principalmente quando ele tem tendência para morder estranhos, então por que não amordaçamos também nossos instintos selvagens quando tendem a tomar expressão e nos colocar em sérios apuros?

2. Estabeleça um acordo saudável entre os dois extremos — os desejos sequiosos de prazer do seu inconsciente e as exigências disciplinares da sua consciência moral. Não permita que seu inconsciente o domine.

3. Convença-se do fato de pensar na prática de atos malévolos e condenáveis. Não se deixe ficar alarmado ou amedrontado pelos seus medos e dúvidas.

4. Aprenda a substituir um pensamento negativo por um positivo.

5. Lembre-se de que as coisas que acontecem não constroem e nem destroem uma pessoa. É a reação mental a essas mesmas coisas que vale. Conseqüentemente é melhor sermos lógicos e sensatos do que sentimentais e inúteis.

6. Fazer do prazer a principal coisa da vida aumentará seu senso de culpa e mais tarde causará conflitos emocionais.

7. Olhe para trás e considere as coisas que já aconteceram. Avalie essas esquecidas e distantes experiências analisando o efeito doentio que poderão causar na sua saúde emocional. Tirando-se o esqueleto para fora do armário e, tornando-nos conscienciosamente apercebidos das influências do inconsciente — os desejos reprimidos — é uma maneira de eliminarmos os nossos medos. Encare seu próprio íntimo.

8. Pare de castigar-se através dos seus distúrbios neuróticos derivados dos sentimentos de culpa vindo do "porão" da mente. Desvie essa mesma energia, cultivando algum passatempo, que lhe servirá como um redutor de tensão.

9. Tente descobrir os motivos profundos das forças que estão atrás do que Você diz e faz. O autoconhecimento íntimo adquirido através da auto-análise o habilitará a um melhor conhecimento da sua mente e do seu funcionamento.

10. Equilibre a sua vida emocional.

11. Faça do saber seu sócio em tudo que Você fizer e pensar.

• Técnicas da Auto-Análise. O Método Autobiográfico

A maneira específica de iniciar um conhecimento a respeito do seu próprio inconsciente é através do método autobiográfico. Faça um estudo impessoal, escrevendo sua vida. Arranje um caderno e comece a escrever sua autobiografia. Você ficará surpreendido, quando terminar, do quanto aprendeu a seu respeito. Comece pelo que Você sabe acerca de seus avós. Descreva sua mãe, seu pai e outros membros da família. Continue com a descrição do seu lar e o ambiente dos seus primeiros anos; das significativas recordações da sua profunda impressão; da sua educação e realizações; das várias posições que ocupou; dos desapontamentos da sua vida; dos amigos e inimigos que fez; das boas coisas que lhe aconteceram; da espécie de hábitos de ser e traços de personalidade que desenvolveu; do que gosta e do que não gosta; das suas atitudes passadas e atuais relativamente à Religião, às pessoas e à vida em geral; da sua vida sexual e dos seus planos para o futuro. Naturalmente Você deverá ser discreto a respeito do que e do quanto deverá incluir em suas anotações. Não há dúvida de que deverá tomar precauções. Tenha a certeza de que somente Você e ninguém mais tem acesso ao seu caderno que, depois de lhe ter prestado o necessário auxílio, poderá ser destruído.

Meu professor, Dr. Wilhelm Stekel, fazia que muitos dos seus pacientes escrevessem as próprias autobiografias. Eu mesmo experimentei este método e achei que vale a pena o tempo e o esforço aplicados.

Acredito que no coração da maioria das pessoas existe um desejo oculto de escrever a história da sua própria vida. Quando, porém, escrevê-la não se esqueça de incluir as reações emocionais que teve com relação a cada acontecimento ou experiência traumática. Seja honesto consigo mesmo. Admita qualquer que for o erro cometido e porque Você acha que o cometeu. O importante é chegar a alguma conclusão do que era e como era a sua vida, seu grau de responsabilidade relativo às diversas situações em que se encontrou e algumas das razões secretas que poderão esclarecer seus atuais padrões de hábitos de agir e pensar. Não é minha intenção fazer de Você um psiquiatra amador. Suas deduções podem ser apenas adivinhações, mas uma coisa posso garantir-lhe: Você saberá mais a seu respeito do que antes.

Quando escrever a história da sua vida conserve um espelho imaginário na sua frente e descreva o que vê e como na realidade Você é.

• O Método do Questionário

Outra maneira específica de adquirir-se maior autoconhecimento é através do método do questionário. Faça sua própria lista de perguntas concernente a você e aos problemas da sua vida. Responda a cada uma por escrito. Nunca diga: "Eu não sei". É melhor responder com adivinhações do que deixar de responder.

Inicie respondendo as questões de introdução sob o título — "Que Espécie de Pessoa Sou Eu?" Faça tantas perguntas quantas puder pensar. Esse processo poderá completar sua autobiografia.

Com um desses métodos Você certamente terá melhor conhecimento do seu próprio inconsciente — a outra metade do seu "eu" que tem sido um estranho para você.

• Método da Livre-Associação

A terceira técnica é o método da livre-associação.

A Psiquiatria executa seu trabalho, concedendo ao paciente uma oportunidade para ventilar os seus conflitos. As emoções que possam ser consideradas como "venenos psicológicos", ou vingança, se dissipam através de um expurgo mental, denominado pelos psicanalistas de catarse — ato de subjugar os conflitos, tirando-os fora do seu sistema, através da palavra. Quanto mais o paciente conversa tanto mais ele revela seu íntimo e, com a ajuda do psiquiatra, é capaz de ver e corrigir a causa-raiz das suas perturbações.

Você pode alcançar o mesmo, escrevendo de quando em quando qualquer pensamento que chegue até à sua mente. Este processo é chamado de livre-associação porque uma idéia é inconscientemente associada a algum outro pensamento, que por sua vez o leva a relembrar algum fato importante da sua vida e que foi reprimido. É a purificação da sua alma no papel (catarse escrita). Isto também ajuda a dissipar as emoções prejudiciais à saúde.

Lembre-se de uma canção que Mary Martin cantou em South Pacific, intitulada "Im Gonna Wash That Man Right Out Of My Hair" (Vou Já Arrancar Aquele Homem da Minha Cabeça). Você também pode arrancar as frustrações de sua vida, tirando-as fora do seu sistema por meio da escrita. Muitas pessoas são despercebidamente beneficiadas por esta técnica quando escrevem uma longa e profunda carta, repleta de comoções, a alguém, e depois, no dia seguinte, a rasgam; mas pelo único fato de já a haverem escrito se sentem com melhor disposição. Creio que foi Abraham Lincoln quem assim procedia e recomendava esta prática. Cartas, cujo conteúdo é abusivo, jamais devem ser colocadas no Correio. Muito ao contrário, devem ser jogadas no lixo.

A prática de reler o que Você escreveu acerca das suas frustrações e ódios, com o tempo fará que os mesmos se tornem ridículos. É um método que, além de protegê-lo das dificuldades, o capacitará a alcançar uma minuciosa perspectiva do seu íntimo.

SESSÃO 2

ADOTE UMA ATITUDE REALISTA PARA COM A VIDA

• Escapismo: Fuga da Realidade

A maioria de nós prefere escapar das realidades dolorosas da vida. Esta tendência de fugir da dor, seja física ou mental, é normal. E quem é que gosta de coisas desagradáveis?

Escapismo é pois a tentação comum a todos nós, um desejo de bater em retirada, de escapar das nossas responsabilidades e apartar-nos das nossas frustrações. Assim mesmo nunca podemos escapar de nós mesmos. Podemos não admitir, porém muitos são infelizes simplesmente porque decidiram suas vidas com esta frase: *não posso suportar*. Quando a travessia se torna árdua e nossos aborrecimentos muito pesados, somos tentados a refugiar-nos em qualquer coisa – boa ou má – que nos ajude a esquecer e a escapar das situações penosas.

Henry era um desses escapistas, um fugitivo da realidade. Vinha de um lar infeliz. Seu pai era autoritário, agressivo e amigo de palavrões, como também pouco ligava ao sustento da casa. Sua mãe era falta de tato, mal-humorada e criticava sem parar. A vida para Henry tornou-se tão insuportável que, com a idade de 16 anos, fugiu de casa e nunca mais voltou. Depois de cumprir o Serviço Militar, conseguiu uma boa situação, casou-se e estabeleceu nova vida. Infelizmente sua mulher envolveu-se com outro homem e o casamento terminou em divórcio. Como resultado, Henry passou a maior parte do tempo em companhia de mulheres, bebendo e jogando. Chegava em casa altas horas da noite, dizendo que agora era sua vez de gozar as boas coisas da vida antes de morrer.

Antes de me consultar, ele havia ido ao seu médico e se queixara de insônia. Foi-lhe dito que era um caso de "nervos" resultante da vida que levava. Eu descobri que era seu senso de culpa que lhe roubava o sono. Quando desistiu de ser excessivamente generoso para com o vinho, mulheres e música, despindo-se daquela aparência postiça e estabelecendo um sério plano para o futuro, sua insônia desapareceu.

Foi ensinando a Herry que tentar escapar da sua infelicidade por meio de uma carreira de prazer era refugiar-se num método que não lhe daria a menor possibilidade de êxito.

• O Escapista Recusa-se a Encarar a Realidade

A incapacidade de suportar as inconveniências físicas, tais como o calor, o frio, as dores da fome ou a incapacidade de sofrer um desapontamento ou uma frustração emocional é comum nos escapistas. Trabalham somente pela necessidade de sobreviver e se aborrecem por qualquer pequeno acontecimento.

A pessoa normal aceita os desconfortos físicos e psíquicos da vida de maneira filosófica, como se fossem parte dos negócios diários da vida. O escapista recusa-se a encarar a realidade.

As situações que produzem sofrimentos são na maioria das vezes de origem psicológica. Nenhum de nós reage contra as frustrações de modo igual. Temos as Maria de Oliveira que se suicidam quando irremediavelmente apaixonadas, os João da Silva que dão para beber quando perdem o emprego, os Antônio Pereira que se conturbam por causa de um mau casamento.

• A Pessoa Normal Encara a Vida Realística e Corajosamente

O indivíduo bem integrado oferece uma reação realística em face à desventura; está preparado para enfrentar a má-sorte e corajosamente desafia o Destino, a despeito das adversidades da vida. O escapista, por outro lado, é imprático e não consegue ver que a vida poderia ser fascinante se ele pudesse ensinar a si mesmo como ser esportivo, como aparar os desapontamentos não deixando que eles afetem sua saúde emocional e mental. O escapista vive no passado, sonhando de olhos abertos e imaginando sucessos. É imaturo quanto ao sexo, amor e casamento e não faz esforço algum para crescer e progredir. Não tem fibra. O primeiro sopro mais forte do Sr. Destino o liquidará.

Os pais, que criam seus filhos medrosos e dependentes, podem torná-los emocionalmente fracos e incapazes de suportar as frustrações de uma vida adulta. As crianças dependentes estão inabilitadas a promover um ajustamento social e econômico satisfatório. Estão sempre procurando meios para fugir das responsabilidades da vida. Na maioria das vezes apressam o próprio fim, pois, impossibilitadas de atenuar as advertências da vida, descambam para a bebida, tóxicos ou para ambas as coisas ou também para o jogo, aventuras amorosas ou então se tornam doentes neuróticos. Por quê? Porque o seu quociente de tolerância (QTD) é abaixo do normal.

• Os Mortos-Vivos

A demência é um exemplo de afastamento anormal da realidade. O demente retira-se para um mundo de sonhos onde nada do lado de fora pode atingi-lo. Divorcia-se do tumulto do mundo exterior, que ele não mais consegue encarar. Nessa caverna mental, permanece olhando fixa e irrefletidamente o espaço. Na maioria das vezes recusa alimento. Evita toda e qualquer conversa. Quer estar a sós. Adota uma atitude negativa relativa a qualquer sugestão de cura. Goza a segurança do seu refúgio.

Assim, os dementes têm sido chamados de mortos-vivos, como se tivessem cometido o suicídio psíquico, reencarnando-se num novo mundo de fantasia e irrealidade. São como eremitas mentais, que vivem satisfeitos na própria solidão. Enquanto outros lutam corajosamente com as responsabilidades da vida, eles fizeram uma paz particular – uma paz vazia e nebulosa. Guarneceram-se de maneira a proteger sua supersensível pele mental. Do lado de fora, nada então poderá feri-los. Uma voz interior sussurra: *não há solução para o seu problema, então ... pare de pensar. Refugie-se e viva o resto da sua vida no seu próprio mundo.*

• O Escapismo Pela Autodestruição

O *suicídio* constitui a forma mais anormal do escapismo – ato de uma mente completamente derrotada. Uma pessoa normal consegue achar a melhor solução para os problemas de reveses financeiros, de doenças incuráveis, de desapontamento no amor, para o divórcio ou quando fracassam em alcançar determinada meta. Os mal-ajustados vão ao extremo de fazer que outros sofram pelos problemas que são incapazes de resolver. Um orgulho falso faz que não revelem a ninguém suas frustrações íntimas o então decidem fugir através da autodestruição.

• Está Você Vivendo em Uma "Torre-de-Marfim"?

Existem pessoas que, depois de alcançarem sucesso, fama ou riquezas, se retiram do mundo e se isolam em sua torre-de-marfim.

Esta é apenas outra forma de escapismo. O sucesso é para ser compartilhado. Devemos isto a nós mesmos e aos outros para que possamos fazer parte do mundo em que vivemos a fim de dar aos outros a inspiração de que necessitam para terem seu próprio sucesso.

• É Necessário que Você Viva Hoje

Há pessoas que se privam dos prazeres normais, trabalhando e se sacrificando, visando ao dia em que se aposentarem. Conheci muitos casais assim. Raramente recebem, vivem como eremitas sociais, adiam seus planos de viagem, se desligam dos laços normais de família, construindo um muro ao seu redor, que os separa do mundo exterior. Certa ocasião, quando estavam para refugiar-se na casa sonhada, na ensolarada Califórnia, a esposa morreu de um ataque cardíaco. A casa sonhada passou a ser apenas isto: uma casa de sonhos.

Planejar para o futuro é sensato, mas é preciso também que entre em consideração a necessidade de viver agora — hoje. Não há certeza a respeito do futuro. Sua única meta para gozar a vida mais tarde pode tornar-se tarde demais.

Viver *hoje* quer dizer não viver no *passado*. Os dois dias passados são como as refeições que tomamos e a alimentação principia hoje outra vez. Uma excelente refeição da semana passada não pode aplacar a fome do dia de hoje e nem uma refeição desastrosa de um nês atrás poderá estragar a perspectiva de um jantar delicioso de hoje à noite. A vida continua. Os erros do passado não serão os de hoje se soubermos tirar proveito das nossas próprias fàltas. O futuro com os seus problemas e alegrias está mais adiante. A esposa de Lot pereceu porque olhou para trás.

• Um Escapismo Normal É Necessário Para a Saúde e Para a Felicidade

Felizmente, existem muitas maneiras de tornarmos a vida menos opressiva. Existe uma espécie de fuga que pode ser considerada normal. Todos nós necessitamos de um descanso mental. As férias proporcionam uma fuga temporária das nossas responsabilidades diárias. O trabalhador cansado, que arranja tempo para pescar, deve ser elogiado. Sempre que houver um tradicional baile de gala, um misterioso conto policial, uma tarde para pintar-se uma paisagem, uma decifração de palavras cruzadas ou um jogo de golfe, podemos considerar tudo isto formas de um escapismo normal.

Pouco importa a maneira pela qual se adquira um relaxamento físico e uma distração mental. Pode ser através do esporte, da dança, do cinema ou de assistir à televisão. Todos nós necessitamos de alguma coisa que nos descanse, alguma atividade agradável que nos leve para longe da rotina diária ou de pensamentos perturbadores. Esta mudança é necessária; este contrabalanço é essencial para uma boa saúde. Isto, naturalmente, não quer dizer que devemos passar a maior parte do tempo em busca de prazeres. A dose saudável de escapismo normal pode ser ministrada ao nosso trabalho diário, tornando-o menos tedioso. As pessoas bem ajustadas equilibram seu trabalho e preocupações através de escapes recreativos.

• Desenvolva Uma Filosofia Prática da Vida

Vamos encará-la. A vida é uma batalha. É uma luta de princípio a fim, é um esforço contínuo desde as entranhas até a tumba para sobreviver. Com coragem e paciência poderemos sair vitoriosos, mesmo nas piores circunstâncias. Mas apenas com coragem.

Darwin tinha razão quando afirmava que a vida era a sobrevivência dos mais fortes. O fraco sucumbe, o forte sobrevive. Cada um de nós faz a sua escolha — consciente ou inconsciente — se irá enfrentar a vida fortemente ou com meia-coragem, se avançará em busca da vitória contra o inimigo ou se sucumbirá pela fraqueza e retirada.

Vivemos num mundo de amor, mistério, medo e ódio — um mundo de confusão e contradição. Experimentamos alegrias que nos estimulam e tristezas que nos deprimem. Heráclito, o filósofo grego, na sua "Lei dos Opostos", declarou que o homem está condenado a uma vida de forças contraditórias: amor e ódio, guerra e paz, vida e morte, dor e prazer. É o modo com que reagimos a essas forças dinâmicas que determina se somos normais ou neuróticos.

• A Felicidade É Uma Maneira de Pensar

Cada um de nós necessita de uma filosofia e prática funcional da vida: uma maneira de pensar que torne a vida agradável em vez de penosa. Devemos desenvolver um sentimento de "Eu sou" — de pertencer — relembrando-nos que estamos contentes por estarmos vivos.

Se desenvolvermos fortes laços juntamente com o mundo ao nosso redor — o sol, a lua, as estrelas — se formos capazes de dar e aceitar amor, nossa própria felicidade estará assegurada. A capacidade de gozar a vida provém de uma filosofia da vida que deve ser ao mesmo tempo prática e realista, baseada no princípio de que a felicidade em larga escala é uma atitude da mente.

• Desenvolva Uma Filosofia Para Viver Alegremente

Enquanto Você está aprendendo a ser seu próprio psiquiatra, torne-se um filósofo. Lembre-se que, ricos ou pobres, estamos todos expostos às mesmas desilusões, desafios, doenças, tempestades, acidentes e guerras. A melhor defesa é construir uma imunidade íntima contra os efeitos de todas as coisas que possam afetar sua moral. Para isso conseguir, é preciso partir da convicção de que Você pode sobreviver, física e emocionalmente, às dolorosas realidades da vida. Se outros podem fazer assim, Você também o pode, se não levar a sério sua própria pessoa. Reconheça que seu dever para com o Criador, para com sua família e seus amigos é viver esta vida corajosamente, a despeito de estar rodeado de medos e desânimos.

Inclua também nesta filosofia um amor pela vida, pelas pessoas e pelo que o cerca, bem como uma fé na Humanidade. Acima de tudo, seja realista nas atitudes para consigo mesmo, para com a vida e para com o mundo que o cerca.

• Aplique o Que Você Aprende

Alguns de Vocês estão inclinados a dizer como os pacientes muitas vezes dizem: *Mas, doutor, o senhor não me contou nada além do que eu já sabia.* Os pacientes também se queixam que leram vários livros de gênero inspirador e que nenhum deles parecia ter dado jeito na coisa", como se num passe de mágica as palavras impressas pudessem fazer que eles, da noite para o dia, se sentissem com melhores disposições.

Lembrei então a esses pacientes que a mera leitura de um livro de "auto-ajuda" não garantia a modificação das pessoas. O conhecimento exclusivamente livresco pode revelar-se estéril. Uma pessoa educada em colégio pode intelectualmente aceitar alguma coisa como verdade e continuar a agir de maneira imatura. O conhecimento adquirido requer uma aceitação emocional, assim como uma aplicação diária do que foi aprendido. Os livros que visam ao aperfeiçoamento do indivíduo devem ser estudados e não lidos como novelas. Por exemplo, Você pode saber que não vale a pena preocupar-se (e concordar com isso), que é melhor assumir uma atitude otimista com relação a tudo. Conseqüentemente não é o que Você já conhece, mas sim o que Você se esquece de lembrar a si mesmo de fazer.

A prática de ir à igreja aos domingos serve para nos lembrar que existe algo mais na vida do que apenas uma existência material.

Todos nós temos necessidade de ser lembrados de algumas das pequenas coisas que lemos e aprendemos e que proporcionam um melhor viver.

• O Que Se Deve Ter Em Mente

1. Seus problemas nunca poderão ser resolvidos se Você fugir deles.

2. Mesmo que dolorosas, assuma as novas responsabilidades de boa-vontade. O caminho do fraco (pessoas com um baixo QTD) é deixar que as dolorosas realidades da vida preponderem na apreciação da sua beleza e alegria. Faça de cada dia um desafio. Cada embate bem sucedido lhe trará maior confiança.

3. Trabalhar sem queixas excessivas é vital para a firmeza da mente.

4. As coisas de maior valor na vida são as mais difíceis de se alcançarem.

5. Lembre-se que as diversas espécies de pessoas (2.000.000.000) que habitam este mundo (38.400 quilômetros de circunferência que pertencem a todos nós), conduzem a uma unidade humana.

6. Aceite a felicidade como estado da mente.

7. Compartilhe seu sucesso e seja uma fonte de inspiração para aqueles que necessitam de sua orientação.

8. Comece a viver hoje. Cultive o sentimento do "Eu sou" e do "Eu pertenço". Torne-se parte do mundo em que vive, participando dele, sendo útil e serviçal para com aqueles que sofrem.

9. Adote uma atitude *madura* para o sexo, o amor e o casamento. Não espere que todo mundo pense e aja como Você. Conheça a metade do mundo em que os outros vivem.

10. Pare de viver em um mundo de sonhos e fantasias.

11 Estabeleça no seu programa diário um equilíbrio saudável entre o trabalho e a diversão.

12. Seja realista a respeito do passado. Você nada pode fazer por ele, a não ser tirar proveito dos erros cometidos. Converta as desventuras de outrora em proveitosas vantagens do presente.

13. A procrastinação é uma forma de escapismo. Não deixe para amanhã o que pode fazer hoje.

14. Faça uma agenda das coisas que Você deseja completar cada dia. Para esse fim use um pequeno caderno de bolso. Carregue-o sempre consigo.

SESSÃO 3

A AUTO-ANÁLISE ATRAVÉS DA INTERPRETAÇÃO DOS SONHOS

• A Antiga Arte de Interpretar os Sonhos

Os sonhos sempre fascinaram a espécie humana. De fato, a arte de decifrar os sonhos é da mais remota Antiguidade. A comprovação das tentativas do homem para avaliar seus sonhos é encontrada nas antigas civilizações. Os sonhos eram considerados como um ponto de comunicação entre o homem e o sobrenatural. As culturas primitivas consideravam-nos como linguagem dos demônios e como poderes maléficos. Os adivinhos acreditam que os sonhos poderiam predizer o futuro das pessoas.

Este poder profético atribuído aos sonhos inspirou charlatães a explorar a natural curiosidade do homem quanto ao que lhe reserva o futuro. Os clarividentes mais tarde se dividiram, formando os ramos da quiromancia, leitura na areia e folha de chá, adivinhações pela bola de cristal e predições astrológicas. Como remanescentes desta antiga época de profecias através dos sonhos, podem-se encontrar alguns livros populares de sonhos, escritos por leigos.

Era muito comum as pessoas acreditarem que através dos sonhos podiam entrar em contato com suas divindades ou então se comunicarem com os mortos. Semelhantemente, os sonhadores sentiam que eram dotados de raros poderes para "receber as mensagens durante o sono", que eram emitidas do outro mundo.

Com o tempo os sonhos eram julgados como a representação de uma luta, no homem, entre duas forças opostas — o bem e o mal. Este modo de pensar não era tão fantástico, pois os psicanalistas descobriram que a análise dos sonhos é uma técnica indispensável para a cura dos neuróticos, em cujos sonhos freqüentemente se encontra a causa principal dos conflitos ou as motivações inconscientes que se localizam atrás dos distúrbios psicossomáticos. Expomos também os conflitos entre os desejos e as repressões do paciente (a luta que se desenrola entre os desejos instintivos do inconsciente — o Id — e a censura moral do Superego).

• Possuem os Sonhos um Valor Científico?

Sim. Hoje em dia os psicanalistas dizem: conte-nos os seus sonhos e nós diagnosticaremos seus males.

É isto possível? Certamente, se a pessoa entender o método. O conteúdo dos sonhos tem um valor científico. A Psiquiatria moderna chegou à conclusão de que os sonhos podem descobrir os conflitos emocionais responsáveis pelas doenças mentais e nervosas.

Os sonhos revelam os nossos desejos secretos, os nossos medos, amores e ódios, traindo os sentimentos mais profundos, porque quando sonhamos nosso verdadeiro ser aparece à superfície.

Durante o sono todos nós manifestamos um caráter duplo... o Dr. Jekyll e Mr. Hyde. O corpo dorme mas a mente sonha. Nossa imaginação corre descontrolada durante o sono e, quando sonhamos nosso íntimo está às soltas, proporcionando uma oportunidade para gratificarmos aquelas tentações que se encontram reprimidas quando estamos acordados.

O sonho é o espelho da vida emocional e como todos nós temos diferentes personalidades, é natural que os nossos sonhos sejam também diferentes.

Anos atrás, tive a oportunidade de analisar um total de 960 sonhos de uma paciente que nunca cheguei a conhecer. Este particular plano de pesquisa foi levado a efeito, numa tentativa para determinar a possibilidade ou não de se reconstruir a história da vida de uma paciente anônima somente pela interpretação dos sonhos. O levantamento dos sonhos foi constituído exclusivamente de informações obtidas através de material contido nos sonhos, as quais me eram entregues por outro psicanalista e relativas aos antecedentes da paciente; sua amizade com os diversos membros da família, sua infância, os primeiros anos no ambiente do seu lar e outros aspectos da sua vida.

Os resultados publicados dessa experiência demonstraram que os seus sonhos eram mais esclarecedores do que as informações de fatos reais fornecidos a outro analista.

Os sonhos revelam muito a respeito da qualidade das suas emoções. É alguma emoção insatisfeita que instiga Você a sonhar a respeito de uma situação especial. Não tem importância quão diferentes possam ser os cenários dos diversos sonhos, pois eles podem ter muito em comum em virtude de uma causa emocional comum.

• Todas as Pessoas Sonham

— Mas eu nunca sonho, pode Você dizer. É tão impossível dormir sem sonhar quanto o é dormir sem respirar. A mente está sempre funcionando. É simplesmente uma questão de lembrar-se dos sonhos. Por que não podemos recordar dos nossos sonhos? A verdade é que algumas vezes temos medo de recordá-los. Quando são por demais horríveis ou por demais agradáveis, a Natureza vem em nosso socorro. O despertador toca, e a memória da satisfação da vontade, pelo sonho, desaparece.

• Por Que É Importante Lembrar-se dos Seus Sonhos

Qual a vantagem que existe em recordar os sonhos? Por que remexer um vespeiro deliberadamente? É porque analisando os seus sonhos Você estará melhor habilitado a apreciar os fatores subconscientes que perturbam a sua vida, os quais, na maioria das vezes, explicam a causa da sua infelicidade ou fracasso.

• Os Sonhos Possuem Funções Úteis

Como qualquer sintoma num indivíduo doente serve a uma determinada função do organismo, deduzimos então que os sonhos não são um fenômeno do acaso, mas sim uma parte do funcionamento metódico da mente, o qual também necessita ter uma determinada função. Seria difícil acreditar que os sonhos são inteiramente sem sentido e sem significação. É quase certo que o sonho reflita, embora de forma rudemente exagerada, os desejos e as aspirações insatisfeitos do indivíduo. Tem, portanto, mais do que uma função para executar ou, em outras palavras, pode expressar a sua função de inúmeras e diversas maneiras.

• Os Sonhos Preenchem os Nossos Desejos

A primeira função é a da *realização do desejo*. No sonho a experiência emocional mais freqüente é o ardente desejo para que alguma coisa aconteça; a obtenção de sucessos ou o alcance de um tento. Muitas vezes a emoção do sonho é de ansiedade e é interessante notar que a ansiedade é freqüentemente seguida de um grande número de *reações psicossomáticas,* tais como: palpitações, aumento da pressão sangüínea, tremores e suor. Outra emoção freqüente nos sonhos é a *raiva,* a qual também pode ser acentuada por reações psicossomáticas.

Para ilustrar, temos o caso de John Smith — um indivíduo comum e até mesmo medíocre. Sem capacidade para alcançar melhor posição e com pouca energia para realizar o melhor que suas habilidades permitissem. Mora em uma pequena comunidade. A cidade possui apenas 10.000 habitantes e o prefeito é por ele invejado. Sente-se intimamente angustiado pelo pensamento de que jamais poderá ser o prefeito. E como gostaria se assim fosse! Daria tudo para ser o prefeito; mas, o seu senso comum lhe diz que para ele não há possibilidade alguma, pois compreende que não tem capacidade e nenhum outro requisito exigido para a posição. Mas à noite, quando as cortinas do sono descem, a amarga realidade desaparece e as dificuldades são removidas como que pelo toque de uma varinha mágica. Então o pobre John Smith sonha que foi eleito por uma maioria esmagadora. Tão grande foi sua vitória que ele sonha estar recebendo congratulações de muitas pessoas das redondezas como até mesmo de outras de lugares bem mais distantes. Além disso, sonha que tão grande foi seu sucesso como prefeito, que seu desempenho foi tão útil e produtivo, que quando viessem as próximas eleições não haveria dúvida nenhuma na mente de ninguém quanto à certeza da reeleição do John Smith. Ninguém desejava ser seu antagonista, porque sabia que seria derrotado.

Esse sonho não durava muito, apenas um efêmero segundo, mas era de um efeito notável em John Smith. No dia seguinte sentia-se bem-humorado, pois era agradável saber que, ainda que meramente em sonhos, ele era prefeito.

Assim, poderemos observar que o sonho executa a função de satisfazer um antigo, ambicionado e insatisfeito desejo. Todos nós temos *sonhos de satisfação dos desejos,* os quais nos dão uma agradável sensação e que de certo modo fazem a vida valer a pena, porque o importante para nós são as satisfações emocionais e não as duras realidades da vida. E isto muitas vezes provém mais da imaginação e de sonhos do que de feitos reais.

• Os Sonhos que Preenchem os Desejos Podem Inspirar-nos

Muitos homens devem seu sucesso aos seus sonhos. Os sonhos que preenchem os desejos podem atuar como inspirações; contudo, são perigosos. Existem pessoas que compensam em excesso os seus sentimentos de inferioridade, imaginando-se nas alturas. Sonhamos com realizações impossíveis, tomando o caminho mais curto para o sucesso. Na realidade temos medo de desafiar os obstáculos que encontramos pela frente e somos, na verdade, preguiçosos demais para fazer que os nossos sonhos se tornem realidade.

O pior é quando começamos a pensar que o mundo está contra nós e nos recusamos reconhecer as nossas capacidades. O fato é que nós jamais sentimos e fazemos uma avaliação honesta de nós mesmos. A árdua tarefa de levarmos o assunto a cabo faz que nos encolhamos, recusando-nos a encarar o fato de que precisamos tomar uma nova atitude com relação às situações, ao nosso trabalho e a nós mesmos.

Nós nos encontramos mais propensos a substituir um mundo de realidade por um de fantasia contendo sonhos de êxitos e felicidade. A lacuna entre um sonho rosado e a realidade faz que a coisa pareça muito mais difícil do que na verdade é. O resultado é o desassossego e o descontentamento; o sonhador tira da vida apenas uma pequena fração da felicidade e do sucesso, daquilo portanto de que é realmente capaz.

Aviso: Você não pode dar as costas para a realidade, esperando que os sonhos da satisfação dos desejos se tornem verdade. Paradoxalmente, o único caminho para alcançá-los está em Você *encarar a realidade* e virar as costas para a fantasia. A fantasia é como um ladrão. Dissipa nossa energia e rouba nossa autoconfiança.

• Os Sonhos Libertam Nossas Inibições

A *segunda função* dos sonhos é a *libertação das inibições*. Existem muitas coisas que desejamos ou ambicionamos, mas que não obtemos porque a sociedade ou a nossa consciência em estado desperto não aprovariam.

Por exemplo: William Jones é um homem casado, pai de diversos filhos e respeitado membro de sua comunidade. Você não poderia supor e nem mesmo imaginar que, dado o seu comportamento externo, haveria nele alguma coisa errada. Na verdade, nada há de errado, mas ele não é feliz na sua vida familiar.

O romance que o levou ao casamento há muito que se fora. A namorada que conhecera anos atrás se havia tornado uma esposa prosaica. Não é tão atenciosa como antigamente e mesmo assim o coração de William deseja ardorosamente um romance;

para ele não haveria nada melhor no mundo do que uma mulher o acarinhar e dizer-lhe quão maravilhoso ele é.

Mas, como é muito cheio de si, muito austero e também muito escrupuloso, não ousa, por considerar errado, lançar olhares cobiçosos às mulheres. Mas, à noite, quando o censor de sua consciência se retira, toda sua inibição é removida e sua mente livre pode vagar em qualquer direção. Então ele sonha, vendo-se em situações onde, não uma, mas sim muitas mulheres estavam apaixonadas por ele. É festejado e adorado como poucos. Sonha também que está em um "night club" e que as vedetes lhe rodeiam a mesa dizendo o quanto ele é simpático e quao invejosas estão das mulheres que o adoram. Sentam-se no seu colo e o sufocam de beijos. Isto o agrada enormemente, em virtude de ser sua esposa tão fria nas relações conjugais e por causa disso as suas relações sexuais com ela são raras. Mas, em sonhos, mulheres, umas após outras, são possuídas por ele.

O que acontece com esse homem provavelmente será o mesmo que se verifica com sua esposa, que poderá estar sonhando em situação paralela. A vida é engraçada!

O nosso *aviso* para tais homens e mulheres é no sentido de acordarem para as possibilidades da vida. É muito mais saudável e profundamente mais satisfatório encontrar felicidade e romance na vida real do que em sonhos.

É prudente verificar essas inibições responsáveis por tais sonhos. Elas estão obstruindo a sua vida, tanto física como moralmente e, para alcançar a felicidade, é preciso lutar contra elas e subjugá-las.

Um homem que nunca se casa porque é demasiadamente inibido para se declarar, mas que *sonha* ter realizado um feliz casamento, está enganando a si próprio. Vive com o pálido fantasma do amor, em vez de viver uma emoção real.

• Os Sonhos Libertam as Emoções Doentias Acumuladas

A *terceira função* dos sonhos é a de *libertar as emoções doentias acumuladas,* as quais, durante o dia, não nos são permitidas pela Sociedade.

Por exemplo: George Brow foi destratado pelo patrão, mas o pobre do George, embora ficasse muito aborrecido não podia dizer uma palavra com medo de perder o emprego. Contudo, os seus sentimentos necessitam, de alguma maneira, encontrar uma válvula de escape; então à noite ele sonha que o seu patrão morreu acidentado ou que por alguma razão foi rebaixado e que a ele, George Brow, foi concedido o lugar de chefe.

A hostilidade é uma emoção poderosa, que a sociedade não aprova, mas ninguém pode impedir que Você odeie em sonhos.

• Os Sonhos Escondem Seu Significado em Símbolos

É preciso esclarecer que esses sonhos não são inteiramente desenfreados. Nossa consciência, de algum modo obscuro, exerce um controle através do que chamamos de "censura". Quando a satisfação de um desejo é por demais crua ou por demais nítida, o censor disfarça de maneira que não o podemos nem reconhecer como tal. O sonho então esconde o seu significado em símbolos de várias espécies. O processo de simbolização nos precata de ficarmos chocados demais pelas nossas emoções desenfreadas. George Brow queria realmente matar seu chefe, mas a sua consciência não permitia que ele se tornasse um assassino, mesmo em sonhos. Então no sonho o seu censor age permitindo que a morte aconteça de maneira acidental.

Os símbolos também servem para camuflar o conteúdo sexual do sonho.

Aviso: as séries dos chamados "sonhos maus" nos quais cometemos atos anti-sociais, significa que temos tendências criminosas. É preciso estar alerta contra um pensar habitual e destruidor, especialmente se é diretamente contra certos indivíduos. Mais cedo ou mais tarde o azedume para com a sociedade, a aversão para com as pessoas que nos rodeiam, as irreprimíveis fantasias sexuais ou criminosas engendram vergonha e ódio aos próprios responsáveis, o que, por seu turno, lhes ocasiona uma doença emocional.

• Os Sonhos Nos Levam de Volta a uma Infância Despreocupada

A *quinta função* dos *sonhos é a regressão.* Se a vida não é tão agradável como poderia ser, o sonho nos provê, proporcionando uma oportunidade maravilhosa de revivermos essa parte da vida que é muito agradável para nós. E existe na vida de qualquer indivíduo parte mais agradável do que a infância? Época em que não tínhamos tantas atrapalhações, preocupações e recebíamos afeição de nossos pais e parentes. Sendo assim, não é de estranhar que, quando durante o dia as coisas não corram mansamente, à noite sonhemos com a nossa infância. Porém, não suponham que a regressão é uma característica apenas dos neuróticos. É duvidoso que exista um único ser humano que casualmente não tenha tido sonhos de regressão.

Aqui vai novamente uma palavra de *aviso*: se Você se encontra envolvido em inúmeros sonhos dessa natureza, isto provavelmente significará um indício de que Você se está voltando muito ao passado. Seria compensador se Você tivesse preocupação maior com o presente e com o futuro. Águas passadas não movem moinhos. Não se pode reviver o dia de ontem; o que interessa é o que fazemos hoje, amanhã e no próximo amanhã.

• A Vida Onírica é Por Vezes Ambivalente

A *sexta função* é a *bipolaridade* (termo usado por Stekel para descrever emoções antagônicas tais como amor e ódio existindo ao mesmo tempo).

Sabemos que o ser humano não é sempre firme em seus sentimentos. Por estranho que pareça, as pessoas podem acolher, ao mesmo tempo e relativamente à mesma situação, dois sentimentos opostos: amor e ódio. Talvez uma boa ilustração seria aquela em que uma mulher dá à luz uma criança ilegítima. Seu instinto maternal está pronto para amá-la e aceitá-la, como parte de si mesma. A situação social, porém, exige que ela rejeite a criação. Assim temos uma mulher na qual a aceitação e a rejeição lutam pela supremacia, vencendo ora uma ora outra. Esta reação é também chamada de *ambivalência*, outro termo para *bipolaridade*. As pessoas, que não podem resolver uma situação especial, são na maioria das vezes levadas a um sentido de indecisão.

Por exemplo: uma jovem pode dividir o seu amor por dois pretendentes e, em seguida a uma proposta de casamento de ambos, poderá ficar indecisa com quem se casará. Ela se submete a um número de sonhos nos quais um deles é ferido ou morto num acidente.

Assim sendo, podemos verificar, pelo nível do inconsciente, que ela prefere um pretendente a outro. Sua vida onírica serve para resolver este conflito de indecisão. O psicoterapeuta está habilitado a eliminar o pretendente para quem se dirigiu o desejo de morte ou para quem ela manifesta uma *bipolaridade* mais intensa.

• Os Sonhos Podem Reprimir os Desejos Doentios

A *sétima função* é a *repressão*. Já foi mencionado que o ser humano, de acordo com o meio social em que vive, não pode satisfazer a todos os seus desejos. Existem dois caminhos distintos: satisfazer esses desejos esquecendo as proibições sociais e assim ficar envolvido em atos criminosos ou então reprimi-los, continuando a ser bons cidadãos, à custa dos desejos insatisfeitos. A maioria das pessoas age assim. Mas os desejos têm um comportamento muito estranho e não podem ser inteiramente banidos. Como são proscritos durante o dia, emergem durante a noite em sonhos, nos quais encontram uma excelente válvula de escape. Contudo, por estranho que pareça, depois de os desejos terem sido inteiramente satisfeitos através do sonho, a consciência do homem não se sente muito tranqüila; sente *remorsos*, embora tenha tido apenas um sonho. Daí a freqüente *ansiedade* com a qual o indivíduo se desperta de tais sonhos.

Em estado desperto, um marido achou necessário conter sua ira para com a esposa; em sonhos viu-a morta depois de forte ataque de pneumonia. Acordou nervoso e em pânico, como conseqüência do sentimento de culpa implícito no sonho.

No sonho, nós algumas vezes encontramos uma repressão de culpa. A tendência que tem o indivíduo de não cair no desagrado da sociedade em que vive é tão grande que o impede, mesmo sonhando, de ser apanhado cometendo algum ato anti-social. Conseqüentemente, no desenrolar do sonho, em vez de ele cometer o crime, aparece alguém que o pratica, enquanto o próprio interessado desempenha o papel de testemunha e espectador do acontecimento. Desta maneira, o crime é cometido, o desejo é satisfeito e o sonhador não pode ser apontado como sendo o culpado.

• Os Sonhos Podem Ter um Valor Prático

Sobre o que acima dissemos, conclui-se que se Você fizer um estudo cuidadoso do grande número de seus sonhos, sabendo como libertar a inibição, a repressão, a regressão, a bipolaridade e o trabalho de outros mecanismos, bem como o papel que as emoções desempenham no inconsciente, descobrirá que os sonhos, em lugar de serem mero capricho ou expressões de superstições e preconceitos, possuem um valor prático, quando estudados sistematicamente. A correta interpretação de um sonho é às vezes encontrada através de outros sonhos porque já foi diversas vezes constatado que a mesma tendência permanece em muitos sonhos.

• Sonhos Que se Repetem

Um sonho que se repete por muitos anos demonstra a existência de um conflito enraizado, o qual poderá dar outro aspecto inteiramente diferente à personalidade. Um indivíduo que continuamente sonha que se associa a pessoas famosas, que descobriu a cura para o câncer ou para a demência ou que se tornou imensamente rico, está supercompensando um profundo e enraizado complexo de inferioridade.

Existem pessoas que constantemente sonham que estão caindo. A repetição desse sonho pode indicar uma tentação para seguir caminhos errados: Sugere submissão aos seus impulsos que podem ser sexuais ou suicidas. Sonhos repetidos em que Você se encontra em situações perigosas ou frustradoras sugerem ansiedade e medo, podendo ser resultado de experiências verdadeiras acontecidas no passado quando sua vida esteve ameaçada por uma doença séria ou por um acidente. Os soldados, anos depois de ter terminado a guerra, freqüentemente sonham com combates. Estes tipos de sonhos são chamados "sonhos de repercussão".

• Como Lembrar-se dos Seus Sonhos

Você pode conseguir a *recapitulação* dos seus sonhos experimentando este interessante método. Vá à cama com intenção de sonhar e deixe sua mente vagar. Tenha de prontidão, na sua mesa de cabeceira, lápis e papel. Se no meio da noite ou logo pela manhã Você for acordado pelo seu sonho, acenda a luz, anote e volte a dormir.

Caso Você não acorde durante a noite, logo de manhã antes de levantar-se faça a si mesmo a seguinte pergunta:

— Que foi que sonhei?

É ao despertar nos primeiros cinco minutos que Você se encontra mais propenso a recordar os seus sonhos. Caso não o consiga nas primeiras vezes, continue tentando. Posso garantir-lhe que no final Você poderá recordá-lo. Continue assim até possuir uma série de 25 a 50 sonhos escritos. Leia-os e estude-os cuidadosamente, experimentando avaliá-los de acordo com o que vai agora aprender relativamente à interpretação dos sonhos.

• A Interpretação dos Seus Sonhos

Em primeiro lugar é preciso saber que o sonho não é um fenômeno do acaso, sem sentido e sem significado algum. Por mais desconexo que possa parecer, trata-se de uma parte do funcionamento integral da mente.

Não existem mistificações para a interpretação de seus próprios sonhos. É uma tarefa fascinante para a lógica e para o senso comum. Trate cada sonho como se fosse uma das peças de um quebra-cabeça. Quando conseguir juntar um número suficiente das peças, o quadro surgirá e talvez possa abrir seus olhos para uma nova estimativa de Você mesmo. Será como uma nova luz sobre sua própria fraqueza à qual sua consciência tenha dado uma falsa aparência. Sera uma luz sobre um vago sentimento de infelicidade ou de culpa que o persegue.

"Conhece-te a ti mesmo". Neste conhecimento reside a sua força. Caminhe sem medo e tranqüilamente dentro do mundo de seus sonhos e faça um inventário do que lá encontrar.

UM MAPA DOS SONHOS PARA ORIENTÁ-LO

Sonhos comuns	*Interpretação*
1. Entrar em posse de fortuna.	Supercompensação pelo estado de pobreza e desastre financeiro.
2. Sonhos românticos.	Necessidade de amor.
3. Sonhar que está caindo.	Medo de entregar-se a alguma coisa que a sociedade desaprova ou proibida pela sua consciência.
4. Sonhar que está falando com um parente já falecido.	Desejo de negar a realidade da sua morte ou de juntar-se a ele.
5. Sonhar que está sendo roubado.	Medo de segurança financeira.
6. Sonhar com a infância (em pessoas idosas).	Desejo de ser jovem outra vez — disfarce do temor da velhice e da aproximação da morte.
7. Sonhar que está sendo atacado por animais selvagens (no sexo feminino).	Medo de sedução sexual
8. Sonhar que está morrendo num acidente ou de uma doença grave.	Sentimento de culpa (necessidade de sentir-se castigado ou um desejo disfarçado de suicidar-se).
9. Sonhar com fogo (que se está queimando.	Paixão associada a medo de tentação.
10. Sonhar que tem ligações chegadas com pessoas preeminentes.	Supercompensação pelos sentimentos de inferioridade social.
11. Sonhar com escuridão, que está sendo enterrado vivo ou com funerais.	Medo da morte.

12.	Sonhar que está indeciso.	Paixão associada a medo do futuro.
13.	Sonhar com sucessos, realizações e fama.	Complexo de inferioridade.
14.	Sonhar com viagens.	Desejo de fugir da realidade.
15.	Sonhar que está sempre atrasado, que perde trens, ônibus ou encontros (no sexo feminino).	Frigidez sexual.
16.	Sonhar com a quebra de bancos ou que faliu (em homens de meia-idade).	Medo de impotência sexual.
17.	Sonhar com a morte de algum parente ou de algum amigo.	Desejo disfarçado de ver tal pessoa morta.
18.	Sonhar que está nu ou seminu em público.	Desejo de libertar uma inibição moral.
19.	Sonhar que está sendo ameaçado ou que se encontra em situação perigosa.	Medo de desastre iminente.
20.	Sonhar que está roubando, violando a lei ou assaltando alguém.	Tendências criminosas reprimidas.
21.	Sonhar que está magoando uma pessoa querida.	Sentimentos de ambivalência (amor e ódio pela mesma pessoa).
22.	Sonhos alegres de celebrações e diversões.	Infelicidade reprimida (desejo de escapar de um ambiente infeliz).
23.	Sonhar com várias atividades sexuais.	Pensamentos ardorosos (repressão sexual).
24.	Sonhar que está sendo aprisionado ou debatendo-se para escapar.	Conflito (medo de ser subjugado pelo desânimo de uma frustração).

25.	Sonhar que está ficando louco.	Medo de fazer alguma coisa pela qual não é mentalmente responsável.

• Sumariando o Que Você Aprendeu Sobre Sonhos

1. Todos sonham. Ninguém dorme sem respirar e ninguém dorme sem sonhar. São ações concomitantes. Existem aqueles que se recordam dos seus sonhos e aqueles que se esquecem deles. Com treino e persistência é possível retê-los antes que espaireçam.

2. O sonho é o espelho do seu pensar inconsciente. Reflete os conflitos emocionais que são a causa do seu sofrimento e que estão à tona do seu inconsciente.

3. Os sonhos servem para recompensar os desejos instintivos que em estado desperto se encontram reprimidos. Os sonhos possuem ainda diversas funções, tais como: satisfazer os desejos, libertar as inibições e as emoções doentias acumuladas. Têm ainda a função de regressão e repressão.

4. As condições físicas, tais como: fome, dores, indigestão e dores de cabeça, podem influenciar a natureza do sonho.

5. A análise do seu sonho serve para ajudá-lo a esclarecer os motivos inconscientes que estão atrás dos seus distúrbios físicos.

6. Se Você se está submetendo à Psicanálise, os seus sonhos servirão para informar o seu analista do progresso que Você está fazendo e da sua atitude para com o tratamento.

7. A finalidade da interpretação dos sonhos é trazer à tona do consciente o que está reprimido no inconsciente. A aplicação do conhecimento assim obtido deverá habilitá-lo a alcançar um ajustamento mais satisfatório na vida.

8. Conserve um caderno para anotação dos sonhos. Anote os seus sonhos. Quando tiver colecionado um número suficiente deles, principie a estudá-los. Oriente-se

por aquilo que acabou de aprender e aplique o aprendido na análise dos sonhos. Existem, ao alcance das suas mãos, obras que tratam das interpretações dos sonhos, as quais lhe poderão ser de inestimável auxílio.(1)

1 Wilhelm Stekel, *Interpretation of Dreams* (Interpretação dos Sonhos). Vols. I e II. New York, Liver-right Publishing Co., 1943 e Emil Gutheil, *The Language of the Dream* (A Linguagem do Sonho) New York: The Macmillan Co.

NOTA DA TRADUTORA.

A exemplo de outras línguas, há em Português muitas obras neste particular; mas o leitor deverá tomar cuidado com elas, uma vez que, na sua quase totalidade, são meras invenções de editores menos escrupulosos, os quais, abusando da inexperiência e da incipiência do público, visam apenas fins comerciais, geralmente muito lucrativos.

SESSÃO 4

NÃO ADIANTA CULPAR A HEREDITARIEDADE

• Fatos e Falácias Sobre a Hereditariedade

Falácia: os distúrbios nervosos e mentais são hereditários.

Fato: por haver um dos seus genitores estado num sanatório qualquer, isso não quer dizer que Você irá passar por um esgotamento nervoso igual.

Muitas pessoas se tornam conscienciosas dessa realidade graças às muitas vezes chamadas *taras hereditárias* e usam a expressão como um alibi para as suas próprias deficiências.

Estamos propensos a herdar somente a *predisposição* (tendência) para corresponder às situações específicas com o mesmo tipo de reação emocional dos nossos pais. Conheci uma família da qual três dos seus membros se suicidaram. Isto poderia indicar que o suicídio é hereditário, mas esses indivíduos simplesmente reagiram de maneira semelhante a grandes frustrações.

Uma paciente uma vez me contou que tinha medo de ter crianças porque a sua sogra esteve internada por algum tempo em um Sanatório Mental. Ficou aliviada quando lhe assegurei que a insânia não era transmissível de pais para filhos e repeti as palavras do Dr. Karl Menninger:

> A verdade científica é que até o presente momento não possuímos nenhuma prova convincente de que a insânia ou qualquer outra forma geralmente preponderante de doença mental, que possa resultar em insânia, seja positivamente hereditária.

A explicação que damos da preponderância de doenças mentais em certas famílias é devida à limitação de reações similares ou de padrão de frustrações semelhantes entre os membros da mesma família. Se um dos pais sofre de psicose maníaco-depressiva (uma forma de insânia), o filho ou a filha pode reagir a uma frustração aguda do mesmo modo que o pai, não por causa de hereditariedade, mas sim por pura sugestão de imitação.

Falácia: os traços marcantes da personalidade e do comportamento são hereditários.

Fato: as reações do comportamento e os hábitos de padrão não são hereditários. São adquiridos. Uma pessoa não herda o vício de beber, o nervosismo, as reações histéricas, os ciúmes, o mau gênio, as inclinações homossexuais, as depressões, os sentimentos de inferioridade ou os impulsos criminosos.

• O Que Faz Você Ser o Que é

O núcleo de nossa personalidade é influenciado por uma multiplicidade de fatores. O Dr. Karl Menninger relacionou-os assim: ([1])

1. O ensinamento, o treino, o exemplo dos pais e as reações para com os irmãos e irmãs.
2. O clima e o tempo.
3. A arquitetura da casa.
4. A alimentação e as modas.
5. A influência da escola, da igreja, do jornal, dos companheiros e da sociedade em geral.
6. As leis econômicas e sociais que modificam o padrão de comportamento.
7. Os acidentes da vida, tanto físicos como mentais.
8. As doenças, os ferimentos, as amarguras, os desapontamentos e os choques de todas as espécies a que todos estão sujeitos.

Todos estes fatores que o Dr. Menninger estabelece moldam a personalidade.

---

1 Dr. Karl Menninger, *The Human Mind* (A Mente Humana): — New York: Alfred A. Knopf, 1937, pág. 27.

Isto não implica que *nada* é herdado. Simplesmente significa que não podemos atribuir nossas fraquezas à hereditariedade.

- **Você em Três Dimensões**

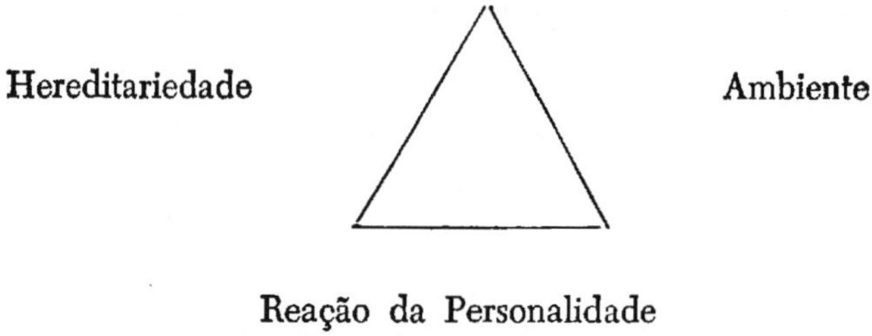

O termo "hereditariedade" sugere que não possuímos controle algum sobre aqueles elementos que são encontrados em nossos cromossomos. A hereditariedade constitui apenas um lado do triângulo. Somos o que somos por causa da nossa *reação pessoal às influências paternas e às experiências do ambiente.*

- **Nossas Personalidades Devem Ajustar-se às Diferentes Situações**

Em nosso esforço para sobreviver, a nossa personalidade deve, por necessidade, adaptar-se às diferentes situações, desde o momento em que nascemos.

Esta constante necessidade de ajuste ao ambiente – conduzir sàbiamente cada nova situação – é que torna a vida complexa e difícil para algumas pessoas.

Nossa sobrevivência ou perecimento dependerá das reações da nossa personalidade a situações imprevistas, tais como: perturbações da saúde, mágoas, reveses financeiros, entre outras coisas.

- **Haverá Circunstâncias em Que Você Possa Culpar os Pais?**

Os neuróticos gostam de fazer dos pais *neuróticos* os seus "bodes expiatórios". É uma fácil saída. Em linguagem popular é "passar o abacaxi adiante".

O fato de sermos afortunados ou não depende, e ninguém o nega, da estabilidade ou instabilidade emocional dos nossos quatro avós. Eles, como nossos pais, nos foram impostos.

Não há dúvida que alguns pais são "delinqüentes" e falhos em capacidade para educar os filhos, tornando-os auto-suficientes e adultos emocionalmente. Muitas vezes os pais são culpados do excesso de proteção, de exigências ou de disciplina. Nós, na grande maioria, não fomos treinados a esperar pelos desapontamentos ou ensinados a reagir com êxito contra esses mesmos desapontamentos. Uma boa parte da responsabilidade cabe aos nossos pais. Existe em nós, contudo, uma tendência no sentido de assumirmos uma atitude fatalística e apontarmos nossos pais como responsáveis por tudo.

O Dr. Jacob Conn, num artigo intitulado "Don't Blame Your Parents" (Não Culpe os Seus Pais) ([1]) relata como Sid Caesar, no papel de psiquiatra, em um programa de televisão, diagnosticou um caso de *insônia.*

— *Naturalmente,* disse ele *temos que voltar aos acontecimentos de infância do paciente.*

Depois de muito pensar, ele chegou à conclusão de que a mãe do paciente havia esquecido de dizer-lhe que fechasse os olhos.

O Dr. Conn comenta:

> É quase tão ridículo como a desculpa dada por uma senhora que conheço, com relação ao seu aspecto pouco atraente. Quando uma amiga lhe perguntou por que não ondulava o cabelo, não passava pó de arroz ou não comprava, de vez em quando, um chapéu elegante, ela lhe respondeu com triste resignação:
>
> — Quando era criança minha mãe me dizia que eu não era bonita!
>
> Não lhe ocorreu que, depois de adulta, cabia a si e a ninguém mais tirar o melhor proveito de sua aparência.

Fez um comentário final, dizendo que quando uma pessoa focaliza continuadamente sua infância e o irreparável dano que seus pais lhe causaram, Vocês podem ficar certos de que existe erro maior nessa pessoa do que nos genitores.

Uma jovem senhora, cujos pais se divorciaram quando ela era ainda criança, me confessou que se havia casado somente para livrar-se dos pais neuróticos. Disse-me que havia sido infeliz a maior parte da sua vida e que nunca soube o que era amor. Como resultado, casou-se com o primeiro rapaz que encontrou. Mas, apesar de se ter casado com um homem cumpridor dos deveres, bondoso e agradável, queixava-se constantemente de ser infeliz.

Tentei convencê-la de que ela também acabaria indo até ao Reno à procura de divórcio, caso continuasse a viver do seu infeliz passado.

---

1 Dr. Jacob H. Conn, "Don't Blame Your Parents", Reader's Digest, outubro de 1952, condensado de "Your Life" (Sua Vida).

Essas pessoas infelizes geralmente alimentam sentimentos de ódio para consigo mesmas, o qual atiram sobre os outros.

• Os Escravizados à Família

O *escravizado à família* é a pessoa que, sendo emocionalmente imatura, nunca foi capaz de estabelecer um desligamento saudável da afinidade para com os pais. Nunca foi capaz de pensar e agir como um adulto, de assumir uma responsabilidade e de tornar-se emocionalmente auto-suficiente. O agarramento excessivo ou a dependência a um dos pais são geralmente produzidos pela combinação de certos fatores. A mãe quando excessivamente solícita pode acalentar num filho ou numa filha sentimentos de dependência. Pais bem-intencionados muitas vezes prejudicam seu filho único por mimá-lo demais.

• Emocionalmente é Ainda Uma Criança

Para citar um breve exemplo, temos o caso de uma moça de 27 anos que me contou que há dois anos havia adquirido o hábito de mastigar e engolir palitos. Explicou-me como sendo um sintoma da sua intranqüilidade e nervosismo.

Quando deixou a casa para trabalhar em outra cidade, a mãe a obrigou a escrever-lhe diariamente. O conteúdo das cartas entre mãe e filha veio trair o grau de agarramento neurótico entre as duas. A paciente sofria de *infantilismo adulto* (expressão usada pelos psicanalistas para descrever um complexo de dependência semelhante ao das crianças).

Devido às complicações que surgiram quando encontrou um rapaz que lhe interessava, ela me pediu conselhos. Disse-lhe que, psicologicamente, ela jamais se havia apartado da genitora, o que explicava o prazer que sentia no hábito de comer palitos. E como *emocionalmente era ainda uma criança,* não estava suficientemente amadurecida para o casamento. A moça deixou o vício, passou a escrever para a mãe com menos freqüência e principiou a mostrar sinais de que se estava tornando auto-suficiente

• A Esposa-Criança

A moça que foi mimada pelos pais poderá continuar a ser mimada pelo marido que dela se compadece. Na verdade ela quer *permanecer escravizada à família.* A maturidade emocional para crescer e desenvolver-se requer muito esforço. A moça estava envolta por uma preguiça mental.

Quando uma tragédia acontece, ela se desmancha, tem ataques histéricos ou um esgotamento nervoso. É uma dona-de-casa deficiente, descuidada, relaxada e gasta o dinheiro improdutivamente. As crianças a enervam e isto tudo se torna mais complicado com os sentimentos de piedade por si mesma e de solidão.

Recentemente, uma esposa que pode ser classificada neste grupo estéve em meu consultório e me contou que estava pensando em suicidar-se. Prosseguiu dizendo-me que possuía um excelente marido do qual não era merecedora e de como era desprovida de qualidades para ser uma boa esposa para qualquer homem. Contou ainda que antes de se casar nunca teve vontade de fazer coisa alguma, nunca havia enxugado um prato ou espanado um móvel. Pensava o melhor dos seus pais e lamentou deixar a casa quando se casou. Soluçava à medida que contava tudo isto.

A sabedoria em um casamento, para uma esposa que está escravizada à família, reside em reconhecer o verdadeiro retrato da sua personalidade, através da auto-análise. Quando chegar ao *diagnóstico de personalidade*, terá melhor "chance" para efetuar sua própria cura modificando a atitude do seu comportamento para com o marido.

Entrementes, o marido poderá cooperar, não mimando e nem tornando-se indiferente ou abusivo para com a esposa escravizada à família. Poderá apresentar-lhe sugestões valiosas, mantendo-a sob contrôle, subjugando-lhe a intolerância, procurando ajudá-la com auxílio e conselhos caso o casamento se torne demasiadamente difícil.

• O Marido-Criança

O marido escravizado à família provavelmente sofre de fixação maternal.

O Dr. E. Strecker fez um estudo sôbre maternalismo (amor excessivo pela mãe) e demonstrou que a imaturidade emocional é também comum no sexo masculino. A mãe que se torna "mãezinha" é infeliz no casamento e desvia seu amor possessivo para o filho, mimando-o de tal maneira a fim de que lhe seja dedicada uma completa devoção. Torna-se "a melhor mãe do mundo". O casamento de um rapaz assim só poderá ser bem sucedido se encontrar uma esposa igual à sua mãe, o que muitas vezes acontece, caso a moça aceite de boa vontade o desempenho de um papel secundário. Sua mãe será, caso ainda esteja viva, o "chefe" da família. Mesmo que tenha falecido ou que more distante, a vida e as reações desse rapaz estarão sempre afinadas com as idéias da mãe. Caso ela seja falecida, a esposa terá que desempenhar o papel de mãe. Ele passará a ser um dos seus filhos e terá que ser tratado como um menino mimado. Ela deverá ser condescendente com todas as suas vontades, vivendo desapegadamente, visando apenas à felicidade completa do marido. Raramente será bem sucedida em satisfazê-lo porque lhe será muito difícil atingir o modelo de perfeição que ele exigiu, – *a sua mãe*. Em geral numa família composta dessa maneira não existem crianças, pois tal espécie de marido nega que tenha sentimentos "amorosos" para com sua "mamãe" e conseqüentemente não os tem para com a esposa.

• O Casado-Solteiro

O *casado-solteiro* é casado apenas no papel. Participa da formalidade da cerimônia, mas é um falso casamento. Emocionalmente e psicologicamente é ainda solteiro e permanece como tal.

Não se casa com a idéia de ser um bom marido e um bom pai. Casa-se com a idéia de adquirir vantagens para si mesmo.

O *casado-solteiro* nunca esteve preparado adequadamente para a vida. É *imaturo* emocional e sexualmente. É levado por um desejo inconsciente de restabelecer o parentesco de mãe e filho. Procura uma esposa que seja 90% mãe e não uma companheira com quem irá compartilhar a vida. É um homem-menino. Geralmente ele se casa porque receia que, agindo contrariamente, a sociedade venha a pensar que nele exista algo errado. Na maioria das vezes se casa para ter uma governanta em casa; a não ser com o sustento material, com mais nada contribui. Emocionalmente se deixa estar na condição de tudo receber e nada dar.

• O Obstáculo de Ontem Pode Tornar-se o Predicado de Amanhã

Consultando os meus relatórios, descobri que na maioria das vezes uma esposa ansiosa por obter um divórcio é filha de pais divorciados. O mesmo acontece com os maridos que culpam os pais pelo fracasso do seu casamento.

É mais do que uma coincidência o fato de as pessoas que vêm de um lar desfeito serem mais suscetíveis à infelicidade conjugal. Por isso é importante fazer um inventário da sua própria pessoa para ter a certeza de que a infelicidade dos pais ou as frustrações sofridas quando criança não influenciaram inconscientemente as suas atuais atitudes para com o amor, o sexo e o casamento.

Faça a si mesmo as seguintes perguntas:

1. Que espécie de afinidade existia entre minha mãe e meu pai?

2. Meus pais se queriam bem?

3. Se meus pais eram divorciados, quais foram para mim as conseqüências do lar desfeito?

4. Venho de uma ambiente neurótico? Se assim for, que posso fazer a respeito do assunto?

Ao tentar responder estas perguntas, Você poderá descobrir a origem da sua infelicidade conjugal, bem como as influências neuróticas que o têm acompanhado durante a sua vida conjugal.

Certa paciente, depois de uma discussão, deixou o marido e voltou para casa da sua mãe apenas para descobrir que havia sido vítima da ascendência da própria mãe (que se havia divorciado do seu pai), que era demasiadamente neurótica e possessiva. Deu-se conta de quão infeliz havia sido em sua casa e voltou para a companhia do marido. Resolveu que para o futuro analisaria e discutiria seus aborrecimentos com o marido e não com a mãe.

• Os Pais Neuróticos São Vítimas do Próprio Insconsciente

É preciso lembrar que os pais neuróticos são inconscientemente desajustados. Seus atos irritantes, não deliberadamente premeditados, são compulsivos. Agem assim porque literalmente compelidos por uma pressão interna.

Não adianta nada maldizer a desgraça da sua hereditariedade. Estude e analise sua árvore genealógica.

Todos nós sabemos de indivíduos que obtiveram êxito em suas vidas, apesar de toda sorte de *experiências traumáticas* a que foram expostos quando crianças. Ter pais neuróticos não representa um obstáculo para toda a vida.

• É Fútil Culpar os Pais

Um paciente me relatou como seu pai costumava bater-lhe, insultando-o e predizendo que ele nada seria na vida. A mãe de Jim era uma camponesa completamente subjugada à vontade férrea dum marido tirânico. Em vez de ir em defesa do filho, assumia uma atitude neutra. Jim sentiu-se rejeitado. À medida que crescia, sentia-se desprezado e indesejável. As suas irmãs eram favorecidas e poupadas dos insultos que o pai proferia de quando em quando. Tudo de que Jim se lembrava de sua infância eram as constantes alterações entre os progenitores, as surras que recebia do pai e a insegurança econômica que sentia, como resultado de um emprego que o desagradava intensamente, mas que lhe era imposto em vez de lhe ser concedida uma oportunidade de freqüentar um colégio.

• Filosofia Apartada da Vida

As conseqüências de tal princípio de vida foram inevitáveis. Jim tornou-se "paranóico", isto é, tornou-se defensivo, desconfiado, sentindo que vivia em um mundo "onde um queria comer o outro". Tornou-se cínico e adotou uma filosofia apartada da vida, achando que todo mundo pensava em tirar tudo que podia à custa de outros. O tom da sua voz era beligerante; os músculos da face se contorciam. Nunca sorria. Falava depressa, andava depressa, nunca estava tranqüilo e, sempre que se apresentava uma oportunidade, dava inteira expansão ao seu modo de pensar a respeito do amor, do casamento e do mundo em geral.

Na verdade esse rapaz estava *culpando seus pais de toda sua infelicidade.* Tinha medo de confiar nas pessoas e de acreditar que existiam homens e mulheres *diferentes de seus pais.* Caso ele se casasse e adotasse essa atitude para com a vida, na certa iria tratar a esposa da mesma maneira que o pai tratava a mãe. Foi-lhe observado que ele era tal e qual o pai e levado a compreender que a úlcera do seu estômago, rebelde a qualquer medicamento, era o preço que pagava por ter adotado a filosofia do *homem contra si mesmo.* Havia formado um hábito vitalício de *culpar sua hereditariedade.* Quando lhe foi dito que havia feito da infelicidade sua carreira, começou por modificar o modo de pensar, conseguindo uma notável modificação para melhor. Dissipou sua hostilidade, principiou a ter fé em si mesmo e nos outros e finalmente mostrou sinais de ter vencido a infelicidade que ele havia atirado sobre homens e mulheres a quem identificava como representantes de pai e mãe.

• Siga Estas Nove Regras de Senso Comum

Primeira regra: não use a incompatibilidade entre seus pais como um alibi para suas próprias insuficiências. Não adianta guardar ressentimento contra os pais. Harold Sherman, em "Your Key to Happiness" (Sua Chave Para a Felicidade), afirma: "Quer Você reconheça ou não, Você é direta ou indiretamente responsável por tudo o que lhe acontece".

Segunda regra: faça uma lista dos defeitos das personalidades de seus pais. Lembre-se de que elas não devem ser *imitadas.* O neuroticismo é contagioso e não hereditário.

Terceira regra: se Você é ou está para ser pai proporcione aos filhos o que lhe foi negado – o sentimento de independência e de segurança emocional.

Quarta regra: recompense o que Você poderia considerar um obstáculo, aprendendo a ser útil à humanidade. Tenha um ideal na vida.

Quinta regra: observe o conselho de Douglas Lurton, autor do livro "Make the Most of Your Life" (Tire o Maior Proveito de Sua Vida). "De ferramentas em punho cinzele sua própria vida da melhor maneira possível".

Sexta regra: não se amofine pelo fato de não ter conquistado o Prêmio Nóbel. O êxito não é sempre uma questão de fama ou de fortuna. Para ser normal não há necessidade de ser brilhante.

Sétima regra: pare de comportar-se como um homem-menino incapaz de se desgarrar das saias da mãe. Quando um homem é excessivamente agarrado à família e particularmente à mãe, é um sinal de aviso. Isto significa casar com alguém que tentará ser metade marido e metade filho, desempenhando um péssimo papel em ambas as situações.

Oitava regra: pare de ser uma mulher-criança supersensível e possessiva, que exige toda a atenção e que é emocionalmente imatura.

Nona regra: corrija qualquer concepção errônea que Você possa ter acerca de "traços hereditários". Pare de pensar que "tal pai tal filho" ou que Você vem de "má semente" ou que essa ou aquela insuficiência está em seu sangue e que, portanto, nada poderá fazer. A maneira com que Você pensa hoje determinará a maneira do seu viver de amanhã. Decida, portanto, *hoje* a espécie de pessoa que Você deseja ser *amanhã*. Deixe de *culpar* o *destino*.

SESSÃO 5

O QUE É UMA PESSOA NORMAL

• O Que Constitui a Normalidade?

De acordo com o Dr. Edward Glower, de Londres, são consideradas pessoas *normais* aquelas que se encontram livres de sintomas, desembaraçadas de qualquer conflito mental, possuindo uma capacidade de trabalho satisfatória e capazes de amar alguém além de si próprias.

A palavra "normal" é um termo relativo. O comportamento aceito em uma localidade poderia ser considerado anormal ou socialmente ofensivo em outra comunidade. Um costume normal na África seria considerado anormal em Nova Iorque.

O termo possui, portanto, um significado *elástico*.

Todos nós somos um pouco excêntricos; temos nossas próprias manias, superstições e medos. Nisto somos todos iguais.

• Todo Ser Humano Está Enquadrado num Destes Seis Grupos

Em verdade, poder-se-ia classificar toda a população do mundo nos seguintes seis grupos:

1. Normais

2. Neuróticos

3. Psicóticos (os casos de loucura só nos Estados Unidos ultrapassam a casa dos 500.000)

4. Psicopatas (criminosos, vagabundos, prostitutas, alcoólatras, delinqüentes sexuais, toxicômanos e assim por diante)

5. Débeis mentais

6. *Miscelânea* (inclassificáveis – inclui os habitantes da selva, os nativos, existindo em remotas partes do mundo e aquela determinada parte da população da terra, vivendo "en-masse" em vários países e que não pode ser enquadrada em nenhum dos grupos).

Num apanhado geral, as pessoas *normais* fazem parte apenas de um dos seis grupos.

• As Qualidades da Personalidade de Uma Pessoa Normal

Já me solicitaram, por diversas vezes, que explicasse o que faz *uma pessoa normal ser normal.* É porque ela é favorecida com os seguintes traços de caráter – predicados da personalidade que Você também pode desenvolver.

1. É emocionalmente madura; não é *fixada* (excessivamente agarrada) aos seus pais; pensa e se comporta como um indivíduo adulto e tem um objetivo na vida.

2. Aceita os duros reveses da vida filosoficamente.

3. Está sempre por demais ocupada para ser feliz.

4. É capaz de ganhar a sua própria vida e trabalha sem muitas queixas.

5. Possui "joie de vivre" (alegria de viver) e considera-se feliz por estar viva.

6. É capaz de viver bem com todo mundo, tem uma personalidade *flexível* e é humanamente compreensiva.

7. Não age impulsivamente; aprendeu a controlar suas emoções, exerce o julgamento ponderado e é capaz de decisões inteligentes.

8. Não é cínica e nem abriga preconceitos neuróticos.

9. Procura não meter o nariz nos negócios alheios.

10. Tem tato e não é argumentativa; é tolerante e desinteressada; não é supersensível e aceita críticas.

11. É bem-humorada e irradia confiança em si própria.

12. É capaz de dar amor e compartilhá-lo com alguém; tem fé na humanidade; possui uma atitude saudável para com as pessoas em geral e para com aqueles que a cercam.

13. Adquire sabedoria através das experiências com erros passados.

14. Alcançou uma agradável maneira de viver — faz a vida prazerosa em vez de dolorosa. Adquiriu a capacidade de compreender — para gozar a vida.

• O Marido Normal

O marido ideal é facilmente identificável. É um herói no sentido de que é um homem estimado, amado pela esposa, respeitado e admirado pelos homens e idolatrado pelas crianças. Possui uma personalidade equilibrada e é capaz de viver bem com quase todo mundo. Diz o que é certo em tempo certo. Não intimida a esposa e nem faz que ela se sinta dominada; é dinâmico e progressista, irradia um sentimento de autoconfiança, é positivo nos seus atos e livre de indecisões neuróticas. No amor é generoso e expansivo. Os amigos o admiram pelo seu porte, seu traquejo social e sua tolerância.

Atrás de seus planos não existe egoísmo. Prefere *dar* amor a recebê-lo. É bondoso, atencioso e romântico. É sempre igual; discute em vez de argumentar contrariamente. Lembra-se de elogiar os quitutes da esposa e a elogia na presença de outros. Não se esquece das datas natalícias e de outros aniversários. É cuidadoso para não diminuir a esposa ou parecer muito criticador. Não é muito orgulhoso a ponto de, quando as circunstâncias assim o exigem, não ajudar a esposa nos afazeres domésticos.

É compreensivo e ao mesmo tempo firme para não bajular a esposa. Sabe a importância que tem de levar, de vez em quando, sua esposa para jantar fora ou então surpreendê-la com um ramalhete de flores. Proporciona uma vida no lar agradável e faz a esposa sentir que é a inspiração de seu sucesso. Não se incomoda de fazer trabalhos caseiros e não se preocupa sem necessidade. Prova que pode alcançar um ajuste sexual mútuo e satisfatório. Além disso, possui senso de humor e aprecia as opiniões femininas.

Você poderá fazer que eu fique por aqui, acusando-me de descrever uma fábula de homem — aquele que não existe. Não é nada assim. Este não é o tipo do bonzinho, isento de falhas. É real, humano e possui em sua natureza uma psicopatia suficientemente diabólica para ser fascinante. Adora a aventura e arrisca-se sem ser arrojado. Aprecia uma piada picante. Não é santo e nem pecador, mas gosta de pôr as cartas na mesa. Conserva suas tendências perturbadoras sob controle. Aprecia seus drinques e tem olhos para a beleza, mas prefere não complicar seu casamento por indulgência alcoólica ou namoricos.

O homem comum não tem necessidade de possuir todos estes qualificativos. Necessita congregar apenas 50% deles para conquistar o dispositivo de um indivíduo bem integrado — um marido normal.

• A Esposa Normal

A esposa *normal* tem sempre em mente que o homem comum necessita ter o seu ego inflado. Sabe que todo homem possui um ego que pode ser comparado à estrutura óssea do seu corpo. Sem ele seria incapaz de manter-se erecto e caminhar. Quando este esqueleto mental se desmorona, tudo sofre. A esposa faz que o homem tenha vontade de trabalhar, queira ser bem sucedido e deseje amar. Ela encoraja e inspira seu marido. Esta inflação do ego é a principal coisa que um homem encontra na *outra mulher.*

A mulher inteligente é companheira do marido. Compartilha de seus interesses. Trabalha com ele e não contra ele. Compreende que o futuro dele é também o seu. Caminha ao lado dele e demonstra apreciar as melhores coisas da vida. Conserva-se desligada de qualquer infelicidade existente em sua família. Tenta esquecer o passado concentrando-se no presente e no futuro. Compreende que constantes rusgas, alterações e enfados só resultarão numa corrente de desagradáveis conseqüências — incompatibilidade de gênios, desarmonia sexual, divórcio e solidão.

A esposa normal procura cooperar e não competir. Apresenta sugestões confortadoras em vez de críticas. Sabe aconselhar o marido sem dar-lhe a impressão de que ela é o homem da casa.

Corresponde-lhe aos afagos sexuais, mantendo uma disposição normal, fazendo tudo que lhe estiver ao alcance para que seu casamento seja bem sucedido.

• Estão as Pessoas Normais Sujeitas a Frustrações?

A resposta é: sim. Ninguém está livre das tristezas da vida. É a qualidade e a quantidade individuais dos nervos e das reações mentais a cada frustração que determinam se somos normais ou neuróticos. Por exemplo: todo mundo tem temporadas de tristeza. Em muitos casos essas depressões terminam por desaparecer. Não deixemos que permaneçam no caminho das nossas atividades normais.

O neurótico, quando deprimido, está pronto para hastear a bandeira branca. Começa a sentir piedade por si próprio e é incapacitado pela sua depressão. Aqueles de *mente saudável* cautelosamente se protegem contra as reações extremas das emoções. Não se deixam ficar superexaltados ou deprimidos. Usam uma racionalização construtiva, a fim de evitar qualquer dos extremos. Quando as coisas não vão bem, dizem para consigo mesmos: poderia ser pior.

As pessoas normais também se preocupam e sentem medo, mas se controlam. Distinguem as preocupações que são infundadas daquelas que são reais. Não se tornam superansiosas e nem se deixam ficar paralisadas pelas ansiedades neuróticas.

• Como Pensam e Vivem as Pessoas Normais?

As pessoas que se consideram bem-ajustadas praticam a moderação em tudo que fazem; no comer, no beber, no fumar e assim por diante. Alimentam sua mente com pensamentos positivos. São capazes de tomar decisões acertadas e de as pôr em prática. Recebem as advertências naturalmente e demonstram claramente uma maturidade emocional. Alguém perguntou a Freud o que deveria fazer antes que possa considerar-se *maduro*. A resposta de Freud foi simples e breve. "Lieben und Arbeiten" (É preciso amar e trabalhar).

A melhor descrição de maturidade que já encontrei foi a do Dr. Edward A. Strecker no seu livro "Basic Psychiatry" (Psiquiatria Básica) — Random House, N. Y., 1942.

> A maturidade é um predicado da personalidade constituída por certo número de elementos.
>
> É apegar-se a uma atividade, a habilidade de apagar-se a um trabalho, de lidar com ele e perseverar nele até que esteja feito, ou até que se tenha dado tudo na tentativa. É a qualidade ou a capacidade de contribuir com mais do que é solicitado ou exigido em determinada situação.
>
> Esta é a característica que capacita outros a contar com alguém; logo é o que inspira confiança.
>
> A persistência é um aspecto da maturidade; persistência de levar avante um ideal, mesmo em face das

dificuldades. A resistência também faz parte do conceito de maturidade; aturar as dificuldades, os aborrecimentos, o desconforto, as frustrações e as privações. A habilidade de aferir as coisas e tomar suas próprias decisões é uma característica de maturidade, o que demanda determinada soma de independência. A pessoa madura não é dependente a menos que esteja doente. A maturidade abrange uma determinação, uma vontade de alcançar êxito e uma vontade de viver. Naturalmente, a maturidade representa a capacidade de cooperar, de trabalhar com outros, de trabalhar em uma organização e sob uma autoridade. A pessoa madura é flexível e condescendente para com o tempo, as pessoas e as circunstâncias. Pode demonstrar tolerância, pode ser paciente e acima de tudo possui as qualidades de adaptação e transigência. Basicamente a maturidade representa uma combinação salutar de duas coisas:

1) Descontentamento para com "statu quo" que provoca um esforço audaz e construtivo.

2) O interesse e a dedicação social. A maturidade emocional é a moral do indivíduo.

As pessoas normais se conservam em íntimo contato com as coisas que as estimulam e as inspiram, como a boa música, a Arte, a Literatura, o Amor e a Religião. Cultivam hábitos sadios de vida, desenvolvem uma maneira mais salutar de pensar e viver, compatíveis com a paz de espírito. Sabem o que querem e seguem planos bem elaborados, a fim de alcançar suas vitórias na vida. Podem não ser inteiramente felizes, mas uma coisa é certa: recusam-se a permitir uma derrota por algum ato menos generoso do destino. Compreendem que a vida é curta e que *viver do passado é energia perdida;* conseqüentemente vivem para o dia de *hoje* e o de *amanhã.*

SESSÃO 6

SER NEURÓTICO NÃO É SEMPRE UM OBSTÁCULO

• O Que é Uma Neurose?

A palavra "neurótico", da maneira como costuma ser usada hoje, tem sentido impróprio. Poucos conhecem o significativo deste termo, que usam com tanta freqüência.

Recentemente, uma senhora amiga me perguntou:

— Então, quem é o *neurótico?*

Informei-a que todos nós somos um pouco neuróticos. Alguns são *normalmente* neuróticos ou para usar uma frase melhor, "não por demais neuróticos". Outros são neuróticos no sentido de serem incapacitados pela sua própria neurose. Neurose significa uma reação exagerada da mente e do sistema nervoso aos distúrbios físicos ou a experiências desagradáveis.

A falta de entendimento a respeito da psicologia da doença neurótica faz que as pessoas se tornem pouco compreensivas, intolerantes e neuróticas.

A neurose, em outras palavras, é uma doença causada por motivos inconscientes, geralmente vantajosos ao neurótico. Os sintomas tentam explicar (o que os psiquiatras chamam de "linguagem física") e encontrar a finalidade que um determinado sintoma visa.

• Tipos Comuns de Neurose

Existem várias espécies de neuroses (a palavra "psiconeurose", que ouvimos tanto hoje, significa o mesmo que "neurose"). Os tipos mais comuns de neurose são os seguintes:

1. *Neurastenia.* A fadiga é o sintoma predominante, embora o neurastênico possa também se queixar de dores e pontadas vagas.

2. *Histeria.* A instabilidade emocional é um dos sintomas mais característicos. Os conflitos mentais se expressam através de sintomas que afetam várias partes do corpo. Por exemplo, a mulher que é infeliz na vida conjugal pode queixar-se ao marido de dores nas costas. Os psiquiatras usam o termo "sintomas de conversão" porque realmente descrevem o que acontece: a infelicidade ou o conflito mental é convertido em um sintoma físico real.

3. *Hipocondria.* Vocês por diversas vezes já ouviram alguém referir-se a uma pessoa como "hipocondríaca". Isto quer dizer que tal pessoa tem sempre uma doença, geralmente imaginária. Ela se preocupa excessivamente com a sua saúde e gosta de conversar a respeito de seus inúmeros distúrbios físicos. Uma vez perguntei a uma senhora o que sentia. Quando ela terminou sua ladainha, eu tinha uma lista de 57 sintomas diferentes. Essas pessoas se tornam "pacientes profissionais" e vão de médico em médico em busca de alívio.

4. *Ansiedade.* A preocupação e o medo podem causar numerosos distúrbios em muitos indivíduos. Uma neurose deste tipo produz um estado de tensão crônico. Deste grupo fazem parte as pessoas que são vítimas de ansiedade e medos de toda sorte. (Medo de elevadores, multidão, micróbios, sexo, loucura, morte e muitos outros fatores). Este sentimento de insegurança as torna sempre irrequietas. Nunca descansam. Permanecem num estado constante de exaustão nervosa.

Qualquer que seja a espécie de neurose, a psicologia do seu desenvolvimento é práticamente a mesma. Os neuróticos, que pensam em medo, são vítimas de motivações inconscientes. Em qualquer circunstância as neuroses são *curáveis.*

• Personalidade do Neurótico

Os neuróticos são os preocupados crônicos. São indivíduos excessivamente sensíveis, superagressivos, extremamente acanhados ou facilmente depressivos, que se entregam a pensamento *negativo* e que são inclinados a ficar tensos e nervosos independentemente de qualquer provação. Não reagem bem às frustrações pessoais.

Preferem ser sonhadores a realizadores. É como Claude Bristol, os definiu: "eles possuem a *espinha do desejo* mas não possuem a *espinha dorsal*". Contudo, se lhes penetrarmos no íntimo da personalidade verificaremos que basicamente são *bons* indivíduos.

O neurótico que se centraliza em si próprio e é excessivamente acanhado tem que ser transformado em pessoa que não se preocupe tanto consigo próprio. Nada é tão prejudicial ao seu restabelecimento quanto humilhá-lo, tornando-o responsável pela sua doença. Numerosos parentes cometem o engano de classificar o neurótico na mesma categoria do *dissimulador* — doente fingido.

• Os Neuróticos Não São Sempre Casos Perdidos

Com um conhecimento íntimo e uma cooperação apropriada, o neurótico não precisa viver amarrado. Uma vez que compreenda a psicologia da sua personalidade neurótica ele pode converter sua neurose em bênção disfarçada. Você não precisa ser *alegre* e nem *triste* porque é neurótico.

Muitas figuras famosas da História, que se sobressaíram como cientistas, músicos, artistas e escritores de destaque, eram neuróticos; neuróticos no sentido de serem temperamentais e sensíveis, perdendo ocasionalmente o controle das emoções.

Todos nós temos amigos neuróticos. Muitos deles são talentosos e capazes de contribuições valiosas para a vida. Para viver-se bem com eles é preciso tentar compreendê-los.

• Os Neuróticos Em Geral São Bem-Intencionados

A hostilidade de muitos neuróticos para com os outros é superficial. Se choram facilmente e se se queixam com freqüência é somente porque desejam atrair a atenção e sentir-se *seguros e aceitos*. Possuem coração de criança e são sequiosos por afeto e compreensão.

Roberta, mãe de uma criança de 2 anos, assistiu em um dos cinemas locais a um filme emocionante e ficou tomada de pânico, pensando que também iria ficar louca. Ela se havia identificado com o personagem do filme.

Os temores de que alguma coisa aconteça ao estado da mente são comuns. Os psiquiatras se referem a eles como *neurose de compulsão obsessiva*. Quando Roberta se queixava repetidamente do medo de perder o juízo, o seu marido — Tom — tornou-se intolerante, ridicularizando-a e até ameaçando de deixá-la, caso ela não largasse dessa mania. Tom, como a maioria dos maridos em situação semelhante, dizia: "Não posso compreender minha mulher. Ela não é mais a mesma pessoa. Só pensa no medo de ficar louca. Fico às vezes tão aborrecido que penso em deixá-la. Não posso suportar isto por muito tempo. Admito que ultimamente me tenho zangado, pensando que ela precisava é de uma boa e enérgica conversa, mas de nada adiantou. Estou com a paciência esgotada. Não sei o que fazer".

Sua atitude é típica de um marido ou de qualquer outro parente para com uma pessoa que sofre de medo, indecisão, depressão ou que se queixa de perturbações físicas. Tom precisava ser reeducado. Foi instruído a não mimar e nem ralhar ou censurar a esposa. Teve que cultivar uma atitude igual à que uma enfermeira ou um médico toma com relação a um paciente que está sofrendo de uma doença física.

Na verdade, Roberta era uma esposa devotada, uma boa mãe que se havia tornado amedrontada e como resultado adquiriu uma doença neurótica chamada "neurose de compulsão obsessiva". Começou a sentir pena de si mesma e vivia repetindo: "Eu não culpo meu marido. Eu sei que o estou tornando muito infeliz. Não quero ser assim, mas não consigo melhorar a situação. Não tenho confiança em mim. Sempre penso que alguma coisa me vai acontecer."

Como já disse, um sentimento de *insegurança* é comum na maioria dos neuróticos. Querem ser assegurados de que nada de desastroso lhes acontecerá. Mas, não é sempre que apenas a segurança elimina este medo, porque eles a interpretam como uma falsa segurança. Às vezes somente um psiquiatra é capaz de explicar os motivos inconscientes que residem atrás dos seus medos devastadores.

• Como Cuidar de Uma Pessoa Neurótica

Para lidar-se com um neurótico, tanto em casa como no trabalho, é preciso ter-se em mente um princípio fundamental. É necessário sentir-se convencido de que os neuróticos não devem ser desprezados. A *intolerância* é fatal para a cura de um neurótico. Se Você penetrar na personalidade externa de um neurótico comum, descobrirá que no íntimo ele é sincero e de bom coração. *Faça uso da aproximação positiva.* Chame sua atenção para as *potencialidades* que ele possui. Os resultados são surpreendentes. Muitos parentes fazem uso da aproximação negativa, fazendo-os lembrar de suas insuficiências.

• Seja Firme, Porém Bondoso

De outro lado, uma conversa animadora, protocolar e lisonjeira somente piora as coisas. A firmeza e a compreensão bondosa são os métodos-chaves para um auxílio bem sucedido àqueles cujo pensamento integral está voltado para o seu próprio íntimo. Faça-os tomar interesse na prática de coisas que lhes tragam satisfação. Os neuróticos desejam que as pessoas demonstrem interesse e que gostem deles, sejam quais forem suas deficiências. Têm necessidade de amigos que possam ajudá-los a viver mais satisfatoriamente. Lembre-se de que uma pessoa neurótica não deve ser mais culpada pela sua condição do que aquela que contraiu um mal físico.

• A Intolerância Agrava a Situação

Muitas vezes os psiquiatras são bem sucedidos quando outros falham, somente porque agem como um *substituto paterno*. Escutam, explicam, aconselham e tornam-se administradores pessoais do paciente. Esta benéfica afinidade emocional entre pacientes e médico é chamada "transferência". Muitas vezes o paciente melhora porque o psiquiatra lhe faz sentir que ele realmente é uma boa pessoa, apesar de qualquer outra coisa que os outros o levaram a acreditar. Não gostar de pessoas doentes é falta de inteligência.

Ocasionalmente se escuta alguém dizer: "Quando certo indivíduo é antipático e não inspira amizade eu me preocupo em tornar-me seu amigo. Logo descubro que ele é muito melhor do que muita gente pensa."

Como já afirmei anteriormente, os neuróticos se comportam desta ou daquela maneira somente porque são impelidos por motivos inconscientes. Na verdade, neste mundo não existem pessoas que no fundo do coração sejam mesquinhas. O comportamento anormal, seja neurótico, criminoso, ou psicótico, é o resultado de uma doença da mente, de uma forma ou de outra. O Dr. Ben Karpman, conhecido psicanalista, famoso pelos seus estudos criminais, encontrou uma *bondade básica* em muitos daqueles que desrespeitam a lei e descobriu também que seus crimes representavam um sintoma de infelicidade interior que remonta à infância.

• A Lei da Supercompensação

De acordo com o Dr. William James, eminente professor de Filosofia de Harvard, a maioria de nós (muito especialmente os neuróticos) não aproveita o máximo daquilo que já possui. O Dr. James nos diz assim:

> "Comparando-se com o que deveríamos ser, nós estamos apenas metade acordados. Fazemos uso apenas de uma pequena parte dos nossos recursos físicos e mentais. Afirmando a coisa amplamente, concluímos que o indi-

víduo humano vive longe dos seus limites anteriores, possuindo várias espécies de poderes, os quais ele costumeiramente, deixa de usar".([1])

Ser neurótico pode ser um *predicado* – muitas vezes dá um impulso que permite um aproveitamento maior da vida do que comumente se obteria se Você não tivesse sido tão inibido.

Quando se remove um rim o outro trabalha por dois. Esta é a lei da supercompensação que vem em nosso auxílio todas as vezes que o Destino desafia a nossa vontade para sobreviver.

• Sentir Pena de Si Mesmo Apenas o Tornará Mais Neurótico

Existe pouca tolerância para com a pessoa neurótica que se firma na piedade por si mesma e recusa fazer qualquer coisa com relação às suas responsabilidades.

Em uma carta uma jovem de 31 anos escreveu:

> "Quando eu tinha quatro anos apanhei escarlatina. Fiquei estrábica e fui obrigada a usar óculos. Se algum rapaz me convidava para sair, na metade das vezes eu recusava e, se aceitava, desmanchava o compromisso no último momento. Era muito sensível e cultivava um complexo de inferioridade. Costumava sentir pena de mim mesma."

• A Moça Que se Recusava a Crescer

Certa ocasião, ia dirigindo o meu carro, a fim de ver uma paciente que, segundo afirmação da família, se encontrava em condições por demais precárias para ir até ao meu consultório. No caminho dei condução a um jovem soldado que ia a um hospital local do Exército. Notei que seu braço direito havia sido amputado.

Era um rapaz alegre, conversador e pronto para dar uma gargalhada. Evitei qualquer menção a respeito da manga vazia do seu paletó, quando finalmente ele disse:

– Estou surpreso de o senhor não me ter perguntado onde perdi meu braço. A maioria das pessoas quer saber onde lutei, como foi que o perdi, enfim todos os detalhes.

– Este assunto não é muito doloroso para Você? – quis saber.

– Bem... era. Mas agora posso enfrentá-lo. Sei o que esperar

William James: *Letters of William James*, vol. II, edição de 1906.

das pessoas, portanto não fujo do assunto. Decidi, a qualquer custo, desmantelar a piedade neurótica que sentia por mim mesmo. Sabia que se não fizesse a minha mente se comportar, estaria perdido.

Fez uma pausa e olhou para fora na escuridão.

– Às vezes, interrompeu ele abruptamente, com a voz mais forte, à noite, a minha mente costumava rebelar-se e eu suava frio. Agora eu consegui colocar a piedade por mim mesmo bem no lugar onde queria. Decidi gozar a vida. Afinal de contas, eu posso ver... eu posso ouvir... eu posso andar... e trabalhar.

Quando o deixei ele parou ao lado do portão do hospital, acenou o seu único braço e disse:

– Obrigado pela carona, doutor.

Foi justamente ao contrário, pensei... eu é que recebi a carona.

A paciente que precisava ver naquele dia era uma jovem que estava tendo ataques histéricos porque seus pais se recusaram comprar-lhe um novo conversível. De volta para casa, não pude deixar de comparar o jovem soldado, que não se deixou sentir inutilizado com a moça, que se recusava a ser adulta.

• Nunca é Tarde Demais Para o Amor

Outro dia recebi uma carta de um viúvo de 72 anos de idade. Havia lido um artigo meu e queria saber se ele estava sendo neurótico por querer se casar com uma viúva de 65 anos de idade, com quem se entendia muito bem. Agradou-me ter a oportunidade de cumprimentá-lo pela sua atitude de que "nunca se é velho demais para o amor" e de desejar um casamento feliz.

• Quem Faz Sua Vida é Você Mesmo

Se por uma ou outra razão a sua vida é *sem amor,* Você pode compensá-la encontrando um prazer substitutivo no seu trabalho, no seu "hobby" ou em um projeto cívico. O prazer de ter realizado alguma coisa pode trazer-lhe paz de espírito. Neste mundo existem bastante coisas boas para tornar a vida agradável. A vida pode ser linda.

SESSÃO 7

SEUS MALES FÍSICOS PODEM SER PSICOSSOMÁTICOS

• A Influência da Mente Sobre o Corpo

O que afeta a mente afeta o corpo e vice-versa.

A palavra "psicossomático", termo relativamente novo para muitos, é derivada do grego "psyche", que quer dizer *alma*, e "soma", que quer dizer *corpo*. A medicina psicossomática reconhece o poderoso efeito da mente na saúde e no funcionamento do corpo.

Houve tempo em que somente os *aspectos físicos* de uma doença eram considerados importantes em um diagnóstico. Um paciente, que se queixava de dores de estômago, era examinado, passando pelos raios-X, submetido a medicamentos e dieta ou aconselhado a uma intervenção cirúrgica.

• Os Gregos e os Romanos Já Conheciam as Doenças Psicossomáitcas

A ciência médica não estava inteiramente cega com relação ao elemento emocional na doença. Tão remoto quanto os primeiros médicos gregos foi reconhecido que qualquer perturbação da alma afetava também o corpo. Os romanos também eram sabedores da inseparabilidade da mente e corpo e assim provaram, através do seu ditado de *Mens sana in corpore sano* (Mente sã em um corpo são). Conquanto tenhamos há muito aceito o fato de que a emoção poderia nos afetar fisicamente, apenas recentemente avaliamos a *extensão* do seu efeito.

• Os Conflitos Emocionais Podem Causar Uma Variedade de Doenças

Atualmente, os médicos sabem que a ira costumeira pode produzir úlceras estomacais e acentuadas elevações da pressão do sangue. O Dr. Alvarez, da Clínica Mayo, que possui grande experiência no tratamento de vários distúrbios digestivos, constatou que em muitos casos a doença física é agravada por um *distúrbio emocional.* As perturbações físicas de todas as espécies estão tão intimamente ligadas às emoções que em muitos dos principais centros médicos do país os médicos geralmente investigam os fatores emocionais antes de apresentarem um diagnóstico final.

• A linguagem dos Sintomas Psicossomáticos

O Dr. Frank G. Slaughter, no seu livro "Your Body and Your Mind" (O Seu Corpo e a Sua Mente) ([1]) faz esta significativa afirmação: "Esforçamo-nos para obter saúde a fim de sermos felizes, porém, quantos de nós nos esforçamos para sermos felizes a fim de obtermos saúde?"

Muitas pessoas manifestam infelicidade através da linguagem dos sintomas físicos. Algumas apresentam na pele urticárias ou outras erupções de fundo nervoso; outras transpiram em excesso, particularmente na palma das mãos; existem aqueles que sofrem de asma provocada por causas mentais; muitos se queixam de micção freqüente (bexiga nervosa). A tensão nervosa em certos indivíduos produz enxaquecas, vômitos, perda de apetite, diarréia, gases e azias, doenças essas que podem indicar uma reação a um estado de vida desagradável.

A pessoa que se queixa de dores de cabeça e de tonturas poderá estar tentando grandes realizações em seu trabalho, assumindo responsabilidades em demasia e preocupando-se com as conseqüências de suas decisões. Sua tontura representa uma atitude com relação à má situação de seus negócios (tudo fica girando). Outro indivíduo pode ter fortes dores de cabeça ao tentar calcular seu imposto de renda, mas encontra prazer em estimar os lucros de uma boa transação comercial.

• Dores de Cabeça Causadas por Frustração Sexual

Um paciente de 30 anos, casado, pai de duas crianças, queixava-se de que era muito infeliz na vida conjugal. A esposa era sexualmente frígida, fazendo que ele nunca tivesse relações sexuais satisfatórias. Além de outros sintomas, tais como: tonturas, perda de peso, dores e pontadas vagas, ele se queixava de *persistentes dores de cabeça.* Separou-se da esposa, o que lhe proporcionou

1 Dr. Frank G. Slaughter, *Your Body and Your Mind* (O Seu Corpo e a Sua Mente) New American Library of World Literature.

algum alívio. A seu pedido, a esposa me consultou e eles decidiram dar uma oportunidade ao casamento. Tão logo suas relações sexuais melhoraram, ele não teve mais dores de cabeça.

• Os Sintomas Têm Significados Simbólicos

Atualmente os psiquiatras estão desvendando muitos dos mistérios que cercam as doenças e sintomas que deixam de corresponder à medicação administrada. A diarréia pode estar correlacionada a uma instabilidade emocional (falta de controle). A constipação é encontrada em pessoa que receia insegurança econômica (complexo de economia). Suar em demasia é em geral conseqüência do medo. Dores perto do coração (não provenientes de nenhuma doença cardíaca) podem ser uma expressão de culpa (com medo de cair morto). Falta de apetite (anorexia nervosa) pode simbolizar um desejo de morrer (tendências suicidas: sem alimento — sem vida). Dores e pontadas múltiplas podem ser expressões disfarçadas de infelicidade crônica. Menstruação dolorosa(dismenorréia) tem muitas vezes sido associada a relações sexuais dolorosas (dispareunia), comum em mulheres que subconscientemente não desejam aceitar o papel que cabe à mulher durante as relações íntimas.

• A Discordância Mental é Uma Causa Comum dos Distúrbios Psicossomáticos

O caso seguinte envolve uma incompatibilidade conjugal entre uma esposa que sofre de menstruação dolorosa e de um marido que se queixa constantemente de "sentir-se cansado". Estes sintomas apareceram logo após o casamento, quando ficaram cientes da sua incompatibilidade sexual.

No tempo em que o rapaz cortejava a sua futura esposa, ela se encontrava com um admirador rival. A moça afirmou que amava este último e que o considerava o candidato eleito. Entretanto, o atual marido teve êxito em persuadi-la a tomar uma decisão em seu favor. Na noite de núpcias ela começou a chorar e a pensar no outro (amor-fantasma; infidelidade psíquica). Ela humilhou seu marido e chegou ao ponto de confessar que suas relações com o namorado anterior haviam sido íntimas e que sua técnica amorosa era superior. O marido ao saber disso tornou-se impotente. As coisas foram de mal a pior. Discutiam por nada até chegarem à iminência de uma separação.

A esposa era o que os psicanalistas chamam de "tipo antimasculino", autoritária, superagressiva e extremamente devotada à sua profissão.

Ela não sabia que ao confessar as suas intimidades pré-maritais havia "psiquicamente" castrado o marido. Ele por sua vez era fraco, passivo e inexperiente. Contudo, na sua impotência havia um componente sádico atuando e ele, embora inconscientemente, teve a satisfação de conseguir uma vingança ao deixar a esposa em estado de frustração.

A psicanálise de ambos, marido e mulher, veio revelar as causas emocionais de suas queixas *psicossomáticas*. A compreensão entre eles progrediu a tal ponto que decidiram permanecer juntos. Seu casamento havia tido um caráter de *competição*, tanto emocional como sexualmente. As dolorosas cólicas de menstruação diminuíram até desaparecerem por completo; o marido readquiriu a potência e não mais se queixou de fadiga crônica.

• Doença Causada por Culpa do Sexo

Recordo-me de outra paciente que verdadeiramente sentia náuseas ao pensar na necessidade de discutir a sua vida sexual durante o período em que estava sendo psicanalisada. Sofria de um tique facial (contração muscular no lado direito do rosto). Era solteira e afirmava que o assunto relativo a sexo lhe era repulsivo. Finalmente confessou que se refugiava na auto-satisfação e os sentimentos de culpa associados a isso faziam que tomasse defensiva atitude de repugnância, como meio de evitar o assunto, camuflando assim sua prática sexual. O tique que possuía desapareceu quando ela aceitou o fato de que o mesmo representava uma expressão inconsciente do seu senso de culpa.

• Uma Perturbação de Olhos Emocionalmente Produzida

Outro paciente de 47 anos, usando lentes bifocais, queixava-se de nervosismo e agitação. Durante a consulta, notei que tinha a tendência de fechar os olhos de tal maneira que mal podia ver. Sua queixa principal era a seguinte:

— Meus olhos me incomodam. Não posso ler continuamente. A leitura afeta minha garganta e minha laringe. Os músculos ópticos ficam retesados. Não posso trabalhar com os meus olhos assim. Deve existir alguma coisa errada em tudo isso.

Esse paciente contou-me que tinha discussões e alterações com a esposa constantemente. Quando a incompatibilidade foi corrigida os sintomas oculares desapareceram.

• A Compreensão da Linguagem do Inconsciente

A espécie de distúrbio psicossomático que um paciente apresenta quase sempre depende da natureza de determinado conflito.

O sintoma, quando traduzido para a linguagem do inconsciente, geralmente mostra a causa da neurose. Muitas pessoas demonstram descontentamento por alguma *coisa intolerável* através de um distúrbio estomacal (vômito, perda de apetite, úlcera) ou alguma outra perturbação digestiva (diarréia, colite, prisão-de-ventre).

• Indigestão Mental

A inter-relação entre o aparelho digestivo e a mente é conhecida pelos médicos desde o tempo de Hipócrates no ano 640 AC. Contudo, apenas recentemente os especialistas dos distúrbios gastrintestinais ficaram cientes do alcance da influência das emoções sobre o sistema de alimentação do indivíduo.

Foi clinicamente demonstrado que as frustrações emocionais são capazes de afetar o fluxo de ácido clorídrico no estômago. Muitos homens que nunca aprenderam a ser calmos, que são tensos, nervosos e muito ambiciosos são suscetíveis ao aparecimento de úlceras. Certos tipos de ocupação tendem a tornar alguns indivíduos propensos a sofrer de úlcera. Nos construtores e comerciantes é freqüente o cultivo da "personalidade úlcerante". O aparecimento de úlcera em cirurgiões é comum. Toda pessoa que trabalha sob tensão e pressão excessiva é um candidato em potencial. A constatação da úlcera não é restrita ao sexo masculino, como geralmente se acredita. Existem mulheres em número equivalente que também são vitimadas por úlcera estomacal.

• A Personalidade Ulcerante

A Dra. Flanders Dunbar, autora do livro "Mind and Body" (Mente e Corpo), e autoridade líder no campo da medicina psicossomática, contribui com interessantes elucidações relativas dentro da composição psicológica da *personalidade ulcerante*. Ela assim escreve:

> O paciente que sofre de úlcera, geralmente na sua infância foi devotado à sua mãe, ficando, contudo, insatisfeito com a dependência resultante dessa devoção. À medida que cresce, se encontra continuamente dividido entre o impulso de apoiar-se à mãe, esposa, amigo ou patrão e a coação de manter sua própria independência. O desejo de escapar do próprio medo de ser parasito faz que procure ter responsabilidade, ficando com a aparência de autoritário, o que muitas vezes lhe proporciona uma subida considerável pela escada do sucesso mundano.

> Não há nessa personalidade o impulso para sobressair que caracteriza outros, o tipo coronário, por exemplo. A ambição e a atividade do paciente que tem úlcera são menores disfarces para sua inclinação à dependência. Quer apenas tornar-se ativo e escapar de sua própria suspeita de inferioridade; não é necessariamente uma vontade de competir com outros, de derrotá-los ou de impor-lhes suas habilidades superiores.
>
> Os antigos aborrecimentos associados à alimentação são os mesmos fatores que acabam por ocasionar a úlcera. A fim de vencer o desejo oculto de ser maternalmente dependente, o paciente que tem úlcera exagera suas ambições e seus traços de arrogância, a ponto de parecer positivamente agressivo. Recusa auxílio, procura novas responsabilidades e assume encargos desnecessários. Até onde estas qualidades proporcionam sucessos nos negócios ou na vida profissional, a personalidade ulcerante típica é um predicado que impulsiona o seu possuidor para o topo da escada. Mas tal indivíduo em si mesmo está pronto para gozar da mesma satisfação tanto num excessivo trabalho externo — a emoção de dirigir um caminhão — como conduzir uma vasta cadeia de indústrias.

Ela conclui dizendo que muitos desses pacientes que sofrem de úlcera e que são indivíduos declaradamente independentes podem ser auxiliados a entenderem-se a si próprios. A sua cura pode ser definitiva com um tratamento médico e psicoterápico apropriado.

• A Infelicidade Fixou-se no Estômago

Um conhecido que pensava sofrer de úlcera me convidou para saborear uma perfeita refeição preparada pela esposa. Quando elogiei a minha anfitriã, o marido me observou:

— Sei que tive sorte ao me casar com tão excelente cozinheira. Mas parece que não posso apreciar uma boa comida. Mais ou menos uma hora depois da refeição começo a sentir cólicas estomacais, náuseas, gases e queimação.

Senti-me curioso e perguntei-lhe se havia passado recentemente por um exame fisiológico. Respondeu-me:

— Doutor, eles me viraram pelo avesso. Passaram todo meu aparelho digestivo pelos raios-X; olharam meu estômago com um fluoroscópio e fizeram descer pela minha garganta uma espécie de tubo de borracha, por que razão eu não sei. Tudo isto foi feito na clínica para diagnósticos do centro médico. Como fisiologicamente não acharam nada errado, chegaram à conclusão de que eu deveria estar sofrendo de indigestão nervosa. Parece que não importa que remédio eu tome ou o que eu coma; não consigo nunca um alívio permanente.

Não desejando dedicar a conversa da noite à sua queixa, sugeri que ele fosse ao meu consultório no dia seguinte de manhã. Para minha surpresa descobri, quando me consultava, que ele era infeliz no casamento. A esposa era extremamente introvertida, não era sociável e tinha a tendência de proporcionar discussões desagradáveis durante o jantar. Por exemplo: ela repetidamente fazia-o relembrar as contas que devia e a possibilidade de perderem a casa porque poderiam não ter recursos para saldar os pagamentos.

Depois de ouvir tudo isso, consegui uma entrevista com a esposa. Dei-lhe então instruções específicas para que nunca discutisse finanças ou alguma coisa desagradável na hora das refeições. Ela colaborou muito bem e fez um esforço sincero para se abster de discussões desnecessárias, para demonstrar melhor disposição de ânimo, para convidar, de vez em quando, amigos agradáveis para o jantar e para tornar-se mais carinhosa com o marido.

Os resultados foram estonteantes. Dentro de um mês, meu amigo principiou a contar-me da mudança que havia notado em seu apetite. Não sentia mais receio de comer as coisas que antigamente lhe causavam tanta aflição e agora estava disposto a aceitar o argumento original de que sua indigestão estava intimamente ligada à relação emocional que mantinha com a esposa. Tenho-me correspondido com o casal durante estes últimos 11 anos e é uma fonte de estímulo saber que o marido nunca mais teve aborrecimento com o estômago.

• Os Sentimentos de Culpa Podem Causar Úlcera

Outro paciente de 26 anos, solteiro, profissional, foi-me encaminhado para ser submetido a um tratamento psicanalítico, porque se queixava do estômago. Suspeitava que sua úlcera duodenal era o resultado de *sentimentos de culpa* associados a certas transgressões sexuais do passado. Havia adquirido este conhecimento lendo artigos de revista relativos a distúrbios psicossomáticos. Preocupava-se com a possibilidade de ter-se prejudicado para sempre e acabou por cultivar um sério caso de ansiedade neurótica.

A história da sua vida demonstrou que ele havia sofrido do estômago desde o princípio da adolescência. Tinha 14 anos quando um dia na escola se sentiu mal e desmaiou em virtude de uma dor no estômago. Daí em diante tinha periódicas dores estomacais. Com a idade de 17 anos foi-lhe dito que tinha uma úlcera no duodeno e ele foi submetido a uma dieta de leite. Por causa do estômago havia sido rejeitado pelo Serviço Militar.

Durante a análise admitiu que tinha medo de guiar automóvel, de trovões, de raios e de ser infeliz para o resto da vida. Chegou à conclusão de que nunca venceria esse sentimento de culpa e que portanto teria sempre dores de estômago.

Havia na família do rapaz uma predisposição para os distúrbios de estômago. Os ascendentes eram positivamente de caráter neurótico e isso, indubitavelmente, exercia uma influência traumática no seu desenvolvimento emocional. Suas atividades sexuais haviam-lhe produzido fortes sentimentos de culpa. As náuseas e os vômitos representavam uma expressão psicossomática da tentativa em rejeitar sua neurose sexual. Incapaz de reprimir os sentimentos de culpa, acabou por cultivar uma úlcera.

Ao término da sua análise, ele conseguiu um satisfatório ajustamento heterossexual, casou-se e tornou-se pai. A úlcera cicatrizou-se e não teve mais os distúrbios gastrintestinais. Informou-me depois que estava conseguindo um bom ajustamento, tanto social como econômico, e que havia superado o complexo de culpa que lhe vinha causando a ansiedade responsável pela úlcera.

• Quando a Mente e o Estômago Se Casam

Assim, vemos que o processo de digestão tem seus aspectos *mentais* e *físicos*. Na vida de cada um ocorrem situações agradáveis ou desagradáveis que são capazes de influenciar nosso estômago e intestinos. É muito comum ouvir-se as seguintes expressões: "Ele é um desfibrado"; "Fiquei com tanto medo que tive diarréia"; "Só de pensar nisso, sinto náuseas". O estômago tem sido considerado por alguns como o *centro das emoções.*

O enjôo de uma esposa pode ser interpretado como uma maneira de dizer que o comportamento do marido a deixa doente do estômago. Sabemos também que muitas mulheres que carregam uma gravidez, que não desejavam, estão predispostas a vômitos constantes (o estômago tenta rejeitar o que a mente não deseja aceitar).

Muitos e muitos casos de suposta "indigestão" têm seu fundamento em preocupações e ansiedades indevidas. O Sr. Williams é escalado para pronunciar um importante discurso. O controle do seu sistema nervoso está por um fio. Durante o banquete são apresentados pratos ricos e exóticos. Ele se serve: sofre de "indigestão" e naturalmente culpa a comida que pouco ou nada tinha que ver com a sua indisposição. Depois disso sempre que o Sr. Williams depara com tal espécie de cozinha, sofre uma reação de medo. Preocupa-se antecipadamente e termina, na maioria das vezes, por sentir-se indisposto.

Temos provas amplas e evidentes de que entre os neuróticos *a mente e o estômago estão intimamente ligados.* Um pesquisador descobriu que existia sempre um problema emocional em dois terços dos pacientes que se apresentavam numa clínica dedicada aos distúrbios digestivos. Wilber e Millis estudaram os relatórios de 354 pacientes que depois de examinados na Clínica Mayo foram diagnosticados como portadores de "indigestão nervosa" e que sete anos mais tarde foram novamente examinados. Em 303 casos não foi verificada nenhuma prova de doença orgânica.

• O Preço da Hipersensibilidade

É mais do que coincidência que as pessoas muito *sensíveis* têm um *estômago sensível.* O Dr. Austin Fox Riggs descobriu que as crianças hipersensíveis não possuem apenas uma predisposição fora do comum para chorar, mas sofrem também de distúrbios digestivos. "Elas podem perder o apetite, sofrer de desarranjo intestinal, ou podem mesmo reagir emocionalmente a essas situações penosas tendo ataques de vômito."

Um paciente me contou como sua filha de sete anos vomitava à vontade, sempre que a mãe a deixava aos cuidados da empregada. O ato de vomitar era um sinal do seu senso de insegurança. Em outra ocasião, um rapazola queixava-se que se sentia enjoado quando andava de automóvel e devolvia em golfadas o alimento, sempre que os pais o levavam para um longo passeio. Descobriu-se que um irmão gozava de preferência do pai. O menino compensava sua frustração conseguindo, através desse mal-estar, maior atenção por parte do pai. Quando a situação foi aclarada, explicando-se-lhe que não devia ser hipersensível e ciumento do irmão mais velho, os sintomas desapareceram por completo.

• A Provocação de Distúrbios Psicossomáticos por Motivações Inconscientes

Por trás dos distúrbios psicossomáticos residem motivos definidos. Cortar as ervas daninhas só melhora o seu crescimento. Elas precisam ser arrancadas pela raiz. E assim, justamente como as queixas psicossomáticas, os significados inconscientes dos sintomas precisam ser desenraizados e trazidos à superfície da compreensão consciente.

Os psicanalistas descobriram os vários motivos que são responsáveis por distúrbios emocionalmente provocados.

• A Culpa Como Motivo

Muitas pessoas abrigam sentimentos exagerados de culpa devido à sua consciência hipersensível. Procuram ocultar da família e dos amigos as coisas pelas quais se sentem culpadas. Têm necessidade de uma *autopunição.* As ilustrações que se seguem são exemplos dessa tendência.

Recentemente um paciente, cuja esposa o havia deixado por causa das aventuras amorosas dele, consultou-me com relação às dores que sentia no coração e assim se expressou:

—Um especialista de coração me disse que, organicamente, nada há de anormal com o meu coração. Contudo, não estou convencido. Penso mesmo que a qualquer momento poderei sucumbir de um fatal ataque de coração.

Desde que a esposa partiu, ele se envolveu em muitos casos amorosos e reconheceu que era um marido indigno e que não merecia ser o pai de uma criança de quatro anos. Em resumo, os sintomas representavam a maneira de punir-se a si mesmo pela culpa que sentia em virtude da sua infelicidade. Expliquei-lhe o fato, dizendo-lhe o seguinte:

— O senhor me faz lembrar o homem que, por ser supercondescendente para consigo mesmo, abusava do estômago e que, para sentir-se aliviado, tomava bicarbonato; porém no dia seguinte tornava a comer demais. O senhor não compreende que está brincando ao usar meu consultório como se fosse um "confessionário" dos seus sentimentos de culpa? Enquanto o senhor estiver disposto a pagar o preço de sentir-se mal — um modo que encontrou para subornar sua consciência — o senhor se sente desculpado para continuar vivendo à cata de prazeres. Este seu proceder vem apenas acentuar sua culpa inicial. Tão logo o senhor deixe o seu harém de amigas a mente e o coração se reconciliarão.

Existem inúmeros exemplos de pessoas que inconscientemente se prejudicam por causa da necessidade que sentem de uma autopunição, resultante de algum deslize cometido. A maioria delas não se apercebe que os sintomas, dos quais se queixam, representam uma tentativa de autopunição pelos próprios desmandos.

• A Culpa em Forma de Câncer

Uma senhora de 28 anos de idade principiou a ter sérias dores de cabeça um mês antes da chegada do marido, que se encontrava cumprindo Serviço Militar no Exterior. Estava obcecada pela idéia de que sofria de câncer no cérebro. Como um criminoso foragido que é finalmente capturado, a pista oculta por trás de suas enxaquecas veio à luz. Começou pela primeira vez, quando cometeu adultério, a sentir a sensação de pancadas na cabeça. O que ela estava sofrendo era de um *câncer na consciência*. Quando lhe contaram que a culpa lhe estava comendo a mente, ela chegou à conclusão de que tornar-se uma doente neurótica era uma infeliz maneira de desculpar o que havia feito. Disse-lhe também que sentir-se culpada já era um mal suficiente e que não havia necessidade de tornar-se doente por isso. Depois de contar-me o que se passou ela sentiu sua consciência aliviada e decidiu dar ao marido a espécie de boas-vindas que merecia, sem as dores de cabeça autoprovocadas.

• O Motivo Erótico

Foi há algum tempo atrás que principiei a observar o fato de que algumas pessoas, verdadeiramente, se divertem com os próprios medos.

Contou-me uma senhora de 42 anos, solteira, que se tornava nervosa e aborrecida se ouvisse alguma coisa desagradável, tal como a notícia de que alguém estava muito doente. Amedrontava-a pensar que alguém estivesse morrendo. Se por acaso assistia à passagem de um funeral ou via alguém ferido num acidente, passava o resto do dia com enjôo de estômago. Contudo, essa mesma mulher ia ao cinema para assistir a filmes como os de "Frankenstein"; lia contos de detetive sobre assassínios e era a primeira a correr para ver um acidente. O que mais se poderia concluir? Os seus medos se tornaram um substituto erótico para os desejos que não podia satisfazer. Conseguir uma emoção do seu estado de medo é muito comum em solteironas de certa idade. Acham agradável procurar por um homem embaixo da cama ou no armário.

Esse fenômeno explica também por que as crianças sentam na beirada da cadeira e comem unhas enquanto assistem a um filme emocionante; por que os adultos gostam de "montanha russa"; por que alguns sentem prazer nas leituras mórbidas e outros acham agradável comparecer a um funeral.

Esses indivíduos se queixam de dores e de pontadas psicossomáticas e nunca as associam aos seus medos autoprovocados.

• A Hostilidade como Motivo

Os sentimentos de hostilidade podem ser responsáveis por uma multiplicidade de distúrbios psicossomáticos.

Existem indivíduos que se tornam criminosos por causa do ódio que sentiam pelo pai.

Rebelam-se contra qualquer espécie de disciplina ou autoridade. A lei e a ordem simbolizam o despotismo do pai. Infelizmente não sabem que estão batendo com a cabeça contra uma parede de tijolos. Invariavelmente, pagarão, de uma maneira ou de outra, determinado preço: ou são punidos pela sociedade ou se castigam inconscientemente cultivando uma chusma de queixas com relação à sua saúde ou então sofrem ambas as coisas.

• O Desejo de Obter Atenção Como Motivo

Todos nós gostamos de nos sentir amados e bem recebidos. Temos esta necessidade básica para a afeição. Mas, infelizmente, ou somos privados da quantidade necessária de amor e bondade dispensada por aqueles que nos cercam ou temos atenção em demasia quando crianças.

• Uma Dor nas Costas que Demonstrou Ser Uma "Dor de Coração"

Uma atrativa e jovem esposa havia feito um rodízio pelos médicos da comunidade. Queixava-se de forte dor nas costas. Tinha tentado massagens, diatermia, hidroterapia, mas tudo em vão. Quando me revelou sua vida pessoal, admitiu que seu casamento havia sido uma decepção. O marido, que antes no noivado havia sido tão atencioso para com ela, relaxou, depois do casamento, os seus desvelos, o que a impediu de *sentir-se amada.* Ela não considerou que era significativo o aparecimento das dores nas costas logo nos primeiros meses de vida de casada. Quanto mais se queixava, tanto mais o marido se preocupava. Fazia-lhe massagens nas costas, levava-a a diferentes médicos, tentava fazer que se esquecesse das dores e a surpreendia de vez em quando com presentes.

Os pacientes neuróticos desse tipo possuem um ponto obscuro; não sabem de que maneira seus distúrbios são provocados e por isso permanecem indefinidamente doentes até que a verdadeira causa do mal seja aclarada.

• Um Substitutivo Para o Amor de Mãe

Juntamente com essa tentativa para conseguir atenção — um substitutivo para o amor de mãe — eles cultivam um complexo de piedade por si mesmos. Tornam-se mártires e procuram pessoas que lhes dêem ouvidos a fim de que possam ter uma oportunidade para contar os seus inúmeros sacrifícios, doenças e tristezas. Mas pensam erradamente, pois ao participarem desse jogo do inconsciente, deixam de compreender que os sintomas neuróticos os impedem de relaxar, de gozar a vida ou de ser bem sucedidos, alcançando êxitos, que lhes trariam felicidade.

• Como Avaliar e Controlar os Males Físicos

Se o médico não consegue encontrar a causa física dos seus distúrbios, pense então na possibilidade de os mesmos serem psicossomáticos, conseqüência de autopunição. Você apenas se prejudica quando se torna uma vítima voluntária de uma doença inexistente. *Procure encontrar o motivo oculto de seus distúrbios físicos.*

Se Você tem necessidade de carregar consigo um sortimento de preocupações, deixe-o bem estacionado fora da sala de jantar. O *medo* e a *ira* poderão causar-lhe indigestão. Nas horas de refeição, a mente deve estar relaxada e livre de qualquer coisa que possa converter-se em aborrecimento. As discussões de natureza desagradável devem ser evitadas, porque ocasionam estados de ansiedade que por sua vez provocam indigestão. *Não converse a respeito de negócios durante o almoço,* se Você sabe que isso o aflige. Enquanto alimenta o corpo, alimente a mente com pensamentos agradáveis.

A atual e moderna vida, sem descanso, tem apressado nosso metabolismo e conseqüentemente alterou nossos hábitos de alimentação a ponto de milhares de pessoas sofrerem de "estômagos nervosos".

A indigestão nervosa não é mais do que uma reação pessoal a uma situação *desagradável.* Pode ser evitada com a aplicação de um pouco de higiene mental.

Observe seus hábitos de comer. O homem comum tem a tendência de tornar-se glutão por iguarias e consome mais alimento do que seu corpo pode usar. Lembre-se de que a obesidade predispõe o corpo a certos estados, tais como: diabete, endurecimento das artérias, distúrbios cardíacos e várias perturbações metabólicas. Lembre-se também de que dez quilos extras no seu peso equivalem a carregar uma barra de ferro de 10 quilos a todos os lugares aonde Você vai.

Ninguém inveja o físico de um Maatma Gândi ou de um Falstaff. Atinja um termo médio satisfatório e viva moderadamente evitando excessos. Resolva comer menos.

Evite conflitos emocionais. Bicarbonato não cura a indigestão mental. Se deseja controlar seu estômago, *aprenda a controlar sua mente.*

Modifique suas reações de personalidade com relação às frustrações situacionais.

Melhore a sua saúde física através de uma felicidade emocional.

SESSÃO 8

FADIGA NERVOSA — O GRANDE MAL DA AMÉRICA

• O Que É Fadiga Nervosa?

A *fadiga nervosa* é um fenômeno do corpo e da mente que hoje prevalece muito mais do que o próprio resfriado comum. A fadiga é um sintoma universal. A vida moderna atual e as condições caóticas do mundo são as causas contributivas. A *tensão nervosa* (incapacidade de relaxar), associada à fadiga nervosa, é um obstáculo na vida que não só afeta a saúde física como a felicidade mental.

• Intoxicação de Fadiga

O mecanismo da fadiga é o mesmo, quer Você se torne exausto depois de dezoito tacadas de golfe, quer depois de uma tarde de compras ou ainda depois de um dia de trabalho intenso. O cansaço é uma forma de intoxicação química causada por um acúmulo de "substâncias fatigantes" que afetam todo o sistema nervoso e ainda alteram a disposição mental do indivíduo. Em excesso Você se torna "bêbado" pela fadiga. Com um descanso adequado as toxinas fatigantes são eliminadas, tornando-o sóbrio outra vez.

• A Fadiga Nervosa Como Síndrome

Muitos de nós se esforçam para continuar prosseguindo num trabalho sem dar ao seu físico uma oportunidade de recuperação.

Alguns se queixam constantemente de exaustão, mas não conseguem explicar a origem dela. Em ambos os grupos, habitualmente encontramos esta síndrome (combinação de sintomas): cansaço exagerado, insônia, irritação, uma multiplicidade de distúrbios físicos (dores de cabeça, perturbações digestivas, dores e pontadas vagas), dificuldade para a concentração e falta de vontade para o trabalho. Se Você está apresentando estes sintomas, deveria considerá-los como o aviso da aproximação de um aparecimento de fadiga nervosa. Se não forem levados em consideração, as conseqüências poderão tomar um caráter sério.

• A Fadiga Como um Sintoma de Aviso

Neste ponto, uma analogia poderia ajudar a realçar o que se entende por *conseqüências*. Se você está dirigindo um carro à noite e começa a desviar-se da estrada, porque se sente cansado e sonolento, deve compreender que é sensato parar e descansar. A pessoa que sofre um *esgotamento nervoso* é habitualmente um indivíduo que se recusa a fazer uma pausa tanto física como mental. Ele se permite chegar ao ponto de dormir na direção. O desastre que se segue é o resultado da sua fadiga acumulada. Muitas vezes o cansaço chega antes que a pessoa lhe perceba a aproximação.

• Nervos em Frangalhos

Janet, uma moça de 35 anos, queixava-se de ter perdido seu interesse pela vida:

— Meus nervos estão "em pandarecos". Sinto-me cansada todo o tempo e não sei por quê. Não durmo à noite e qualquer coisinha me aborrece. Não consigo conter-me. Sinto que estou a caminho de um esgotamento nervoso. Meu marido pensa que sou neurótica.

Existem milhares de pessoas nas mesmas condições de Janet, indefesas porque nunca foram ensinadas como evitar as coisas que consomem a energia dos nervos.

• Causas do Cansaço Crônico

Os conflitos e as frustrações emocionais freqüentemente causam a fadiga nervosa. A *amargura*, a *hostilidade* e o *ressentimento* podem deixar uma pessoa excessivamente cansada.

Telma descreve a maneira pela qual seu pai a intimidava, quando era criança. Ela o temia e acabou por desprezar a própria presença dele. Para tornar as coisas piores, sua irmã tornou-se insolente e atormentava-a. Exposta a tais e prematuras influências, acabou por gerar desesperadores sentimentos de insegurança. E o que aconteceu finalmente? Tornou-se obcecada pela idéia de que não mais poderia cuidar dos dois filhos por causa das suas dores de cabeça e da sua saúde geral abalada. Afirmava que se havia sentido fisicamente *cansada durante toda a vida.* O cansaço era na verdade *fadiga nervosa* causada por ter de reprimir o ressentimento contra o pai e a irmã.

A irmã teve de tomar conta das crianças de Telma. O pai lhe pagou as contas contraídas durante a doença. O marido tornou-se uma espécie de pai e era vítima da hostilidade da própria esposa, que se recusava manter relações físicas com ele. Inconscientemente, através da sua doença neurótica, estava obtendo uma satisfação vingativa em fazer com que o pai, a irmã e o marido pagassem pelo mau tratamento que recebera em criança.

Mas tudo isso produziu em Telma um forte senso de culpa, por ela própria demonstrado com esta observação ocasional:

— Mas, doutor, eu gosto de meu pai e de minha irmã; pelo menos assim deveria ser.

Sua culpa era responsável pela aversão que sentia por si própria, o que por sua vez fazia que ela alimentasse pensamento de suicídio. Entrementes, enquanto esse círculo vicioso continuava ela se tornou mais *cansada* e *infeliz,* incapacitada de proceder como um ser humano social, como esposa e como mãe.

Somente quando conseguiu elucidar intimamente a verdadeira causa do seu cansaço crônico é que obteve alívio da fadiga e da tensão nervosa.

• Um Caso de Neurastenia

Outra paciente, Paulina, que terminava a "casa dos trinta", veio ao meu consultório queixando-se de *fadiga crônica.* Havia consultado diversos médicos supondo que seu sintoma era devido a alguma doença desconhecida. O uso de tônicos e vitaminas dava-lhe muito pouco alívio.

Os membros da família estavam convencidos de que ela procurava apenas atenção. Infelizmente disseram a ela que não queriam ser amolados em ouvi-la queixar-se que estava sempre cansada. Paulina sentiu-se rejeitada pela família e com a convicção de que não havia sido compreendida. Sentiu-se sozinha dentro de um mundo hostil. Cultivou uma atitude defensiva para com as pessoas, raramente sorria e tornou-se desconfiada de todos.

Acusava o seu chefe por dispensar-lhe tratamento desigual, era ciumenta das colegas. Tornou-se progressivamente anti-social. Finalmente, por causa da sua ineficiência no trabalho, foi aconselhada a procurar um psiquiatra, recebendo um ultimatum: ou se endireitava ou teria que pedir demissão.

Paulina relatou como durante sua vida se havia sujeitado a muitas injustiças. Ela chorou e disse que nunca soube o que era ser querida por alguém. Mais tarde veio a revelar que havia sido sempre uma "puritana", medrosa de fazer amizade com o sexo oposto, temendo complicações. Sentia medo de todos os homens, medo do desapontamento, caso viesse a se apaixonar e estava certa de que nunca seria capaz de aceitar as responsabilidades íntimas do casamento. Buscava a santidade, fechava-se numa sala mobiliada e trabalhava o dia inteiro, ocasionalmente ia à noite a um cinema e passava suas horas de folga lembrando-se de como estava *cansada.* Ela demonstrava orgulho no fato de saber que era uma "boa" pessoa.

Paulina relatou como durante sua vida se havia sujeitado a rotina neurótica, que sua fanática afetação estava retendo seu desenvolvimento emocional e social e que ela estava sofrendo de um caso de *neurastenia* que se manifestava na forma de fadiga crônica. Finalmente tomou uma atitude sensata para com o amor e o casamento, aceitando a corte de alguém que desejava desposá-la. Tornou-se prática, aprendeu a dançar, a nadar e a dirigir. Resolutamente, fez um curso sobre desenvolvimento da personalidade, mudou o penteado e adquiriu roupas que melhor lhe assentavam. A mudança foi tão notável que os amigos insistiam em afirmar que essa nova pessoa devia ser certamente uma irmã gêmea que nunca haviam conhecido. Todo mundo comentava como ela se havia tornado uma pessoa agradável.

Convencida de que sua fadiga não era causada por nenhum fator orgânico, Paulina compreendeu pela primeira vez que o sintoma de fadiga crônica simbolizava a atitude que ela havia assumido para com tudo e todos que a cercavam.

• O Emocionismo Pode Ser a Causa do Seu Cansaço

A ira, o ódio, os ciúmes, a tristeza, a ansiedade, a inveja e as crises de choro são expressões de emocionismo. São reações anormais que fomentam uma *intoxicação emocional.* Dissipam a força mental do indivíduo e causam a *fadiga física.* Uma crise de depressão amarra um indivíduo mais depressa do que seu próprio trabalho. Os distúrbios emocionais advindos de desentendimentos familiares incompatibilidade conjugal, dificuldades financeiras, excessos e desajustamentos sexuais, bem como ilusões no amor, tendem a extenuar um indivíduo tanto física como mentalmente.

- **Insatisfação no Trabalho**

Desempenhar um trabalho sem propriamente gostar dele ou sem estar talhado para executá-lo dá lugar a fadiga e a uma estagnação mental. Não é porque Você passa 8 ou 10 horas do dia trabalhando que Você se sentirá exausto. É porque Você exercita durante todo o dia os mesmos e poucos músculos, deixando de lado outros músculos do seu corpo. A monotonia do serviço rotineiro de dia após dia — chegar em casa, comer, sentir-se cansado e ir para cama cedo — determina um efeito prejudicial.

- **E o Trabalho Excessivo?**

Não é a quantidade, mas sim a *maneira* pela qual Você executa um trabalho que cansa. Por exemplo: João alardeia que é extremamente ocupado no seu local de trabalho. Quando chega em casa, fica de mau-humor e queixa-se à esposa de que se sente cansado. Ele pergunta a si mesmo porque será que não consegue um aumento de salário. O seu erro é pensar que manter-se freneticamente ocupado quer dizer eficiência. Infelizmente, João não aprendeu o segredo da *economia emocional,* fazer as coisas sem tensão.

- **Os Medos Podem Extenuá-lo**

Abrigar medos mórbidos e absurdos significa dar à sua mente um trabalho excessivo. Eles esgotam e roubam a fôrça física e mental.

- **Miscelânea de Fatores Associados à Fadiga**

A vida irregular, a alimentação inadequada, o excesso no comer, a perda do sono, a falta de exercício, a ausência de divertimentos, tudo isso ajuda a proporcionar um estado de indolência mental e de fadiga crônica.

- **O Que Você Pode Fazer Para Sentir-se Menos Cansado**

Use estas técnicas específicas para vencer a sua fadiga nervosa:

1. Para começar, não decida por si mesmo que sua fadiga é *mental* e não física. Deixe que seu *médico re-*

solva. Obtenha um relatório médico a seu respeito. A fadiga pode ser um sintoma antecipado de certos estados, tais como: tuberculose, distúrbios cardíacos, anemia, diabete, perturbações glandulares, renitência intestinal crônica, infecções (resfriados, maus dentes, reumatismo, tumores e sinusite). Todos eles contribuem para essa sensação de cansaço. Se Você possui alguma perturbação que deve ser tratada, providencie logo o tratamento. Se, depois de um cuidadoso exame geral feito pelo seu médico, não for encontrado nada de positivo, então Você poderá concluir, com segurança, que a fadiga é devido a causas de ordem *psicológica.*

2. Relaxe-se mentalmente. Conserve sua mente relaxada e livre das coisas desagradáveis que possam aborrecê-lo. Procure dar-se bem com as pessoas com quem trabalha. A *infelicidade* propicia uma *depressão crônica* e constitui uma das principais causas da fadiga nervosa. Uma filosofia otimista da vida auxiliará o controle das suas emoções, proporcionando-lhe a conservação das energias. Não se deixe explodir emocionalmente. O medo e o ódio são os produtores da fadiga.

3. O homem comum necessita de 8 horas de sono. O sono é a maneira pela qual a natureza fabrica energia. Não se engane a si próprio. O preço é muito caro. Seja sensato com relação aos seus hábitos de viver.

4. Conserve em lembrança que a recreação é um *remédio mental.* Variar as diversões todas as semanas é o mais aconselhável. Quebrar de vez em quando a rotina, exercitar os músculos inativos e refrescar os pensamentos é um meio de restaurar a energia.

5. Se Você tem um trabalho sedentário e monótono, procure recreação ao ar livre, como no tênis, golfe, pesca, caça, natação, dança ou longas caminhadas. São vitaminas mentais. Se seu trabalho requer o uso constante dos seus braços ou pernas, procure um relaxamento mental, através do bridge, do teatro, de um passeio de automóvel ou da leitura.

6. Sempre que for possível faça um intervalo durante as horas de trabalho. Isto dá à sua mente e ao seu corpo pausa para respirar.

7. Antes de deixar o trabalho aprenda a trancar os aborrecimentos dentro da gaveta da escrivaninha.

8. Não tente abarrotar seu programa diário com coisas que Você não poderá executar satisfatoriamente. Trabalhar além de um razoável número de horas é equivalente a comer demais. Causa indigestão psíquica.

9. Adquira um ritmo de trabalho, aprendendo uma *boa* execução das coisas pelo método *mais fácil*.

10. Receba as coisas como elas se apresentam.

11. Equilibre sua energia como Você controla suas finanças. Não a desperdice.

12. Quando chegar em casa, cansado do trabalho, faça uma sesta ligeira e em seguida tome um banho de chuveiro estimulante. O descanso é uma cura certa para a irritabilidade e a fadiga.

13. *Pare de "correr"*. Todo mundo parece que anda com pressa. A pressa ocasiona a fadiga excessiva. Diminua a "marcha". Você viverá mais. Dê a Você tempo para respirar uma segunda vez.

14. Descubra o que lhe proporciona um "estímulo". Poderá ser um ou dois "highballs", antes ou um cinema depois do jantar, uma visita aos vizinhos ou um fim-de-semana fora. O que relaxa a mente relaxa o corpo. Viva uma vida bem planejada.

15. Deixe de ficar *relembrando* a si e aos outros o seu cansaço. A lamúria faz que Você se sinta mais cansado ainda. A melhor solução é tomar alguma providência acerca do assunto.

16. Mantenha uma vida *simples*. Não a complique com maiores atividades do que aquelas que possa desempenhar.

17. Evite o *hábito de se preocupar*. Não se esgote em alguma coisa que nunca irá acontecer. Eu já tive pacientes que se preocupavam porque estavam despreocupados. Não seja um deles. A preocupação consome energia. Isto me faz lembrar de um colega que explicava a diferença entre um psicótico e um neurótico, dizendo que o psicótico ou louco é uma pessoa que acredita que 2 mais 2 são cinco, enquanto o neurótico sabe que 2 mais 2 são quatro, *mas se preocupa com isso*.

SESSÃO 9

A HALITOSE DA PERSONALIDADE E SEU REMÉDIO

• A Rigidez da Personalidade

A *teimosia* é uma fraqueza da personalidade, coisa de que a maioria não gosta. É uma forma de rigidez da personalidade. Não existe nada tão odioso como uma pessoa que está sempre com a razão, que nunca transige e que é a mais feliz das criaturas quando pode estar dentro de uma insensata e acalorada discussão. Nunca admite suas insuficiências e nunca está errada.

A mentalidade estreita, o fanatismo político ou religioso são formas de teimosia. Nós fugimos de pessoas que são dogmáticas, inflexíveis e incapazes de apreciar o ponto de vista apresentado por alguém.

Um navio precisa estar equilibrado por igual para garantir a segurança. É muito melhor sentar no meio do que inclinar-se de um lado para outro. Um dos mais seguros meios para afastar um amigo é dar-lhe a impressão de que Você não pode ser convencido de nada – que é um cabeçudo excêntrico.

• O Excêntrico de "Cabelinho nas Ventas"

A irritabilidade é outro traço indesejável. Êsse tipo de excêntrico de "cabelinho nas ventas" possui uma personalidade *defensiva*. Ele duvida da sinceridade dos amigos, ofende-se facilmente e fica sentido com qualquer crítica. Uma palavra depreciativa e ele explode. Sua irritabilidade é devido à sua insatisfação consigo mesmo, e ele a expressa jogando a sua infelicidade sobre os outros. Usa esse mecanismo para dissipar o seu inconsciente encurralado e odiado por ele mesmo. Alguém deve sofrer por suas tristezas.

O *infeliz* geralmente é excêntrico, beligerante e difícil de dar-se bem com os outros. A pessoa feliz — um ser humano bem integrado — pode ocasionalmente demonstrar irritação; tem os seus dias de mau humor, mas o seu aborrecimento nunca se torna crônico. Ele não se perturba com as más-criações dos outros e não permite que elas o tornem infeliz. Acha mais fácil viver bem com todo mundo do que apenas com alguns. O homem prudente jamais permite que as emoções o envolvam completamente. Ele cultiva o hábito do *autocontrole.*

• O Egocêntrico Excêntrico

O egocentrismo (egoísmo) é outro empecilho da personalidade. Tudo é apreciado nos termos: "Será que isto me atinge?" É o tipo característico do "que posso ganhar?" Pensa constantemente nas roupas que usa, no que come, na maneira pela qual as pessoas se lhe dirigem e se os vários órgãos do corpo estão funcionando normalmente. Está sempre preocupado com a sua constipação. O médico sagaz lhe diz que está sofrendo de "egoíte". Ele se torna interessado pensando que possui uma doença que ninguém tem. Porém, quando vem a saber que "egoíte" é um termo técnico para "egocentrismo" — "EU" sempre "EU" — uma *doença da personalidade* e não para doença do corpo fica indignado com a classificação.

Neste grupo se enquadram os convencidos, os vaidosos e egoístas. Esse tipo é um *egocêntrico excêntrico.* O mundo move-se apenas à sua volta. Exime-se de pensar que é um dos dois bilhões de habitantes da Terra, que possui 38.400 quilômetros de circunferência, sendo pois ele apenas uma partícula deste mundo colossal.

Se é casado, espera que a esposa concorde com todos os seus planos. Casa-se por conveniência, somente para saciar a fome dos seus instintos sexuais. Gosta de intimidar a esposa; dá largas demonstrações de profanação, de ira e pensa que as atividades de uma mulher devem ser reduzidas à cozinha e ao quarto de sua casa. Se toma parte em uma discussão, está sempre com a razão. A vida social o aborrece. O seu egoísmo é manifestado pelo desejo que sente de ser querido e respeitado, sem que ele próprio contribua com algum sentimento afetivo.

Acredita na relação européia entre senhor e escravo. Se ele tem um deslize e cai em aventura amorosa, espera ser perdoado e apresenta razões para a sua infidelidade, baseando-se em alguma desculpa frívola. Porém, se a esposa demonstrar, de maneira inocente, afeição para com um amigo, ele se torna doentiamente ciumento. Pouco sabe a respeito das emoções femininas. Se for "maioral" em negócios, na política ou na sua profissão, espera ser tratado da mesma maneira em casa.

Uma quantidade moderada de egoísmo e orgulho é normal. Contudo, o excesso de vaidade, a superauto-estimação e o convencimento são os defeitos de uma personalidade intolerável.

• Supersensibilidade

Se Você tomar, mentalmente, a atitude de um boxador, as pessoas tão logo se aproxime se sentirão incomodadas com sua presença. Isto é o que uma pessoa supersensível promove. Lança mão de defesas precipitadamente ou por causa de pequenas coisas reais ou imaginárias, ou se retira ofendido e chorando.

Os outros são humanos exatamente como Você o é. Você se esquece dos seus insultos e lembra-se apenas da indiferença e da insensibilidade aparente dos outros. A esposa que chora sempre que o marido vai de encontro às suas vontades está propensa a ficar só com a sua tristeza. O excesso de sentimentalismo não compensa.

Todos nós conhecemos casais que constantemente discutem por trivialidades, apresentando cada um uma defesa supersensível. A sua vida em comum é como uma melodia executada fora de tom.

• O Excêntrico e Sua Saúde

Aquele que vive queixando-se da sua saúde tem prazer em descrever os seus diversos males. Contudo, não existe coisa mais desagradável do que ouvir-se tal espécie de lamuriador. Ou se trata de dor de cabeça, de indigestão, de nevralgia, de dores ou de uma anterior ou talvez de uma futura operação.

Dois indivíduos podem apanhar um resfriado. Um tomará os remédios receitados, ficará na cama, seguirá as instruções prescritas e aguardará a cura através de seu médico e da própria natureza. Esta é uma reação normal de uma doença.

O outro, ansiosamente fará mil e uma perguntas. Deseja saber se o seu resfriado poderá tornar-se uma pneumonia, se pode fumar ou se pode ficar um pouquinho fora da cama. Diz que ouviu falar num bom e antigo remédio e pergunta se deve tomá-lo. Não coopera, é rabujento e exige um mundo de atenções. Tal paciente é classificado pelas enfermeiras como doente excêntrico.

• O Queixoso Crônico

Existem outros que se queixam sempre do seu emprego. Dizem que o trabalho é monótono, acham que são merecedores de maior salário, que o patrão não é justo e que o seu emprego não tem futuro. É muito comum ouvir-se um funcionário público dizer:

— Eu preencho cartões o dia todo. Não aprendo nada. Meu trabalho é tão monótono que tenho vontade de gritar.

Eles devem lembrar-se de que embora sejam apenas um dente da engrenagem, podem fazer muito, trabalhando para uma posição melhor, melhorando as suas aptidões. Muitos funcionários públicos fazem cursos noturnos nas universidades, consolidando os conhecimentos relativos ao seu campo de trabalho ou adquirindo novas habilidades. Ninguém deve permanecer estagnado num mundo como o nosso.

O queixoso crônico, por causa do seu descontentamento íntimo, torna todo mundo infeliz. Ninguém compreende a causa da sua infelicidade contínua. Não é popular. Ninguém pode adivinhar que ele é uma pessoa emocionalmente frustrada e portanto é desprezado como se fosse "chute na canela", um lamuriador intolerável.

Pergunta a si mesmo porque nunca é convidado pela segunda vez. A moça que ele quer encontra sempre uma desculpa para não estar, quando ele telefona. No trabalho, continua esperando por um aumento que não chega.

Ele possui um ponto obscuro. "Todos estão fora de compasso menos Johnny". Conquanto possa estar vagamente apercebido de possuir uma personalidade que deixa de ganhar amizades, falta-lhe o conhecimento íntimo das razões por que ele é diferente das outras pessoas. Nunca consegue manter um emprego ou uma amizade. Parece existir algo errado com a construção da sua personalidade.

• Você Não se Pode Dar ao Luxo de Ser Beligerante e Sarcástico

Uma paciente me disse:

— Estou a ponto de liquidar tudo. Odeio todo mundo e até mesmo a minha própria pessoa. Não existe absolutamente nenhuma razão para que eu continue vivendo. Não tenho amigos. Não gosto do meu emprego. Não tenho interesse em nada. Estou aqui porque não tenho coragem para me suicidar. Tenho medo de morrer, mas não posso continuar a viver uma vida tão vazia e tão sem esperança. Eu simplesmente não posso suportá-la.

Quando lhe perguntei por que não tinha amigos, ela me disse:

— Suponho que é a minha própria culpa. Sou sarcástica e beligerante, durante a maior parte do tempo. Eles me chamam de "Gata Velha Rabujenta", porque nunca sorrio. Não está em mim ser agradável para com os outros. E não posso fingir que estou feliz quando realmente não estou. Mas tenho passado por tantas! Não é para admirar que ande com os nervos à flor da pele.

Eu estava curioso para saber do seu passado infeliz, responsável por essa sua atitude. Descobri que o seu irmão a arreliou praticamente durante toda a vida. Ele era mesquinho e tornou-se responsável pelos prematuros sentimentos de inferioridade dela. Os pais discutiam continuadamente. O ambiente-lar foi mau. Jamais havia uma demonstração de afeto entre os membros da família.

Porém isso não era tudo. Ela havia sido ferida em um acidente de automóvel e, como conseqüência, mancava pronunciadamente. O maior prejuízo não foi o seu defeito físico, mas sim a repercussão moral do acidente. Não podia mais dançar. A incapacidade de reconciliar-se com a própria aflição e a convicção de que nunca encontraria o amor e a felicidade, um direito que toda mulher possui, tornou-se a origem de sua grande frustração.

Subconscientemente, essa moça decidiu desforrar-se do mundo pela infelicidade que havia sofrido, dos pais e do irmão e de todos que haviam sido, conforme se expressou, "perversamente cruéis" para ela.

Indivíduos defeituosos fisicamente ou são muito amigos e fáceis de manter boas relações ou adquirem más disposições.

Quando essa paciente foi persuadida a ver-se sob uma luz verdadeira, resolveu assumir uma atitude mais positiva e salutar para consigo mesma e para com os outros. Tornou-se, por fim, uma pessoa simpática.

• Cultive sua Personalidade

Antigamente, era costume pensar que a personalidade era algo indefinível que certas pessoas possuíam e que faltava a outras. Sabemos agora, indubitavelmente, que a personalidade *pode* ser cultivada e que isso depende de aprender-se a aumentar as coisas que se fazem *para as pessoas e em conjunto com elas.*

"À medida que a nossa personalidade se expande, afirma o Dr. Henry C. Link, expande-se também a nossa felicidade." Esta não é uma nova filosofia. Sempre foi do nosso conhecimento, mas nós negligenciamos com muita freqüência essa verdade.

"O segredo de fazermos crescer a nossa personalidade e felicidade, continua o Dr. Link, está na determinação de formarmos novos hábitos e de embarcarmos em novas aventuras... A pessoa que, por causa do medo, deixa de tentar novas aproximações com as pessoas, nunca fará expandir a sua compreensão ou amor ao próximo e a sua própria compreensão, em vez de crescer, diminuirá.[1])

O Dr. Link nos conta a história, já por muitas vezes repetida nas experiências de todo psicologista, de uma senhora de negócios, de meia-idade e que sofria de terríveis crises de depressão. À medida que elas se tornavam mais freqüentes, o seu trabalho sofria enormemente. Uma investigação confirmou a suspeita de que essa senhora possuía um círculo limitado de amizades e realmente quase não tinha amigos. Embora tivesse trabalhado durante anos com certos empregados quase nada sabia a seu respeito. Aconselharam-na que estudasse as pessoas ao seu redor, e que aprendesse alguma coisa a respeito de seu trabalho e suas famílias. Isto ela fez e as últimas informações eram de que ela estava tão absorta em ajudar duas famílias que não tinha tempo para reflexões melancólicas. É como o Dr. Link assim esclareceu:

— Dedicando-se aos outros, não tinha mais necessidade de fugir de si mesma. Ajudando outros a alcançar a felicidade, ela própria a achou.

A resposta para a halitose da personalidade é não se conservar distante das pessoas mas sim analisar as suas próprias deficiências e corrigi-las. Você pode cultivar as qualidades da personalidade que fará que Você ganhe amigos.

• Percepção Íntima

Literalmente falando-se, percepção íntima quer dizer "olhar internamente". A pessoa que possui uma percepção íntima é aquela que, depois de um auto-exame cuidadoso, adquiriu uma melhor perspectiva da vida em geral e sabe exatamente onde está, em comparação com o resto do mundo.

Como avestruzes com as cabeças enterradas na areia, muitos não podem ver as coisas que os cercam. É como a Bíblia diz: "Temos olhos e não vemos, temos ouvidos e não ouvimos, temos mãos e não sentimos, temos cérebros e não pensamos."

Quantos de nós *pensam* realmente? Muitas das coisas que fazemos são feitas através do *hábito*. Conhecer a si próprio, as outras pessoas e o mundo em que vivemos, *realmente*, é pensar.

---

1 Dr. Henry C. Link, *The Return to Religion* (New York: Macmillan Co., 1936).

Desenvolvendo-se a percepção íntima, Você poderá analisar as suas faltas, corrigi-las, cultivar o seu magnetismo pessoal, e, em geral, comandar a arte de "dar-se bem".

O conhecimento do seu próprio íntimo é um dos requisitos mais importantes para o cultivo de uma personalidade vitoriosa.

Se oito entre dez pensarem que Você é "enfadonho", bajulador, "um chute na canela", um "cacete", um "amigo da onça", faça alguma coisa a respeito. Faça uma vistoria geral de sua personalidade. Tenha consideração pelos sentimentos alheios. Não espere que o mundo mude de rota por sua causa.

• O Equilíbrio

Outro atributo importante da personalidade, geralmente proveniente de um sentimento de autoconfiança, é o equilíbrio.

É tão difícil definir o equilíbrio como descrever o espaço. Talvez Kipling teve melhor êxito no seu poema muito bem inspirado, "If" (Se).

Se és capaz de manter a tua calma quando
Todo mundo ao redor já a perdeu e te culpa,(1)

então pelo menos Você estará bem encaminhado para adquirir o equilíbrio.

As pessoas que não têm autocompostura invejam aquelas que possuem a virtude e a habilidade de se manterem serenas através das adversidades.

As *decisões* temperamentais resultam de uma confusão de fatos que na maioria das vezes custam muito caro. Um julgamento sensato pode somente advir de um sentimento de auto-segurança.

O mundo aplaude o indivíduo que manifesta "finesse" de personalidade, que dirige a sua vida com um pulso firme, que possui uma estimativa acurada de seus méritos e que pode encobrir as suas virtudes sob uma capa de modéstia.

• A Ambição

A *ambição* se orienta de maneira própria, é um outro atributo da personalidade. Viver sem a inspiração de nobres aspirações é viver uma vida monótona. O movimento propulsor para alcançar e nos elevar acima das coisas comuns da vida está presente em todos nós. A ambição racional é o veículo e a força motriz que transporta a energia dirigida em direção às melhores coisas. As

---

(1) *If* (Se) tradução de Guilherme de Almeida.

pessoas que colocam a vontade em lugar da capacidade, geralmente fracassam em virtude da sua ambição mal orientada.

Quando a ambição ultrapassa a capacidade, a infelicidade é uma conseqüência inevitável. Existe virtude, em querer alcançar as estrelas, mas é muito mais prático obter, primeiramente, as pequenas coisas da vida.

Alcance os seus objetivos um de cada vez. Coube a um hábil romano suster as rédeas de seis cavalos e vencer a corrida de carros. Se Você não possuir uma direção segura de mais de um par de rédeas na vida, Você estará em desigualdade de condições para poder enfrentar as perigosas curvas, sem capotar.

Podemos atribuir a maioria dos nossos fracassos ao fato de nunca terminarmos o que iniciamos. Falta-nos a capacidade de concentração sobre um projeto suficientemente longo para que seja atingida a sua realização.

As pessoas, que concentram os seus esforços na realização de um ideal por vez, podem encontrar inspiração num antigo provérbio italiano: "O mundo abre alas para deixar passar aquele que sabe onde vai."

Eduque a sua mente. Adquira o máximo possível de cultura. Bibliotecas públicas, concertos gratuitos, museus de ciência e arte, constituem os dividendos do homem de poucos recursos.

O que o alimento representa para o corpo, a cultura representa para o espírito. Selecione para o seu programa de auto-educação algum passatempo de interesse absorvente, como literatura, música ou arte.

A educação da alma é essencial para a felicidade e pode ser adquirida a qualquer tempo, em qualquer lugar e em qualquer idade. É como George Horace Lorimer disse:

> "Você verificará que a educação é a única coisa neste mundo que jaz às soltas em nosso redor e que é a única coisa que uma criatura pode possuir na quantidade que deseja levar embora consigo. Tudo o mais está fortemente parafusado e a chave de parafusos se encontra perdida." (1).

• A Perseverança

Cultive a capacidade de *perseverar*. Perseverar é desenvolver uma força de vontade suficiente para vencer a fraqueza de determinação e capacitá-lo a completar os planos iniciados.

---

1 John W. Tebbel, George Horace Lorimer and the Saturday Evening Post (Doubleday, Garden City, N. Y., 1948).

Napoleão uma vez disse: "A vitória pertence àquele que for mais perseverante." O poder da perseverança é encontrado nas biografias de muitos dos grandes homens.

Seja qual for a natureza dos seus obstáculos, Você so estará realmente vencido quando reconhecer derrota e fracasso. O guitarrista, que resolve não continuar com as suas aulas de música somente porque encontra dificuldade em dedilhar um determinado acorde, nunca será um músico.

Todos nós temos, para alguma coisa, talentos desconhecidos que se encontram enterrados na massa cinzenta do nosso cérebro. Requer-se perseverança e energia para desenvolvê-los.

• A Diplomacia

Tenha a certeza de que a sua *conversa* não seja comprometedora. Existem pessoas que pensam que é melhor serem penosamente honestas e poderem expressar os seus pensamentos do que suprimi-los. Estas são as pseudovirtuosas que muitas vezes ouvimos dizer: "Eu falei na sua cara" ou "Você é o culpado – Esta é a minha conclusão". Desferir palavras cortantes aos amigos não é honesto. É, em muitos casos, uma forma de *sadismo.*

Você não tem necessidade de falar para a dona da casa que a carne está dura. Simplesmente conserve-se calado, sem prejudicar a sua honestidade. Aqueles que são *sarcásticos* e determinados a colocar os outros em situações embaraçosas ficam muito cedo sem amigos. As moças que, num encontro com um admirador, procuram elevar-se falando de outros admiradores são mais do que faltas de diplomacia – são umas tolas presunçosas. Ficam marcadas como convencidas, repelem os homens com quem saem e possivelmente se privam do próprio amor que almejam.

• Procure Gostar das Pessoas

Nem todos acham que podem ser *diplomáticos.* Mas todos nós podemos ser *bondosos.* Controle o impulso de dizer coisas cortantes ou a "verdade" que fere. Você pode cultivar a habilidade de fazer parte de uma conversa interessante. A primeira coisa a fazer é *gostar* das pessoas. Se Você gostar das pessoas, seus interesses se ampliarão e o seu campo de amizade se expandirá. São as pessoas que fazem a música, o amor e a vida. Uma vez que Você possa compreender isto inevitavelmente manterá os seus interesses mais avivados; entrará em contacto com o que se passa no seu mundo, não porque seja necessário, mas sim porque é fascinante.

A melâncolia é *contagiante*. Afeta os outros e por causa disso, na próxima vez, eles evitarão a sua companhia. Faça a sua conversa convergir para fora das suas próprias ocupações e Você será ouvido com simpatia e interesse pelo seu companheiro. É *magnético.*

• Não se Coloque Numa Falsa Posição

Se você tem obsessões fanáticas sobre amor, religião, sexo ou a vida em geral, tente elucidá-las o mais depressa possível. De maneira nenhuma faça propaganda delas entre os seus amigos. Uma paciente não resistia contar aos seus amigos a respeito das suas dificuldades emocionais que fizeram que ela procurasse o auxílio de um psiquiatra. O resultado foi inevitável. Ela içou a sua própria bandeira de quarentena para conservar os homens a distância.

Conhecemos outras – o fanático religioso, o fanático ariano, a intolerante em todas as camadas da vida.

• A Intolerância Atrofia a Sua Personalidade

Aprenda a ser tolerante com os outros. Afinal de contas, eles precisam tolerar Você. A sua própria intolerância e antagonismos repelirão os possíveis amigos ou amores como um fio de alta tensão. Assim que toquem em um dos seus mimados ódios, a descarga é imediata, tornando-os impossibilitados de voltarem.

• Dez Sugestões Para se Ganhar Amigos

Se Você quiser curar a halitose da sua personalidade, eis aqui o remédio. Resolva que de hoje em diante Você irá:

1. Reduzir as suas queixas ao mínimo;
2. Evitar alterações e discussões;
3. Ser diplomático e tolerante;
4. Ser cortês e compreensivo;
5. Melhorar a sua aparência pessoal;
6. Evitar o convencimento;
7. Tratar do que é da sua conta;
8. Ser compreensivo e generoso;
9. Ser jovial e expansivo;
10. SER AMIGO.

SESSÃO 10

VENÇA SEU COMPLEXO DE INFERIORIDADE

• Todos Têm Sentimentos de Inferioridade

Quem ainda não se sentiu inferiorizado? Todos nós com maior ou menor intensidade, levados, quando por nenhuma outra razão, pelos simples fato de conhecermos a possibilidade que todos têm para melhorar.

O que sabemos acerca das misteriosas forças da Natureza? Nascemos para morrer um dia e nos encontramos incapacitados para modificar a situação. Nossa vida não é nada mais do que um dente de engrenagem, da gigantesca máquina da vida contínua. Só isto faz que uma pessoa se sinta inferior e sem esperança. É este sentimento de desamparo que inspira os cientistas a desafiarem os segredos do Universo. A descoberta da bomba atômica é a mais recente demonstração da engenhosidade da mente humana – é uma tentativa para conquistar elementos, é esforço para alcançar o poder.

Douglas Lurton no seu livro "Make the Most of Your Life"([1]) (Tire o Melhor Proveito da sua Vida) nos conta como o seu amigo e antigo sócio – Guy Hickok – chegou a compreender que as pessoas tanto grandes como pequenas são tão semelhantes que ninguém precisa se sentir inferior na presença de outrem.

Rico ou pobre, todos nós estamos expostos aos mesmos desapontamentos, ameaças, doenças, tempestades, acidentes e guerras. A nossa melhor defesa está na construção de uma imunidade interna contra os seus efeitos em nossa moral. Para conseguirmos

1 Douglas Lurton, *Make the Most of Your Life*. Garden City Books, 1953.

isso, devemos ter, como ponto de partida, a confiança para sobrevivermos, tanto física como emocionalmente, às dolorosas realidades da vida. Se outros o conseguem, consegui-lo-emos também.

• A Piedade por si Mesma Destrói a Autoconfiança

Nove entre dez pessoas sofrem de um sentimento de piedade por si mesmas. Existem muitos que, por causa de alguma incapacidade física, experimentam maiores sentimentos de inferioridade do que aqueles mais afortunados. Tornam-se vítimas da amargura e da autopiedade.

Lembro-me da história de uma paciente que ilustra a nossa afirmativa de como um complexo de inferioridade, advindo de uma incapacidade física contraída, se tornou a causa do envelhecimento prematuro daquela senhora, da sua toxicomania e finalmente da sua loucura.

James, um pintor comercial, casado e pai de um lindo menino, encontra-se agora internado em uma instituição mental. Submeteu-se a uma amputação da perna direita na altura da articulação do fêmur. Depois da sua operação, passou a sofrer de uma osteomielite crônica no quadril, tornando-se vítima de um mau destino com dupla ocorrência de sintomas de agonia desde a investida da sua má sorte. Logo depois demonstrou um profundo complexo de inferioridade do qual procurava refugiar-se, como um nômade neurótico, indo de hospital a hospital. Tentou suicidar-se várias vezes, tornou-se viciado em tóxicos, sendo classificado, por uma junta de psiquiatras, de psicótico e inválido.

Durante anos James fez do seu defeito físico o único interesse da sua vida. Mergulhou dentro de um mundo todo seu, afogado pelo sentimento de piedade que sentia por si próprio.

• Um Empecilho Físico Pode Proporcionar-lhe Um dos Maiores Impulsos Para o Sucesso

A maioria das pessoas supercompensa os seus empecilhos através de um trabalho árduo para alcançar um ideal digno do seu sacrifício. Existem inúmeros exemplos de indivíduos cujos defeitos ou aflições pessoais lhes deram impulso para alcançar o sucesso de valor acima do comum. O falecido Franklin D. Roosevelt recusou permitir que um empecilho físico interferisse em suas ambições. Helen Keller, Beethoven, Edison e muitos outros poderiam com muito acerto nos deixar o seguinte legado filosófico: "Alegre-se por se sentir inferior" — uma vez que os seus sentimentos de inferioridade lhes proporcionam uma maior vontade de realização.

A Invalidez Psíquica

Porém, existem outros, supersensíveis, cujas inferioridades bloqueiam o seu caminho para o sucesso. Não satisfeitos com um empecilho, complicam as coisas ainda mais, adquirindo mais uma aflição — um tipo de invalidez derivado do sentimento de autopiedade. Quando isso acontece, dizemos que o indivíduo sofre de uma neurose superimposta, o que equivale a duas doenças de uma só vez. Um bom exemplo é o "gangster" que, odiando-se a si próprio porque se parece com "tugue" (por causa do seu nariz disforme e orelhas amassadas) estabelece uma campanha para que a sociedade sofra por alguma coisa da qual não é culpada. Incapaz de lutar contra o Destino, seu verdadeiro adversário, este aleijado e mal-ajustado mental volta-se contra a sociedade que se torna seu "sparring".

A Autopiedade Pode Torná-lo Fisicamente Doente

Não faz muito tempo, um promotor de 42 anos de idade me contou que havia perdido a confiança em si mesmo, alegando que sempre teve um *complexo de inferioridade*. A esposa achava que ele estava levando o trabalho muito a sério. Queixava-se de terríveis dores de cabeça, nervosismo e indigestão. Irritava-se por nada e preocupava-se desnecessariamente com as responsabilidades domésticas.

Uma avaliação psiquiátrica dos seus sintomas demonstrou a existência de sentimentos de autopiedade que foram trazidos à tona através da análise.

Por fim, acabou por vencer os sentimentos de inferioridade e assumiu uma atitude mais entusiástica para com a vida, depois que compreendeu que o corpo e a mente eram uma unidade integral e que os sentimentos de piedade para consigo mesmo estavam fazendo que êle se sentisse doente fisicamente, além de acentuar o seu complexo de inferioridade.

É Egoísmo Sentir-se Inferior

Sejam quais forem os diversos e diferentes modos por que analisemos a psicologia da inferioridade do neurótico, chegaremos sempre a um denominador comum — *egoísmo*. Faça um teste. Trace os seus sentimentos de inferioridade até a sua origem. Submeta-se a uma análise retrospectiva (uma reemersão da sua vida) e Você descobrirá que tem gasto uma quantidade enorme de energia lutando contra a má sorte do Destino. Ninguém ainda foi capaz de desfazer o trabalho do Destino – por exemplo: dar-se a si mesmo novos pais, nova infância ou trocar a côr da sua pele ou a sua linha de ascendência – e se assim o tentasse seria como que se batesse com a cabeça de encontro a uma parede.

• Supercompensação Negativa

Margaret nos contou como e quantas vezes se sentiu humilhada porque não era tão bonita como a irmã. A sua neurótica mãe relembrava-lhe sempre essa diferença e fazia salientar aos parentes e amigos a sua semelhança com o pai, um homem sem atrativo algum.

Ela tornou-se extremamente autoconsciente e decidiu que o único meio de segurar um namorado era fazer uma concessão física. Tornou-se promíscua e devido aos seus sentimentos de culpa começou a beber excessivamente para atenuar o remorso. Margaret foi da inferioridade à promiscuidade, da culpa ao álcool e somente piorou os seus sentimentos de inferioridade. Sentiu-se perdida e desamparada; não sabia por onde começar para endireitar-se. Em suas próprias palavras ela encontrou-se "nadando em um remoinho de confusas emoções".

Segurando um espelho psicanalítico, ela finalmente pôde ver o reflexo da triste figura do seu outro eu. Existem milhares de pessoas como Margaret, refugiadas em alguma forma de *supercompensação negativa* dos seus sentimentos de inferioridade.

• A Falta de Autodisciplina

As pessoas ao descreverem os seus sentimentos de inferioridade contam que acham quase impossível seguir as instruções relativas às medidas disciplinares que devem tomar para desenvolver a confiança. Requer esforço para vencer qualquer espécie de complexo. Mas aquele que sente autopiedade deseja apenas uma saída, porque, além do sentimento de inferioridade, ele é egoísta. Não está disposto a sofrer desconforto físico ou mental para atingir a sua meta. Quer entrar numa corrida de obstáculos sem ter que pular as estacas.

• O Contrário de Inferioridade: o Falso Senso de Superioridade

Quase todos os neuróticos sofrem de complexo de inferioridade. Alguns admitem isso e outros o negam. Estes últimos quase sempre alegam que são superiores à maioria das pessoas. Mas este senso de superioridade é a prova do disfarce dos seus sentimentos de inferioridade. É como o Dr. Alfred Adler, famoso psicólogo e fundador da teoria, explicou: "Atrás de todo aquele que perante os outros se comporta como se fosse superior, podemos suspeitar a existência de um sentimento de inferioridade, o qual, para permanecer oculto, requer esforços muito especiais".

• A Necessidade de Ser Querido

A necessidade de amor está presente não apenas nos neuróticos, mas em todos nós. Poucos são os que compreendem que o amor precisa ser *adquirido*. Não recebemos amor se não formos capazes de dá-lo. O amor não consiste apenas em abraços e beijos. É uma condição da mente, um senso de tranqüilidade íntima que comunicamos uns aos outros. Entre nós, o mais feliz é aquele que irradia *autoconfiança*. Um complexo de inferioridade pode ser a explicação para aquele que fracassa ao procurar amor ou que não tem êxito no casamento.

Não é preciso rebuscar-se os longínquos cantos da Terra para encontrar-se amor. A capacidade de querer bem está na alma de todo mundo. Mas nós, como o caso do professor esquecido que procura os seus óculos por toda a parte e acaba por descobri-los em cima do nariz, também buscamos o amor em todos os lugares, exceto dentro de nós mesmos.

• Um Complexo de Inferioridade Repele o Amor

Uma paciente de 34 anos um dia me disse:

– O que eu preciso, Doutor, é de alguém que goste de mim, de um lar e de filhos, como as outras pessoas têm. Isto curaria o meu *complexo de inferioridade.*

– A senhora está colocando o carro na frente dos bois, disse-lhe eu, esclarecendo-a. A questão é apenas saber se... a senhora tem qualidades para inspirar amor?

Soube que ela teve diversos pretendentes, mas parecia incapacitada para segurá-los. Ou tentava provocar ciúmes ou dizia algo errado. Certa vez, tornou-se imprudente e jogou a sua última cartada, sugerindo casamento a um homem que era acanhado e inibido; acabou por fazer com que ele fugisse de medo. O seu último admirador entrou para o Serviço Militar, escreveu-lhe algumas cartas e sumiu do cenário.

"Seria ela uma solteirona?" Este era o medo que a perseguia. Como milhares de outras mulheres, ela estava sob a impressão de que um dia o amor viria de algum lugar ao seu encontro e que então viveria para sempre feliz com seu Príncipe Encantado.

Fiz que ela se olhasse no espelho e me descrevesse o que via. A imagem refletida mostrou olhos sombrios, descontentamento. Lábios cerrados de amargura. Toda a sua expressão denunciava uma mulher que se havia esquecido de sorrir.

Pareceu surpresa quando lhe disse que a pessoa se prepara para o amor tornando-se autoconfiante. Este processo de preparação tem o seu início na infância. Infelizmente, os pais, em muitas ocasiões, condicionam os filhos a tanta infelicidade que, quando crescem e se tornam adultos, se sentem *inferiores*. Ameaçados pelo medo íntimo da incapacidade, sentiam-se impossibilitados de uma afinidade normal no amor, com relação ao sexo oposto. Crescem para serem desprezados e neuróticos. Sem o saber mortificam seus pais e a si próprios, descarregando nos outros a sua infância sem amor e felicidade. Na vida adulta cultivam uma fome insaciável pela afeição e ao mesmo tempo um complexo de inferioridade que repele o amor.

• Homens Que se Sentem Inferiores

Muitos homens, que se sentem inferiores, se tornam convictos de que não recebem o amor e a atenção de que precisam. Desejam isso ardorosamente e não sabem como o conseguir. Alguns se envergonham dessa necessidade e muitas vezes se recusam a reconhecê-la conscientemente. Então cultivam uma amargura contra o mundo que deixou de apreciá-los.

Este sentimento agravado encontra a sua válvula de escape. Por exemplo: o homem que no emprego sente que outros sempre passam à sua frente dá expansão ao seu ego sofredor em casa.

Não faz muito tempo, este caso foi o tema de uma peça na Broadway. Um funcionário de pequenos recursos havia perdido completamente a esperança de progredir. Amava a esposa e a filha, mas encontrá-las em casa era como um lembrete da medíocre capacidade que possuía para sustentar o lar. Então, por causa do menor dos itens na conta do armazém ou do telefone, explodia em furiosa irritação, tornando a vida muito desagradável para a esposa, a filha e o gato.

As suas explosões de cólera pareciam denotar um mau gênio, mas na verdade eram gritos de medo e de inferioridade pelo desapontamento que sentia diante da incapacidade de lutar contra a vida. Era um homem com quem era difícil viver? Sim. Mas felizmente no seu caso, a esposa nunca deixou de considerar as boas qualidades dêle e os seus esforços persistentes. Juntos transformaram até a perda do seu emprêgo, precariamente seguro, em um triunfo moral para o seu orgulho ferido.

O homem que possui um complexo de inferioridade, com sua determinação de progredir no trabalho, de ganhar a atenção alheia, pode levar a família e a sua própria pessoa à loucura. Poderá também refugiar-se no álcool, nos namoros ou num "hobby" que o absorva tão integralmente que o impossibilite de pensar na situação parada e humilhante do seu emprego.

Poderá também refugiar-se em um mundo hostil através de uma doença e converter a sua dor em hipocondria. Naturalmente, não fará isto com deliberação, mas poderá gradativa e inconscientemente ir afundando-se numa desculpa confortadora.

Com os olhos voltados somente para a sua própria e por ele mesmo convidada inferioridade, o indivíduo neurótico vê todos os *seus* problemas como praticamente insuperáveis e os *alheios* como triviais. Na verdade ele não vê problema algum nos problemas alheios.

• Providências Essenciais Para a Cura da Inferioridade

1. Se Você se sente inferior, descubra o *porquê*. Use este "abecê" da aproximação, fazendo a Você mesmo estas perguntas:

(a) Quais são os porques e as causas dos meus sentimentos de inferioridade? Como foi que apareceu o meu complexo de inferioridade? O objetivo que estou tentando alcançar é inatingível?

(b) Tenho-me refugiado em formas negativas de supercompensação?

(c) Quais as providências disciplinares que posso tomar para eliminar este obstáculo de sentir-me inferior?

2. A segunda providência para conseguir a cura é ter uma percepção consciente da sua principal limitação ou deficiência. Não tente esquivar-se dela.

3. Quando Você tiver descoberto uma pista para o seu complexo de inferioridade através de uma auto-análise esclarecedora, ache uma resposta para isso. Torne-se prático, versado e será muito bem sucedido através de um esforço fora do comum. Cooperar e contribuir com sua parte para que as rodas da civilização se mantenham em movimento, talvez não lhe traga uma felicidade completa, mas agirá como uma profilaxia contra a *ociosidade cerebral*. *A satisfação da alma* através da música, da leitura, da arte, da literatura e dos esportes, são os remédios

específicos para os sentimentos de inferioridade. A auto-acusação não resolve nada. A moça, que foge da dança porque tem consciência da sua má figura, torna mais difícil para si mesma apressar a vitória sobre o seu complexo de inferioridade. Tornando-se uma excelente dançarina, ela ficará livre desta particular ansiedade. Incidentalmente, uma em três pessoas é perturbada em virtude do seu marcante acanhamento.

4. Não se preocupe em *impressionar* as pessoas. Adote uma atitude despreocupada. Seja o que Você realmente é. É o segredo para sentir-se bem no meio das pessoas.

5. Evitar as coisas de que Você não gosta somente piora os seus sentimentos de inferioridade. Você não vencerá a sua timidez social ou o seu acanhamento se for "um bicho de toca". Procure conhecer as pessoas. Cada pessoa é um novo livro. Deixe que inconscientemente leiam para Você os capítulos de suas vidas. Estude as pessoas. É um "hobby" fascinante, mas tenha cuidado — ninguém deseja ser dissecado como se fosse cobaia.

6. Pare de andar para trás. Se Você não faz nada além disso, permaneça imóvel até que seja capaz de dar um passo a frente. Lembre-se de que a autoconfiança chega junto com a aceitação das responsabilidades.

7. Se Você quer sentir-se importante — pense elevadamente.

8. Convença-se de que Você *obtém* o correspondente ao que Você *dá*.

9. Decida o que Você quer da vida. Persiga esse objetivo.

10. Desenvolva a *vontade de realizar* — determinação para um viver mais rico e mais feliz.

11. Não construa um muro ao seu redor.

12. Dê início a um caderno de anotações sobre o seu autoprogresso. Mantenha um relatório sobre os seus adiantamentos. Tempo gasto no autodesenvolvimento é tempo bem gasto.

SESSÃO 11

O ESGOTAMENTO NERVOSO PODE SER EVITADO

• O Que é Esgotamento Nervoso?

O esgotamento nervoso é um estado no qual certos conflitos emocionais interferem na capacidade do indivíduo para continuar a rotina normal da vida. Refere-se também a um estado psíquico e mental de exaustão, geralmente associado com sintomas, tais como: incapacidade de continuação de trabalho, perda de confiança, sentimentos de ansiedade, de pânico, insônia, medo de ficar só, sentimento de irrealidade, medo de loucura, cansaço crônico, estados depressivos, pensamentos suicidas, preocupação com a saúde, crises de choro, desinteresse para com tudo e outros padrões similares de pensar e de comportar.

• Causas Precipitantes

O esgotamento nervoso é a conseqüência de um imoderado *auto-interesse*. Todos nós nos encontramos sob a força das dificuldades impostas pela vida e podemos usar tanto os meios construtivos como os destrutivos para ir ao encontro dessa força. Um esgotamento nervoso é prova de que alguma coisa se descontrolou em nosso desenvolvimento emocional. Se um edifício for solidamente erguido deverá suportar as tempestades comuns. Porém se os pedreiros usarem material inferior e esquecerem-se de certas regras de construção podemos esperar um desmoronamento. Felizmente possuímos fiscais e leis de construção que protegem os ocupantes de um prédio. Porém não temos ninguém para inspecionar os nossos pais para ver se efetuam um bom trabalho de construção quando criam os filhos.

Uma importante frustração, tal como a desilusão no amor, falência, dificuldade sexual, luto, discórdia conjugal, divórcio, perda de emprego e fracassos na carreira pode fazer que uma pessoa sofra um esgotamento nervoso. Contudo, o tipo de indivíduo mais suscetível é aquele que é supersensível, nunca cultivou a arte da *equanimidade* e está inclinado a tomar tanto a sua pessoa como os seus problemas muito seriamente. Está propenso a entregar-se a sentimentos de autopiedade.

As altas tensões emocionais da nossa vida atual são a causa de muitos esgotamentos nervosos.

A mente pode ser ferida tanto quanto o nosso corpo. Há toda sorte de feridas e machucaduras mentais capazes de produzir reações emocionais que às vezes conduzem a um esgotamento nervoso.

• Uma Ferida Mental: a Tristeza

Um dano mental muito comum e que nós todos experimentamos, cedo ou tarde, é a tristeza.

As pessoas reagem à tristeza diferentemente. Alguns se tornam histéricos; outros tomam uma atitude estóica ou filosófica e outros ainda, como conseqüência, tornam-se deprimidos e mentalmente doentes.

Sally, uma moça de 23 anos, veio ao meu consultório por instância da irmã. Quando lhe perguntei a causa da visita, ela me disse:

— Minha irmã pensa que estou com esgotamento nervoso e que preciso do auxílio de um psiquiatra. Não tenho apetite e estou perdendo peso rapidamente. Não durmo e os meus amigos dizem que estou definhando e começando a ter a aparência de um caso mental. Nada mais me interessa.

Sabe, Doutor — continuou a paciente — anos atrás fui noiva de um simpático rapaz, mas o meu Bill perdeu a vida num acidente de avião. E assim, os meus sonhos não se realizaram. Por que tinha que acontecer isto comigo? Perdi a fé em tudo, inclusive na minha religião e em Deus. Agora, a vida para mim não tem significado algum. A comida não tem gosto. Por que devo interessar-me pela minha saúde? A única coisa que me impede de dar um fim em tudo isto é a dor que causaria a meus pais. Em nossa família somos conhecidos pela nossa capacidade de suportar fortes embates, mas eu devo ser uma exceção.

O Problema de Ajustamento de uma Viúva

Somente depois de muitas visitas foi que ela se convenceu de que a dor, tal como uma ferida física, também cicatrizaria. Tentei demonstrar-lhe que a esmagadora tristeza de uma viúva, especialmente se foi casada durante muitos anos, é muito mais justificável do que a de uma futura esposa. Durante certo número de anos ela foi a metade mais fraca de uma sociedade. Ela foi protegida, guiada e cuidada quando doente. Proporcionaram-lhe um sentimento de dependência e de certa segurança. De repente, ela é arremessada para dentro de um mundo de competições onde teria de defender-se por si própria. É como um trabalhador braçal que de repente perde seu braço direito. Algumas viúvas são capazes de se ajustarem, especialmente se ficam com filhos devotados, boa situação financeira ou ambas as coisas. Muitas vezes essas viúvas penetram em casa de seus filhos e lhes desarmonizam os lares.

O problema mais grave é quando a viúva é deixada sem amparo financeiro suficiente e precisa, pela primeira vez, trabalhar para ganhar a vida. Quase sempre ela não está — ou pensa que não está — suficientemente preparada para os percalços da vida.

A Tristeza Pode ser Autopiedade

Contudo, se uma viúva continua carregando a sua cruz, incapaz de encontrar um lugar no mundo, constrói uma neurose de completo egoísmo e amor próprio. Ela talvez pense que esteja chorando a morte de um marido bem amado (e está), porém chora mais a falta de amizades; de conforto e de segurança. A sua dor, que depois de certo tempo lhe deveria proporcionar algum esquecimento, é centralizada em redor dela mesma. Se não puder ser conduzida a uma compreensão do autocentralismo de pensamentos e ter novos interesses na vida, ela se tornará irremediavelmente neurótica.

Não Reprima as Lágrimas

Em caso de morte de um dos membros de sua família, chorar bastante é natural. É melhor demonstrar tristeza do que reprimi-la, contanto que Você não se torne histérico e promova um espetáculo por sua conta. Tenho presenciado um bom número de funerais nos quais algumas pessoas puxam os cabelos e gritam na hora de fechar o caixão. Comportamento desse tipo é anormal.

A exibição dramática de tristeza é algumas vezes proporcionada por sentimentos de culpa. Queremos mostrar aos amigos como fomos sacudidos pela dor, com medo que êles nos acusem de indiferentes ou começamos a pensar nas ocasiões em que destratamos o morto e então, como castigo, continuamos a nos torturar. (Contudo, a pessoa desolada pode ficar fisicamente extenuada pela longa e séria doença da pessoa querida e a expansão de grande dor é o resultado de um corpo e de uma mente alquebrados).

Também é da mesma maneira anormal não derramar-se uma lágrima durante o decorrer do funeral. Muitas pessoas têm confessado que quando os pais ou as mães morreram, elas se sentiram terrivelmente culpadas porque não puderam chorar. Alegavam que não podiam acreditar que era verdade a morte de seus pais e reagiram a esse fato com um entorpecimento emocional. É muito comum essas pessoas virem a sofrer mais tarde um *esgotamento nervoso;* às vezes isso acontece anos depois, quando algum incidente põe abaixo a barreira final.

Em Psicanálise, aprendemos o valor de preferirmos, por assim dizer, explodir a bomba a aguardar que ela se detone quando o paciente menos espera. Geralmente isso é feito por meio de um relato que se obtém do paciente, sobre tudo que ele possa lembrar-se concernente à sua amizade para com o morto. Assim procedendo, provocaremos as lágrimas que deveriam ser derramadas quando o caixão baixou à sepultura. O paciente sente-se aliviado e capacitado para dar um novo passo para vencer a sua dor.

• Você Precisa ser Objetivo

Existe alguma verdade nesta afirmação de Shakespeare: "Todos podem vencer a dor, menos aqueles que a tem". Porém, eu acho que uma análise impessoal da tristeza em termos do seu prejuízo potencial para a nossa saúde é a mais sábia consolação em nossa hora de dor. A reflexão filosófica de que todos nós morremos, tanto o rico como o pobre, o pecador como o santo, que o Destino vem como um indesejável mensageiro da morte à porta de milhares de outros lares, embora não possa trazer de volta o nosso ente que partiu, tende a *tornar a nossa dor mais objetiva.*

Muitas vezes um paciente me diz:

– Eu não me interesso muito pela infelicidade alheia; o fato de que outros se encontram em piores condições que eu não ajuda o meu próprio problema.

Não hesito em demonstrar-lhe o egoísmo existente neste modo de pensar. Todos nós somos obrigados a nos interessar pelo modo como o resto do mundo vive. Por exemplo: nós enviamos alimento à Europa faminta porque é o nosso sagrado dever evitar que seres humanos, a despeito da sua raça, cor ou credo, morram de fome. É pois normal raciocinar que a dor é um fenômeno universal, sem necessariamente nos tornarmos apáticos ou estóicos.

Precisei aconselhar uma mãe que havia perdido o seu único filho na guerra, dizendo-lhe que a sua dor era um dano emocional sofrido por inúmeras outras mães cujos filhos deram as suas vidas para que outros pudessem viver num mundo livre da brutalidade. Tentei ajudá-la a pensar na morte do seu filho como o maior dos sacrifícios que uma mãe podia fazer e que ele representasse a maior das contribuições para um mundo melhor. Foi isto um mero tagarelar da Psiquiatria ou o que alguns poderiam chamar de encorajamento engarrafado? Positivamente não. A atitude de consolar uma alma é a primeira e específica regra para o controle da dor.

• Reações Anormais à Dor

Reações *anormais* à dor são um sinal de fraqueza mental. Você não precisa ir ao cemitério e lavar a lápide do túmulo com água e sabão (como eu vi fazerem na Europa) para provar que Você não se esqueceu do morto. Podemos fazer uma inteligente adaptação com relação à morte de um ente querido sem nos acusarmos de *esquecimento*. Na verdade, *nunca* se esquece. É uma questão de sermos *práticos*, relembrando-nos que a vida precisa continuar.

• A Dor Pode Ser Sublimada

Uma viúva pode sofrer um esgotamento nervoso. Primeiramente é ela muito lastimada na sua grande perda; depois, em virtude de sua constante exibição de tristeza, logo a sua companhia passará a ser evitada. A maioria dessas mulheres, a não ser que tenham uma saúde precária, *pode* encontrar um lugar no mundo se desempenharem aquilo para que estiverem melhor preparadas. Isto não exige necessariamente um trabalho árduo, apenas confiança e determinação. Uma boa cozinheira pode estabelecer e supervisionar um pequeno salão de chá; uma boa costureira poderá instalar uma pequena loja para roupas finas; ou poderá ser uma excelente pajem de criança. Seja qual for a maneira por que ganhe a sua vida, o tempo e a experiência poderão melhorar as suas habilidades, a sua situação econômica e a sua estabilidade emocional.

A tristeza pode ser *sublimada* convertendo em determinação de atingir um objetivo específico, a energia emocional gerada pela dor — tristeza essa que seria então consumidora da saúde.

Um amigo meu, autor de um "best seller", tornou-se morbidamente desalentado depois da morte da irmã. Ela havia sido uma companheira leal e o encorajara no trabalho. Os seus pais haviam morrido havia muitos anos. Pode-se facilmente compreender a sua situação quando ele descrevia o seu sentimento de vazio. Sugeri-lhe que começasse um outro livro e que o dedicasse à memória da irmã.

A morte do meu próprio pai foi uma grande perda para mim. Ele simbolizava tudo que era fino e nobre em um homem. Porque o seu caráter se rivalizara com o de Lincoln, mandei inscrever no seu túmulo: "Sem Malícia para Ninguém e com Caridade para todos." Exatamente como aconselhei o meu amigo escritor, encontrei consolo escrevendo um livro dedicado à memória de meu pai.

Existem aqueles que tomam para sempre determinada resolução, inspirados na memória de um parente ou de um amigo falecido. Outros, como as viúvas de guerra, consolam os seus filhos, dizendo-lhes que a morte de seus pais simboliza as coisas para cuja defesa lutamos.

Somente através da sublimação das nossas tristezas é que podemos resistir às adversidades da vida.

• O Divórcio: Outra Ferida Mental

Existem muitos que se tornam mentalmente feridos e sofrem de esgotamento nervoso depois de uma grande desilusão no noivado. Outros alegam que o divórcio representa para eles a morte da sua vida amorosa. Destituídos do amor eles se tornam desiludidos e cínicos. Quando Você se deixa ficar doente, depois de uma desilusão, isto indica, na maioria das vezes, uma imaturidade emocional causada pelo complexo da criança mimada.

Se Você acabou de chegar do Tribunal onde foi decidido o seu divórcio, não há razão para que passe o resto da vida pensando "no que o seu casamento poderia ter sido" se as circunstâncias tivessem sido outras. Hoje Você poderia fazer a mesma coisa a respeito do mundo todo: "Como seria diferente se tivéssemos perdido a guerra!"

• Não há Motivo Para Que o Divórcio Signifique Desespero

E nem se deve curvar a cabeça de vergonha por causa de um divórcio anterior. Nunca é tarde demais para se tentar outra vez.

É melhor compartilhar a vida e o amor com outra pessoa do que cortar as asas de Cupido e mantê-lo ao rés-do-chão.

• Idealistas em Demasia

Existem alguns que insistem que a despeito de sua grande vontade de possuir amor e felicidade, simplesmente não conseguem encontrar a pessoa certa. Talvez porque sejam *idealistas em demasia* ou porque nunca criaram oportunidade para si próprios. Eu ainda acho que é melhor jogar ou especular – é melhor ter amado e perdido do que nunca ter amado uma vez.

• Quando Você Precisa Consultar um Psiquiatra

Se o seu iminente "esgotamento nervoso" estiver associado a condições ou sintomas de alucinações, desilusões opressivas, afastamento da realidade, atos de violência, tentativas de suicídio, homossexualidade, tóxicos, alcoolismo, incompatibilidade sexual, criminalidade habitual, crimes sexuais, profundos estados de ansiedade ou depressão crônica, não espere até que o inevitável apareça. Procure o auxílio de um psiquiatra. Lembre-se de que um grama de prevenção é igual a um quilo de cura.

• O Meio Mais Fácil é o Melhor Caminho

Uma vida sem preocupação é o caminho mais *fácil*. Muitos *empurram* e outros *puxam* demais a vida. Há ocasiões em que é mais prudente *deslizar* ou simplesmente *escorregar*. O bom nadador conserva a sua energia flutuando de quando em quando, deixando, assim, que as ondas o carreguem mais para perto da praia. Existem muitas pessoas que ainda não aprenderam a sabedoria da *economia emocional*. Ficam, em tudo o que fazem, emocionalmente envolvidas em demasia e conseqüentemente passam a maior parte do tempo sob tensão nervosa e exaustas. Essas pessoas estão sendo postas "knock out" por si próprias, para usar uma expressão de gíria.

Você riria se pudesse testemunhar um campeão de peso pesado pôr-se acidentalmente a si mesmo "knock out" quando, durante o treinamento, lutava com sua própria sombra? Ninguém o culparia se Você risse.

Um dia observando o meu filho de três meses no seu berço, notei que ele agitava os bracinhos sem nenhuma direção, batendo no seu próprio rosto. Mesmo chorando, ele repetia o processo.

Era divertido e ao mesmo tempo triste que eu não pudesse explicar ao meu filho que somente ele era responsável pela sua dor. Veio-me então o pensamento de que milhares de pessoas estão fazendo a mesmíssima coisa – pondo-se fora de combate por meio de doenças infligidas por elas próprias.

Não é minha intenção ridicularizar uma pessoa que se torna inimiga de si mesma, pois os psiquiatras podem bem avaliar quanta infelicidade os seus pacientes sofrem por causa das suas frustrações.

• O Pensamento Negativo

O que é que Você pode fazer contra esse processo autodestrutivo? Em primeiro lugar é preciso reconhecer que Você se está entregando ao *pensamento negativo*. Se a sua maneira habitual de pensar é cheia de medo, de inveja e erótica, então Você se sentirá deprimido, ansioso e desgostoso. O pensar e o sentir podem promover um ciclo vicioso de causa e feito. Os seus próprios hábitos de pensar determinam se um revés ou uma tragédia de perda pessoal irá causar-lhe uma dor inútil ou se poderá ser controlada até que o tempo cicatrize a ferida e lhe traga felicidade novamente.

O pensamento negativo recusa-lhe o poder do pensamento construtivo. Desgasta a sua energia e corrói a sua felicidade. Ele conhece a tragédia e o desapontamento e sabe como é fácil escorregar para o caminho destrutivo, do ressentimento e da amargura. Um amigo meu, psiquiatra, perdeu o seu único filho. Foi morto num "raid" aéreo sobre o território inimigo. O Dr. X desenvolveu uma cruel batalha com o desespero. Não era fácil ouvir as histórias de outras pessoas, às vezes bem menores do que a sua e apresentar suas simpatias, dando toda a atenção aos problemas delas.

– Durante vinte e cinco anos ajudei as pessoas com os seus problemas mentais, disse-me ele, mas agora parece que chegou a minha vez.

O Dr. X, um pouco forçadamente, ainda acrescentou:

– Dizem que a pessoa que dobra um pára-quedas precisa estar disposta a usá-lo e provar que foi dobrado satisfatoriamente. O mesmo se aplica ao psiquiatra. Precisei aprender a pensar no meu rapaz, como fiz a princípio, caindo vertiginosamente para a morte. Aprendi a não me deixar invocar pela sua infância e pela minha perda irreparável. Ele foi um lutador – eu preciso ser também. Resolvi concentrar-me nos meus pacientes, no meu trabalho e nos mais altos objetivos que possa alcançar.

Uma vez que Você admite o fato de que a sua mente é presa de pensamentos mórbidos, a segunda providência é reconhecê-lo pelo que realmente é.

• O Pensamento Mórbido Pode Tornar-se um Hábito

É quando os pensamentos mórbidos se tornam *habituais* que nos encontramos em perigo de um *esgotamento nervoso*. Esses pensamentos nos amedrontam cada vez mais. Horrorizados de nós mesmos, tentamos reprimi-los. Os neuróticos dissipam tôda a sua energia mental *preocupando-se* com os seus *pensamentos negativos*.

Quando um paciente me conta que a sua mente está fugindo com ele, que está sendo acossado por pensamentos negativos, êle invariavelmente diz:

— Eu estou enojado comigo mesmo. Não quero ter estes pensamentos odiosos.

Porém na verdade êle quer tê-los. Não conscientemente, talvez, mas subconscientemente. Se não houvesse um profundo e poderoso interesse nesses pensamentos, não os teria. É como o alcoólatra que diz para Você:

— Eu na verdade detesto esta droga, mas não posso deixá-la.

O paciente pode estar muito certo quando diz que o seu pensamento negativo é involuntário. As circunstâncias podem introduzir em nós idéias extravagantes de toda espécie e a mente humana é capaz de tudo em matéria de imaginações, boas ou más.

O fato de ele continuar permitindo o desenvolvimento do pensamento negativo demonstra a necessidade de encontrar a causa oculta — o desejo oculto que o instiga a pensar assim em vez de exercitar a maneira de controlar-se.

Paradoxalmente, os seres humanos podem aprender a gostar das próprias coisas que destroem a sua paz de espírito. A meditação possui as suas fascinações. As fantasias de vingança ou do prazer erótico podem ser distintamente prazerosas, uma vez que nos desculpamos dizendo que não as queremos, mas que não podemos contê-las. Os preocupados crônicos gostam de sentir-se infelizes, sòmente porque desconhecem a alegria muito maior que advém do contrôle mental.

Não apenas o presente, mas também o passado, oferecem tentação ao pensamento negativo; a tentação de permanecer em alguma experiência reprimida na infância, se não for devidamente controlada, pode resultar em conflitos mentais.

Quero reprisar que a mera ocorrência desses pensamentos não é culposa: *torná-los um hábito não é culpa de ninguém senão exclusivamente sua.* Porque sempre que esses pensamentos vêm à mente, temos a livre escolha de *rejeitá-los* ou *aceitá-los.*

• Use Seu Comutador Mental Quando Tiver Necessidade

Todos nós temos o que poderíamos chamar de comutador mental. Nada neste mundo pode nos compelir a pensar numa determinada idéia, exceto o nosso próprio desejo. Se Você fizer um esforço consciente, poderá *desligar* qualquer pensamento que lhe vier à mente – como o faria com um fraco programa de rádio.

Um homem que esteja com torcicolo e que ocasionalmente leia a respeito de uma epidemia de pólio, pode repentinamente pensar: – "Meu Deus! Acho que contraí a paralisia infantil". Nesse momento ele pode fazer uso do seu comutador mental; deixar que esse pensamento lhe invada a mente, sentar-se e tremer de medrosas possibilidades ou então poderá olhar novamente para o seu pensamento e dizer:

– Que idéia horrorosa é esta agora! Eu poderia morrer de medo se quisesse continuar com este pensamento, mas eu não quero.

Vira o botão, corta a corrente negativa de pensamentos e continua a pensar em coisas saudáveis. Porém, lembre-se, ele assim fez somente depois de examinar a coisa cruamente, reconhecendo-a como tolice. É preciso investigar deliberadamente esses fantasmas mentais que chegam até Você, antes que Você os interrompa e continue a pensar em outros assuntos.

Como qualquer outra coisa, isto requer um esforço consciente. Mas o esforço primário é microscópico comparado ao grande esforço que será necessário à reabilitação, caso Você se deixe arrebatar pelos hábitos do mau pensamento. Se os maus pensamentos se tornaram um hábito escravizador e de longa permanência, o paciente muitas vezes dirá ao seu psiquiatra:

– Não ouso ficar a sós com os meus pensamentos. Eles me aterrorizam.

Nesse caso, sempre que o medo dos pensamentos se torne arraigado, é necessário que se reflita sobre esses mesmos pensamentos, por menos que se queira. Mas não em segredo ou com vergonha. É preciso falar a respeito deles, escrevê-los, tirá-los fora do sistema e para a claridade, exatamente da mesma maneira que se lanceta uma infecção para livrar-se do pus da substância maléfica, antes que se possa esperar pela cicatrização.

Deste modo, o homem ou a mulher que são vitimados por tais pensamentos se colocam em expectativa e transformam os pensamentos de tentações medrosas, de tristezas e de terrores, em fantasmas mentais inteiramente criados por culpa própria. Quando o medo for banido, então pode-se dar início ao *uso do comutador mental* para expulsar o gérmen do mal.

• Deixe de Meditar em Coisas Mórbidas

A ação é o tônico que deve acompanhar o pensamento que não é saudável. Não deixe que lhe sobre tempo para tais meditações. Voltaire disse: "Quanto mais meditarmos em nossos infortúnios tanto maior será o seu poder para nos ferir."

Mas sempre aparece uma lamentação: "Mas por que deveria ser "Eu" a vítima de tão horríveis pensamentos? Por que é comigo que acontece ter pensamentos odiosos, ter medo de doenças e de morte, todas as vezes que tenho um resfriado ou uma dor de cabeça?

O psiquiatra responde:

– Por que não Vocês? Todo mundo sem nenhuma exceção está sujeito a tais pensamentos. Você não é o único em seus pensamentos mórbidos e nem em seus bons pensamentos. Tudo o que Você pensa foi anteriormente pensado e será pensado outra vez.

Ver-se em perspectiva é uma necessidade, se Você desejar possuir bons hábitos de pensar. Esses hábitos serão a chave de toda a sua personalidade. Como um soldado, Você pode alertar-se do perigo de um mau comportamento mental.

• O Álcool Não é a Resposta

Hoje em dia uma das fugas mais comuns de pensamentos depressivos está na garrafa. "Tome um trago e afogue as suas mágoas", grita o bêbado feliz. Amanhã, ele não será feliz e nem terá esquecido os seus aborrecimentos. Estará doente, fraco, trêmulo e duplamente amedrontado pelas mesmas ambições que não pôde encarar um dia antes.

• É Você Quem Escolhe

Lembre-se de que Você pode, literalmente, através do pensamento, abrir caminho para um *esgotamento nervoso* ou seguir em direção oposta; para uma infelicidade crônica ou uma feliz auto-suficiência; para uma vida de sucessos ou para o suicídio. A escolha é *sua*.

• Outras Coisas Que Você Pode Fazer Para Evitar o Esgotamento Nervoso

1. Precate-se de tomar a sua própria pessoa muito a sério.

2. Cultive o senso de humor e ria mais. Os testes sobre o riso provaram que a risada reduz a tonicidade muscular e relaxa os tecidos, enquanto a carranca aumenta a tonicidade muscular e coloca o corpo todo sob tensão e esfôrço.

3. Quando as coisas se tornarem difíceis, Você deve discutir os seus problemas com alguém — é preferível arejá-los a conservá-los com Você. Os conflitos se inflamam e se transformam em abscessos mentais.

4. Quando Você sentir necessidade de férias, deve tirá-las.

5. O cultivo de um passatempo é tão importante como o ganho de dinheiro ou a aquisição de conhecimento.

6. Manter-se fisicamente em forma é também importante.

7. Espaireça os medos que por acaso Você tenha cultivado em virtude de uma prévia e errônea concepção sôbre *esgotamento nervoso*.

8. Se necessário leia, muitas vezes, este mesmo capítulo, que é todo especial.

SESSÃO 12

O ÁLCOOL E VOCÊ

• O Álcool Como Doença da Personalidade

Os psiquiatras adquiriram grande conhecimento sobre as pessoas que bebem excessivamente. Hoje em dia nós sabemos que o *alcoólatra* é um indivíduo *doente*, que sofre de *má adaptação da personalidade* e que não pode encarar a vida de maneira madura.

O álcool é um grande nivelador. A bebida em excesso pode fazer que o homem da mais alta inteligência desça ao nível de uma imbecilidade comatosa. Um homem sóbrio pode confiar no seu intelecto que o manterá longe das situações ousadas e indiscretas. Um homem bêbado é como um homem mentalmente irracional, pode tornar-se incapaz de pensar coerentemente. Pode ficar em apuros com a lei, pode seduzir a esposa do melhor amigo e pode dar uma trombada numa árvore e matar-se.

• A Bebida Pode Custar a Sua Vida

A quantidade exata de excesso de álcool que predomina individualmente em cada caso depende das circunstâncias e da personalidade básica de quem bebe. A mulher cujo marido foi infiel, que está desiludida, sem esperança e deprimida, pode beber até o suicídio. Os relatórios encontrados na Polícia e nos hospitais demonstram que milhares de pessoas tiram as suas próprias vidas sob a influência do álcool — pessoas que ordinariamente não cometeriam o suicídio se estivessem em estado sóbrio e reflexivo.

• Os Etilistas São Infantis

Beber em excesso, quase invariavelmente, indica algum grau de ins'abilidade e infantilismo. Normalmente as pessoas adultas não têm necessidade de beber até ficarem cegas, complicando tanto as suas vidas como a de todos os outros. A personalidade neurótica e *infantil* é aquela que se refugia no álcool, todas as vezes que as coisas começam a "ir muito mal". Um homem pode dar-se ao álcool por causa de um grande desapontamento ou tragédia na sua vida, incidentes que ele não soube encarar; perda de um ente querido, fracasso no seu trabalho ou qualquer outro revés do Destino.

Existem casos excepcionais quando as pressões da vida são tão grandes a ponto de impelir uma pessoa normal à bebida, mas são poucos.

Não importa qual seja a frustração — reveses financeiros, desilusões no amor, tristeza, tensão sexual ou qualquer outra — o álcool *jamais* será resposta.

O elemento do egoísmo está sempre presente na determinação da pessoa intoxicada, a fim de obter atenção a qualquer custo, seja através do desconforto, do embaraço ou da infelicidade daqueles que o cercam.

Existe um ponto em que não se deve fazer confusão. Os maridos e as esposas que são bem casados e felizes não bebem habitualmente em excesso.

• Encare-se a Si Mesmo

Sobre este assunto, Você poderá ser o seu próprio psiquiatra. Principie partindo da presunção de que se Você deseja ardentemente refugiar-se no álcool, Você é um homem ou uma mulher *mal ajustados*. Você está usando um método neurótico, tentando fugir de um problema básico em vez de solvê-lo. Embeber qualquer problema no álcool, apenas o intensifica e o agrava, deixando em Você uma capacidade constante decrescente para esclarecê-lo.

• Psicoterapia em Grupo

Certa ocasião, consegui permissão do Superintendente do hospital para organizar uma classe, duas vezes por semana, constituída de pacientes viciados na bebida que estavam sinceramente interessados em averiguar a razão do seu desejo irreprimível e o que poderiam fazer para controlar esse hábito. Para as minhas aulas, usava um quadro negro e cada paciente era encorajado a contar a história da sua própria vida perante o grupo; essa técnica visava vencer os sentimentos de inferioridade social. Era solicitado de cada paciente que discutisse os seus conflitos emocionais, falando a respeito deles; alguma coisa parecia com o processo das reuniões dos "Alcoólicos Anônimos".

Havia alguns que não correspondiam a esse programa de reabilitação por causa da resistência que opunham ao tratamento. Porém muitos, ao deixarem o hospital, afirmaram que pela primeira vez tinham adquirido algum conhecimento íntimo sobre a razão das suas incapacidades para encararem as responsabilidades da vida sem aquele "drink" extra. De vez em quando, ainda recebo cartas de alguns dos antigos componentes do grupo, informando que ainda permanecem abstinentes, depois de todos esses anos.

• É Hoje em Dia Maior o Número de Pessoas que Bebem?

Sim, é maior. A porcentagem total de pessoas que bebem aumenta visivelmente. Sessenta e quatro por cento de americanos adultos bebem. Existem aproximadamente 65.000.000 de "bebedores sociais" (1 bebedor social em cada 15 acaba sendo etilista); mais de 20.000 deles são mulheres (uma em cada 6 mulheres torna-se alcoólatra). Os bebedores excessivos ou os "bebedores-problemas" atingem cerca de 3.000.000 – uma cifra deprimente. Entre estes, 750.000 são crônicos ou incuráveis. Um total de 175.000 indivíduos perdem o trabalho diariamente em virtude de bebida excessiva – uma perda de 60.000.000 de dias de trabalho. A perda financeira devida ao alcoolismo é estimada em cerca de bilhão de dólares por ano. Vinte e cinco a vinte e oito por cento de todos os crimes estão associados ao álcool. Os etilistas têm duas ou três vezes mais acidentes do que as pessoas normais. Eles causam 10 por cento dos acidentes.

• O Beber Moderado

O álcool é ao mesmo tempo alimento e droga. Como alimento, possui o seu valor calórico. Em quantidades moderadas serve como tônico e *estimulante*. Em grandes quantidades age como um *depressivo*. O álcool tem certos efeitos úteis. Por exemplo: o álcool tomado moderadamente tem ação *sedativa*, é um anulador da dor emocional. Diminui a ansiedade e a preocupação, relaxa o sistema nervoso e produz um estado de bem-estar. O álcool é conhecido pelo seu efeito benéfico nas pessoas que sofrem de angina pectoris. As doses moderadas de álcool dilatam as artérias coronárias.

O Dr. Eugene M. Landis, professor de Medicina Interna na Universidade de Virgínia, constatou que doses de uísque, não excedentes a 70 gramas para uma pessoa que pesa 68 quilos, dilatam os vasos sangüíneos e têm uma duração de 4 a 5 horas. Muitos especialistas em cardiologia são, hoje em dia, de opinião que dois "highballs" ou coquetéis, bem espaçados, num período de 24 horas beneficiam os vasos sangüíneos do coração.

Contudo, a bebida *excessiva* é maléfica para a própria situação que se pretende aliviar. O Dr. Paul D. White, famoso especialista de coração, constatou que o efeito da intoxicação alcoólica no coração e nos vasos sangüíneos é desfavorável, produz irregularidades na pulsação, apressa o compasso do coração, acarretando até, em pacientes que sofrem de doenças cardíacas, a paralisação do coração.

O álcool não deve ser considerado como um fantasma que nos amedronta. O beber moderado e social tem o seu lugar na vida. Não existe uma tribo primitiva neste mundo que não passe sem a sua porção de qualquer coisa fermentada.

O álcool estimula o apetite, aumenta a alegria e a naturalidade da vida social, libertando-nos da nossa timidez ou tensão ao sermos apresentados a novas pessoas. Deve ser ministrado de maneira que quebre o ambiente frio de uma festa – mas não de maneira que ponha abaixo a reserva e nos leve a sérias preocupações.

De acordo com o Comitê Nacional de Alcoolismo, Você será moderado *se* beber somente em ocasiões especiais; *se* Você não pensar na sua bebida; *se* Você parar quando desejar e *se* de maneira alguma a bebida apresentar qualquer espécie de problema.

Não é minha intenção persuadir qualquer pessoa a parar de beber ou encorajá-la a começar a beber. Este capítulo dedica-se às pessoas que não se orientam bem nas suas bebidas alcoólicas. Oferece um conhecimento íntimo do beber compulsivo e ministra regras a serem seguidas por aqueles para os quais a bebida já se tornou um problema e que desejam deixar o álcool.

• O Que o Torna Um Alcoólatra?

Existem muitos artigos que tratam dos efeitos da bebida excessiva na saúde das pessoas, porém poucos escritores se concentraram nas causas ocultas ou subconscientes do alcoolismo. Este capítulo tem como propósito esclarecer os dipsomaníacos potenciais e os bebedores sociais que estão aumentando a sua ingestão de álcool, como também informar o leitor comum porque algumas pessoas sentem que não podem passar sem álcool.

Existem várias teorias que explicam porque 3.000.000 de pessoas são impelidas por uma compulsão íntima a beberem em excesso.

• A Teoria do Complexo Mamilar

A indulgência excessiva para com o álcool remonta à relação de mãe e filho. O etilista é uma pessoa emocionalmente imatura com um complexo mamilar; é um adulto-criança que nunca foi psicologicamente desmamado de sua mãe ou, se alimentado por mamadeira, deseja ardentemente um apaziguador (o álcool como substituto mamilar).

O filho único é propenso a ser mais suscetível à ingestão do álcool. Existem alguns psicanalistas que depois de uma pesquisa intensiva sobre o alcoolismo chegaram à conclusão de que, simbolicamente falando, o álcool é realmente um substituto para o leite materno. Isto lhe parecerá muito esquisito se Você nunca ouviu a história da vida dos alcoólatras. Se Você já tivesse ouvido, saberia que a maioria deles "nunca cresceram" e possuem uma grande capacidade de ingestão oral. Voltam ao tempo em que, iguais a uma criança, queriam pôr tudo na boca. O dipsomaníaco, quando frustrado, deseja voltar ao período de amamentação. Chupar o polegar na infância, ter fraco por guloseimas, goma de mascar, cigarros, comida e bebida, todos esses excessos são sublimações ou remanescentes do mesmo complexo mamilar presente, até certo grau, em todos nós.

Contudo, aqueles que se refugiam no excesso de comer, beber, fumar etc., sofrem do que os psiquiatras chamam de *erotismo oral* (uma agradável estimulação localizada na boca). Todos os etilistas têm o complexo do erotismo oral. É equivalente à vontade do adulto querer chupar um pirulito porque é gostoso.

A esposa de um dos meus pacientes me contou que todas as vezes que seu marido, que estava sob um severo regime alimentar, por excesso de peso, ficava emocionalmente aborrecido, depois de uma discussão com ela, saía de casa, ia até a confeitaria da esquina, tomava um ovomaltine duplo, acompanhado de um pedaço de torta com sorvete e arrematava com uma barra de chocolate (uma ilustração típica de um comportamento infantil ou de erotismo oral).

A maioria dos "beberrões", são supersensíveis e conseqüentemente incapazes de suportar as frustrações da vida. Ignoram completamente que são vítimas de um complexo mamilar, daí a incapacidade de disciplinarem-se a si mesmos de maneira suficiente, para deixarem a bebida. Além disso, praticamente todos eles sofrem de um complexo de inferioridade, que desejam afogar no álcool. O Dr. Edward B. Allen observou que muitos dos dipsomaníacos que estudou admitiram que se sentiam inferiores perante os seus pais e se ressentiam da incapacidade de competir com eles.

O medo da morte, a tensão e a separação de pessoas queridas durante a guerra ajudaram a tornar os soldados, que eram eroticamente orais, mais suscetíveis à bebida.

• A Teoria do Escapismo

Existem muitas pessoas normais que não gostam de levantar cedo e ir trabalhar. Mas a vida é assim. Temos que ganhar o nosso pão. Não podemos fugir às nossas responsabilidades.

Os "amigos da garrafa" estão sempre fugindo de alguma situação desagradável da vida. Recusam admitir que através dos seus próprios esforços e determinações podem, com êxito, vencer os problemas normais da vida adulta, embora observem que as pessoas ao seu redor procedem dessa maneira.

Existem diversos métodos para escapar-se da realidade. Alguns se tornam jogadores e outros conquistadores amorosos. Alguns tomam narcótico, enquanto outros preferem o álcool. Contudo, o motivo predominante é o mesmo — narcotizar ou amenizar a dor mental causada por infortúnios pessoais. Anestesiam temporariamente a sua infelicidade.

Dívidas por pagar, um casamento infeliz, falência nos negócios, doenças físicas, fadiga e frustrações constituem os alibis superficiais para a bebida excessiva. A verdadeira realidade é que estas vítimas do alcoolismo nunca constroem um "forte interior" com uma sólida base de coragem, para enfrentar as adversidades comuns da vida.

• A Teoria do Suicídio Psíquico

Muitos psiquiatras são de opinião que os dipsomaníacos são pessoas que cometem o que pode ser chamado de "suicídio psicológico". Sofrem uma morte lenta, somente porque são incapazes de reconhecer o motivo verdadeiro que inconscientemente inspira o seu senso de derrota — sua desesperança completa. Isto, naturalmente, não se aplica ao bebedor moderado.

O vício do álcool é o ponto-de-união entre o desejo de viver e o desejo de morrer. É um suicídio parcial — um "envenenamento" do corpo e da mente, mas geralmente não o suficiente para causar a morte. O etilista vive e morre quando quer. É medroso demais para morrer e medroso demais para viver. Habita um terceiro mundo, no qual ele se comporta da maneira de que gosta — sem inibições.

• A Teoria da Libertação das Inibições

Todos nós temos emoções primitivas para as quais desejamos ardentemente uma válvula de escape. Porém, não as libertamos, porque a nossa consciência sóbria não o permitiria.

Um homem poderá ser muito inibido para demonstrar o seu afeto para com a namorada. Pelo comportamento externo dele, Você o presumiria um "perfeito cavalheiro". Mas bem no fundo, ele desejaria ter a coragem de abraçá-la e declarar-lhe o seu amor. Os estimulantes líqüidos soltam-lhe a língua. O álcool torna-o o "Casanova" que desejaria ser na vida real. Fica expansivo, espirituoso e romântico, sòmente porque agora tem uma desculpa para o seu ousado comportamento. Se for censurado, terá sempre a desculpa "daquele coquetel a mais".

É como o Dr. Walter Miles afirmou: "O álcool alivia o indivíduo de suas cautelas e temores, libertando-o dos seus sentimentos de inferioridade e de fraqueza. As inibições e a autocrítica, que ordinariamente amarram os seus sentimentos, tendem depois do álcool a ficar de lado".

O álcool liberta as inibições e deixa a mente temporariamente livre, aliviando a ansiedade. Mas o alcoólatra não reconhece que esta personalidade que assume é falsa. Seria muito melhor que ele vencesse as inibições, através de outras saídas emocionais, em vez de fazer do álcool sua "muleta".

Channing Brewster, num artigo intitulado "Por que Deixei de Beber", disse:

> Naturalmente, eu sofri o mal-estar provocado pela tensão do mundo moderno. Não há dúvida que o álcool removia esta minha tensão. Mas agia como o removedor de manchas que destrói o tecido. Como considero esta a desculpa favorita para a abundante aplicação interna do álcool, me pareceu mais lógico realizar alguma coisa mais básica a respeito da tensão do que despejar doses de aguardente sobre ela.([1])

• O Álcool Liberta as Emoções Doentias

O excesso de álcool torna algumas pessoas perigosamente beligerantes, a ponto de comprarem briga com pessoas inocentes e estranhos. Torna os homens ciumentos, predispostos a cometer

---

1 Channing Brewster. *Why I Gave up Liquor,* (Por que Deixei de Beber), *your Life* Magazine — outubro de 1946.

crimes, encoraja as aventuras amorosas, justifica as ofensas sexuais e convida à autodestruição através do impulso suicida. Na verdade, a embriaguez é considerada pelos psiquiatras como uma forma de insanidade.

• Os Alcoólatras Precisam Ser Reeducados

As estatísticas demonstram que hoje em dia o alcoólatra tem uma "chance" de recuperação um pouco maior do que 60 por cento.

Não se pode pretender a cura de um alcoólatra, a menos que se consiga fazê-lo compreender os seus conflitos emocionais e os motivos ocultos responsáveis pelo hábito de beber.

O bêbado-problema, contudo, não deve ser considerado um "proscrito-social". É um neurótico que necessita estar sob os cuidados de um psiquiatra.

É encorajador notar-se que a atitude pública se vem modificando gradualmente. O estigma que antigamente se ligava à bebida está sendo posto de lado e nossos atuais esforços se concentram no tratamento dos alcoólatras como pessoas *doentes*.

A experiência demonstrou ao psiquiatra que se ele alcançar a cura dos *conflitos da personalidade* de seu paciente, o sintoma (o desejo irreprimível e excessivo pelo álcool) subseqüentemente desaparecerá.

• Os 25 Mandamentos

O falecido Dr. Robert Seliger, instrutor de Neurologia e Psiquiatria na Universidade Johns Hopkins, fez longo estudo sobre a alcoolismo, formulando as regras abaixo mencionadas, através das quais as pessoas que *bebem em excesso* forçosamente se beneficiarão. Qualquer pessoa inteligente, com um senso médio comum, pode curar-se do alcoolismo se estiver ***dedicada*** a cultivar, se necessário, com a ajuda de um psiquiatra, a autodisciplina e a maturidade necessárias para obedecer os 25 mandamentos.

1. Encare a realidade de que Você não pode controlar o hábito de beber, e que, portanto, jamais será capaz de controlá-lo.
2. Compreenda o que o álcool faz para Você e que o seu problema não é meramente de dissipação, mas sim o de uma reação perigosa e psicopatológica ao que é para Você uma droga perniciosa.
3. Compreenda que sem abstinência Você nunca poderá ter uma vida alegre e eficiente.

4. Seja absolutamente sincero em querer parar de beber.

5. Compreenda que deixar o álcool é seu problema e que enquanto Você estiver nessa situação ninguém poderá fazer que Você deixe a bebida, a não ser Você mesmo.

6. Convença-se de que qualquer pessoa razoável, inteligente e sincera, que está decidida a suster um esforço durante suficiente período de tempo, pode aprender a viver sem o álcool.

7. Aceite o fato de que leva pelo menos um ano para um alcoólatra reorganizar a vida.

8. Trabalhe de todo coração, dando uma cooperação integral ao psiquiatra que está tentando ajudá-lo.

9. Compreenda que somente entendendo o motivo causador do vício de beber é que Você poderá eliminar a causa.

10. Siga cuidadosamente um programa diário e autodeterminado, o qual, se for conscientemente levado avante, lhe melhorará a saúde, construindo-lhe uma personalidade disciplinada, desenvolvendo-lhe novos hábitos em lugar dos velhos e proporcionando-lhe novo ritmo de vida.

11. Compreenda que o cuidado com sua saúde física é uma importante parte para sua reabilitação.

12. Aprenda a importância da alimentação – uma vez que o alimento é o melhor preventivo para aquele cansaço e o nervosismo que muitas vezes conduz a um "drink" – e carregue sempre com Você barras de chocolate ou outros doces para o animarem quando sentir-se fraco de espírito e de forças.

13. Evite a pressa e a fadiga desnecessárias.

14. Evite os distúrbios emocionais.

15. Acautele-se, especialmente nos períodos de modificação na sua vida que envolvam alguma fadiga emocional ou nervosa.

16. Aprenda a relaxar-se, natural, mental e fisicamente, sem uso do álcool como narcotizante.

17. Aprenda a controlar-se pela razão e não pelas emoções.

18. Não sonhe acordado sobre o passado de bebidas.

19. Evite o pequeno copo de vinho, isto é, o lapso aparentemente inofensivo — com maior determinação do que se evita o evidente trago de gim.

20. Não se iluda pensando que a cerveja é inofensiva.

21. Compreenda que a descendência alcoólica é uma desculpa e não uma razão para um beber anormal.

22. Não fique desencorajado por nenhuma sensação de descontentamento, durante os primeiros tempos de sobriedade; ao contrário, faça dessa sensação um incentivo de ação que satisfará legitimamente seu desejo de auto-expressão.

23. Não faça caso do conselho tolo e das freqüentes perguntas ainda mais tolas dos parentes e amigos e não fique emocionalmente perturbado.

24. Compreenda que as pessoas, que procuram auxílio para um beber normal, estão geralmente com dotes intelectuais acima do nível comum e que enquanto a bebida quer dizer fracasso, a abstinência é equivalente a notável sucesso.

25. Não pense que qualquer destes mandamentos é de alguma maneira inconseqüente ou secundário para negócio, jogo ou qualquer outra coisa; observe conscienciosamente cada um deles, dia após dia.

SESSÃO 13

VOCÊ PODE EVITAR UM CASAMENTO INFELIZ

• A Escolha do Cônjuge

Existem muitos maridos desiludidos e muitas esposas angustiadas, que levam uma vida vazia por causa do juízo errado que, durante o noivado, fazem de si próprios.

Assim como os fazendeiros geralmente podem predizer o mau tempo, olhando para o horizonte, os psiquiatras aprenderam a reconhecer o que inevitavelmente se tornará um casamento infeliz.

Quando me ponho a pensar, tentando recordar casos de casais que em vão tentaram consertar um casamento infeliz, chego à conclusão de que a culpa geralmente cabe a um deles ou a ambos, por não terem considerado bem a escolha do seu companheiro ou da sua companheira.

Incidentalmente, o julgamento errado não é limitado somente àqueles que não têm instrução. Muitas pessoas formadas demonstram que são vítimas da precipitação, fazendo mau casamento.

Os pacientes me têm perguntado:

– Existe algum meio para que se possa dizer se, casando-se alguém ou não com determinada pessoa, terá ou não êxito?

A resposta é: Sim, uma vez que se reconheçam, durante o noivado, os traços e as fraquezas da personalidade, os quais invariavelmente levam à infelicidade futura.

• Sinais Perigosos

Durante o noivado, Você estará na mesma situação de um piloto duma pequena lancha. Você precisa estar familiarizado com as leis elementares da navegação; saber quando uma tempestade se está aproximando, ser capaz de divisar as águas pouco profundas e, o mais importante de tudo, evitar que o seu barco vá de encontro às rochas. Em outras palavras, Você deverá estar capacitado a reconhecer os definidos sinais de perigo que o avisam dos recifes ameaçadores de um casamento infeliz.

• Beber Compulsório

Os homens ou as mulheres que bebem excessivamente, como já foi previamente dito, sofrem de sério e mau ajustamento da personalidade. Constituem um *mau risco*. O fato de um homem, apesar da bebida, ser capacitado e ganhar bem, não o torna elegível para o casamento. Se a mulher suspeitar que ele é mais do que um "bebedor social", ela se porá a salvo de uma vida cheia de aborrecimentos se o rejeitar. Não vale a pena arriscar. As inebriações pertencem ao grupo daqueles que não estão talhados para o casamento. Eles tendem a tornar as suas esposas alcoólatras. É melhor acautelar-se, quando um pretendente promete deixar a bebida, após a cerimônia nupcial. Muitas mulheres se vangloriam em pensar que reformaram o seu apaixonado "Caso-Perdido", e que o seu caso é uma exceção à regra no que diz respeito à fraqueza pelo álcool. Muito cedo, logo depois da lua-de-mel, o marido volta novamente aos seus hábitos de beber.

Não existe nada mais intolerável do que ter um marido ou uma esposa alcoólatra. A bebida tem estragado muitos casamentos. Você pode fazer um jogo certo, casando-se com uma pessoa abstinente ou com alguém que não seja mais do que um "bebedor social", ou então arcar com as conseqüências, caso Você tenha errado nas suas suposições a respeito da sua promessa de largar de beber.

• A Infidelidade

Aliado à bebida, o próximo perigo é a *aventura* amorosa. A mulher que toma um "highball" a mais é com muita freqüência suscetível de adultério. É o mesmo com relação aos homens e esta é outra razão por que os alcoólatras não oferecem uma boa "chance" para um casamento feliz. O álcool tem a tendência de destruir as nossas inibições, de hipnotizar a nossa consciência e de facilitar o esquecimento dos nossos votos nupciais. O beber em excesso faz que o homens se tornem "conquistadores". Com relação às mulheres que gostam de aventuras amorosas é ainda pior, por causa das complicações fisiológicas.

Instintivamente, todos nós temos tendências para a poligamia. Viver monogamicamente é uma simples questão de ética social e de autodisciplina para com as tentações. Hoje, não julgamos um transgressor pelo particular crime que cometeu. Levamos em cuidadosa consideração o motivo que o predispõe a violar determinada lei. Da mesma maneira, cada caso de infidelidade, durante o noivado, deve ser avaliado de acordo com as circunstâncias particulares envolvidas no caso.

A mulher que continuadamente fala de outros homens, durante o noivado, geralmente dá uma esposa que gosta de flertar. Embora ela alegue que no seu "affair" com Jack ou Bill não houve nenhuma intimidade sexual, isto não torna o seu flerte desculpável.

Se Você sente que seu noivo ou sua noiva tem tendências para a infidelidade, tomando por base suas ações passadas, seria melhor pensar seriamente antes de dar o *Sim* sacramental.

• A Imaturidade Emocional

Os neuróticos têm uma coisa em comum — a *imaturidade emocional*. Isto explica por que o comportamento infantil de uma esposa ou de um marido enerva o outro cônjuge além do limite suportável. É como o Dr. Rudolf Von Ruban diz: "Os neuróticos são como crianças. Não deveriam casar-se até que as influências que bloqueiam as suas irradiações específicas sejam superadas. Qualquer casamento se torna um risco quando um dos cônjuges é imaturo."

Em virtude de uma ótima posição que foi oferecida a Larry, na Califórnia, ele decidiu propor casamento a Dorothy, a quem já conhecia havia muito tempo. Quando lhe falou a respeito das suas intenções de morar no West, Dorothy protestou e disse que nunca poderia ficar longe dos pais. Insistiu para que ele conseguisse uma colocação em Nova Iorque e sugeriu morar com os pais dela. Disse-lhe que era muito devotada aos pais e o que eles significavam para ela.

As pessoas emocionalmente imaturas, desse tipo, são as primeiras a correrem para a "mamãe" ou para o "papai" quando surge o primeiro atrito. A moça normal deve estar capacitada a desligar-se da família e desejosa de aceitar novo futuro no ambiente escolhido pelo seu marido. Viver perto dos pais é um convite para complicações com a família oposta, uma séria ameaça para a felicidade conjugal.

Há igual número de homens que não podem tomar uma decisão de casar e romper suas relações com o velho ambiente ou permanecer solteiros, preferindo a "cozinha" e convivência da mãe. Adultos que são incapazes de cortar os laços familiares pouco sadios não estão aptos para o casamento.

Se eles se casarem mesmo terão um perigo à espreita. Geralmente tais pessoas se manifestam extremamente possessivas e se tornam ciumentas ao primeiro sinal de transferência de afeição.

• O Ciúme

Existem homens que ficam ciumentos, sempre que as namoradas dançam duas vezes com o mesmo rapaz e falsamente acusam-nas de serem muito "dadas", interrogando-as sobre todos os lugares aonde irão. Esta espécie de ciúme é um remanescente do instinto de *superpossessividade* da infância. É um sinal do próprio sentimento de inferioridade.

O ciúme mórbido vai muito além do normal. É o ciúme normal acalentado por uma doença da mente.

Homens e mulheres, que são desarrazoadamente ciumentos, em geral sofrem de um sentimento de insegurança ou se sentem culpados pelo seu desejo consciente ou inconsciente de cometerem adultério.

Estou falando, naturalmente, do ciúme injustificado. O ciúme é geralmente encontrado no homem que corteja uma mulher excepcionalmente atrativa ou na moça, cujo simpático namorado é admirado pelo sexo feminino.

Em minhas experiências tenho verificado que as mulheres, que consultam a respeito do ciúme anormal de seus maridos, os descrevem como sendo sexualmente inadequados (outro aviso para aquelas que estão apaixonadas por vítimas do *complexo do ciúme*).

É grave e errônea concepção pensar que o ciúme é sinal de amor verdadeiro. Ao contrário, indica que a pessoa deseja casar por causa de um motivo neurótico — superpossuir outra pessoa, somente para recompensar-se fisicamente, é *desejar* em vez de *dar* amor.

• Complexos Sexuais

De acordo com recentes estatísticas, a maioria dos divórcios é causada por incompatibilidade sexual. Somente compreendi o quanto esta afirmativa era verdadeira quando comecei a ouvir as diversas confissões dos maridos e das esposas frustrados. Era como se ouvisse sempre o mesmo disco. Repetidamente me perguntavam:

– Desde que os pais, a Religião e a Sociedade condenam as intimidades pré-maritais, como então se pode ter certeza de que a pessoa com quem se vai casar é a escolha acertada com relação à compatibilidade sexual?

Da mesma maneira que um psiquiatra determina se o paciente irá ou não cometer suicídio, eis a resposta. Não existe uma certeza. O psiquiatra apenas pode chegar a estas conclusões fazendo que o paciente fale o bastante para se trair. Falando com alguém a respeito do sexo, Você logo poderá saber que ele abriga atitudes normais ou neuróticas com respeito ao que é essencial para sua felicidade conjugal.

Ninguém está adequadamente preparado para o casamento, a menos que possua razoável educação sexual. Eu insisto para que meus pacientes solteiros leiam pelo menos dois ou três livros, dignos de crédito, sobre êste assunto. É por causa da ignorância sexual pré-marital que encontramos mulheres casadas com homens impotentes e sofrendo de esgotamento nervoso como conseqüência; ou homens casados com mulheres frígidas, do que se desculpam para as relações extraconjugais.

O casamento não é de nenhum modo solução para os conflitos sexuais de alguém. Aqueles que suspeitam que são sexualmente inadequados não devem casar-se até que se curem das suas particulares desordens sexuais.

A moça que menciona sexo como se fosse alguma coisa sórdida, que menospreza o papel que a harmonia sexual desempenha no casamento, é potencialmente mau risco matrimonial. Do mesmo modo o homem inibido anormalmente que se comporta como se estivesse cortejando sua irmã, geralmente se torna um amante desastrado. Sua incapacidade se tornará a origem de muita tristeza.

Uma paciente me disse que estava receosa de casar-se com certo rapaz porque, sendo sua namorada havia mais de três anos, ele se comportava como um perfeito cavalheiro (nunca havia feito uma tentativa para beijá-la) e que começou a perguntar a si mesma se ele teria conhecimento dos "fatos da vida".

• A Infelicidade Crônica

As pessoas infelizes, via de regra, acabam como maus parceiros no casamento. Queixam-se muito, são inclinadas a se preocupar com a saúde e estão sempre insatisfeitas. A característica mais predominante é a sua *infelicidade crônica.*

É melhor pensar duas vezes antes de caminhar até ao altar com um homem ou uma mulher que freqüentemente se tornam desanimados, que gostam de criticar tudo e todos, que sofrem de perturbações físicas exageradas, que freqüentemente demonstram desagradável disposição, tornando-se ofensivos, zangados e provocadores de contendas. Você assume um pesado encargo quando se arrisca a casar com uma pessoa deste tipo.

• Os Casamentos na Adolescência São Arriscados

Constatei, em minhas experiências, que a maioria dos homens e da mulheres, que se casam com menos de 21 anos, se arrependem. Infelizmente, às vezes, os próprios pais encorajam esses casamentos prematuros. Tais pais incorrem no erro de que o casamento prematuro terá como efeitos – numa difícil idade da adolescência – a maturidade e a estabilidade. Sempre tenho encontrado pais ansiosos por casarem seus filhos, a fim de se eximirem a si próprios da responsabilidade referente a qualquer comportamento delituoso por parte do seu filho ou de sua filha. Os casamentos na adolescência são baseados em decisões impulsivas. A probabilidade de um desajuste recairá amargamente neles. Geralmente, tanto a moça como o rapaz são emocionalmente imaturos. Querem a coisa que querem no momento em que a querem, termine ou não desastrosamente.

• Os Casamentos Impulsivos São às Vezes Causados Pelo Apetite Sexual

O perigo básico do casamento na adolescência é que o mesmo se apóia no *egoísmo* e em uma atitude defeituosa relativamente ao sexo. Os adolescentes que estão determinados a casar a todo custo se tornam surdos aos conselhos dos pais. A estimulação sexual prematura lhes dá a idéia de obterem maior satisfação sexual através de um casamento imediato. Eles experimentam a fome sexual como experimentam a fome de alimentos e não ficam satisfeitos com apenas um pedaço da torta; querem a torta inteira. Depois ficam doentes e correm para casa dos pais – como crianças que são – em busca de socorro.

• As Desvantagens do Casamento Prematuro

O rapaz, na minha opinião, é mais culpado do que a moça. O rapaz adolescente, que não possui emprego estável e que ainda não terminou sua educação, acredita em magia. Pensa que, praticando o amor, satisfaz a todas as necessidades da esposa. Ela também pode pensar assim, até que a realidade os alcance. Nenhum deles pode assumir as responsabilidades necessárias a um casamento feliz. Quando o casamento chega cedo, geralmente a maternidade também chega e as complicações começam. As privações financeiras produzem uma irritabilidade mútua e conseqüente frieza sexual. A infidelidade e o divórcio são o término infeliz do idílio.

Existem poucas exceções: casos em que tais casamentos realmente logram êxito. São raros. Mesmo quando o casamento tem êxito, ambos, marido e mulher, anos mais tarde guardam o sentimento de que roubaram de si próprios a oportunidade de realizarem, quando adultos, cada qual as suas experiências.

Os adolescentes que se casam comprometem-se a si próprios, antes mesmo de terem uma "chance" para olhar em volta, a fim de comparar e selecionar. Muitos, depois do casamento, passam a enganar, porque sentem terem perdido a vida de solteiro e tentam compensar o que perderam.

Também verifiquei que, quando os adolescentes querem desistir da educação para casar, anos mais tarde, da mesma maneira, sentem-se desejosos de abandonar a vida conjugal. Encontram-se, por fim, com uma educação incompleta e um casamento desfeito.

• Irene Confundiu Sexo com Amor

O caso de Irene e seu namorado ginasiano – Martin – é típico do casamento impulsivo da adolescência, com suas desastrosas conseqüências.

Irene era a "bela" do seu grupo, no ginásio. Havia sido eleita a moça mais bonita da sua classe. Era mimada e egoísta, não apenas por causa da sua aparência, mas também porque seus pais a adoravam desde a infância. Ambos, pai e mãe, eram devotados e orgulhosos dela. Haviam traçado para Irene um futuro brilhante, no qual incluíam sua educação em uma das melhores escolas. Nenhum dos dois lhe havia dado qualquer educação sexual.

Irene encontrou um rapaz na escola, que era para ela, aparentemente, um partido perfeito. Tinha porte, era simpático e insinuante. Aos 17 anos já havia tido relações sexuais com diversas moças e não lhe foi difícil persuadir uma ingênua criança de 15 anos a entregar-se-lhe.

Ela considerou tudo como verdadeiro amor e estava seguramente convencida disso, quando ele insistiu que se casassem. Ela não podia saber que não era amor o que o rapaz lhe dedicava, mas um desejo de guardar para si a moça bonita, como sua possessão exclusiva. Casaram-se secretamente e cada um vivia em sua própria casa com a sua própria família.

O Princípio das Complicações

Irene começou a fracassar nos estudos e nunca terminou o ginásio. Martin saiu da escola, mas não se incomodou em procurar emprego. Sua jovem esposa ficou grávida e foi então que contaram aos pais a respeito do casamento.

Os pais de Irene ficaram tão amargamente desapontados e chocados que se recusaram a prestar-lhe a mínima ajuda. Não tomaram conhecimento de Martin. E os pais dele recusaram-se, também, a ajudá-lo. Martin teve de aceitar um emprego muito modesto e o jovem casal vivia num mesquinho quarto de fundos.

Irene, amedrontada com a gravidez e amargurada pela recusa dos pais em a ajudarem, tornava-se cada vez mais desanimada. No seu estado depressivo não encantava mais Martin, que passava as noites nos cabarés e logo principiou a ser-lhe infiel.

Irene começou a ter idéias suicidas e disse aos pais que tinha intenção de se matar. Estes, amedrontados, resolveram ajudá-la e enviaram-na ao meu consultório. Consegui que Martin conversasse comigo, a fim de que pudesse descobrir se havia alguma esperança de salvar o casamento.

Martin tornou as coisas bem claras. Assegurou que Irene era a culpada de toda a situação.

— Ela não foi obrigada a casar-se comigo, disse ele.

O Divórcio Foi Inevitável

A única entrevista que tive com ele foi suficiente. Martin seguiu o seu caminho. Irene obteve o divórcio e teve o seu bebê — uma criança tendo outra criança, eis tudo em que deu a aventura. Ela considerava seu bebê como uma menina considera a sua boneca. Mais tarde me contou que seu amor pelo filho, seu pavor de tirar outra vida juntamente com a sua, foi o que a impediu de suicidar-se.

Irene foi roubada nos anos de juventude e despreocupação, na sua educação e no brilhante futuro que os seus pais lhe almejavam. Estes acharam que era suficiente avisá-la, durante seu romance no ginásio, da impraticabilidade de um casamento prematuro. Não lhe disseram, porém, uma palavra sobre os problemas de sexualidade, tanto internos como externos, durante aqueles anos cruciantes. Não a avisaram de que devia estar atenta contra o seu próprio desejo sexual de adolescente e vigilante contra os cegos impulsos dos rapazes que encontraria, impulsos esses que tornariam o casal vítima da própria ignorância e falta de controle.

• A Prudência Veio Depois da Experiência

Irene, na sua última visita, me disse o que centenas de moças na mesma situação me haviam afirmado:

– Se naquele tempo eu soubesse apenas o que sei agora, nunca, em qualquer circunstância, me teria casado, mesmo que tudo me parecesse promissor.

Os casamentos prematuros entre adolescentes são como frutas ainda não amadurecidas. O resultado é indigestão e sofrimento. A mente, tal qual a fruta, precisa amadurecer.

O coração e a mente precisam ser considerados como uma sociedade. Em qualquer sociedade próspera, como em negócio, não é legal fazer uma transação sem o consentimento de ambos os sócios. O coração e a mente precisam concordar com a decisão do casamento. Isto salvaguarda ambos os aspectos, emocional e prático, da felicidade conjugal. Põe a salvo o rapaz ou a moça no sentido de apressadamente irem ao encontro de um casamento com base apenas na satisfação sexual. Salva-os também de um casamento sem amor e com base somente no dinheiro ou na posição social. Ambos os tipos estão predestinados a falir.

• Quando Houver Dúvida...

Se Você estiver em dúvida a respeito de si próprio ou quanto a outra pessoa, ouça um conselheiro matrimonial. Pelo menos ele lhe poderá dizer se seu *coração* não governa a razão. Talvez, algum dia, todos os noivos, ao contrário dos poucos de hoje em dia, sejam capazes de ir a uma clínica matrimonial, onde será possível determinar se estão bem ajustados um para o outro. Isto significará menos divórcios e menor número de crianças neuróticas.

SESSÃO 14

QUANDO O CASAMENTO ESTÁ PERICLITANDO

• Menos Necessidade Para o Divórcio

Em 100 casamentos, 34 terminam em patético fracasso (400.000 divórcios por ano). Cerca de 32 milhões de maridos e esposas, que no momento vivem juntos, nos Estados Unidos, divorciar-se-ão. A nossa média de divórcios é a maior do mundo. Uma autoridade no assunto alega que "metade das famílias americanas, não mais, é feliz e bem ajustada, de acordo com o grau que a pessoa comum espera, quando se casa".

Existe um número demasiado de casamentos inteiramente impulsivos, que resultam também em milhares de divórcios igualmente impulsivos. A freqüência dos divórcios indiscriminados é de efeito muito desmoralizante a toda uma sociedade moderna. Se todos nós assumíssemos a responsabilidade de encorajar as pessoas casadas a procurarem, dentro de si próprias, a causa da sua infelicidade e, se necessário, procurarem a ajuda e o conselho de um profissional, haveria menos necessidade de dissolução de casamentos.

• Os Casamentos Doentios são Causados por Personalidades Doentias

Muitos divórcios podem ser *impedidos*, caso os sócios do casamento sejam capazes de encarar suas dificuldades *realisticamente*, e estejam dispostos a fazer as necessárias concessões. Devem estar, acima de tudo, dispostos a aceitar a responsabilidade da discórdia conjugal. Um casamento infeliz raramente é resultante de um "affair" de uma única parte. São duas pessoas que se irritam mutuamente, são ambos os sócios que têm necessidade vital de orientação e esclarecimento para que um casamento se salve.

Conquanto, na superfície, a perspectiva de casamentos felizes tenha aparência sombria, o Dr. David R. Mace e Evan McCleod Wylie, num artigo intitulado "Your Marriage Today" (O Seu Casamento Hoje) publicado na revista "Woman's Home Companion", de abril de 1956, constataram que, "a despeito dos novos e importantes perigos do casamento, deve-se dizer que o número atual de bons casamentos nunca foi suplantado em nenhum outro período da história americana". E que, com uma compreensão adequada das dificuldades relativamente novas que encaram, e com o uso integral do conhecimento que têm à sua disposição, teremos maior número de casais capacitados a alcançar a mais completa felicidade e satisfação, jamais alcançadas.

• Os Cônjuges Infelizes

As pessoas casadas e que não são felizes praticam uma destas coisas:

1. Fazem-se de mártires, sofrem na sua infelicidade e nada fazem para melhorar uma situação, que se torna cada vez mais intolerável. Alguma coisa geralmente acontece. A esposa ou o marido têm um esgotamento nervoso ou vão ao médico da família, queixando-se de diversos males, sem saber que essas perturbações físicas são expressões disfarçadas de sua infelicidade conjugal.

2. Conservam o seu casamento intacto mas vivem em mundos separados. As suas relações sexuais se tornam menos freqüentes. O marido encontra saída para as frustrações domésticas, através das aventuras amorosas, — as quais ele esconde — e a esposa tenta justificar sua infidelidade tendo como base a desculpa de que não é apreciada e nem amada pelo marido. Aqui, podem-se esperar complicações, outra vez. Existem suficientes notícias nos jornais de crimes cometidos por causa de ciúmes, de suicídios e de processos legais de alienação das afeições para provar isso.

3. Procuram o divórcio somente para descobrir, anos mais tarde, que o divórcio não era a solução para seus problemas. Mui provavelmente não encontram felicidade no casamento subseqüente, porque não percebem que a

causa-raiz de suas dificuldades se encontra dentro deles mesmos.

4. Procuram o auxílio do psiquiatra ou de um conselheiro matrimonial, por várias razões. Alguns são aconselhados pelos seus médicos, sacerdotes ou amigos a agir assim. Outros sabem que muitos casamentos podem ser salvos, se as causas responsáveis pela incompatibilidade forem eliminadas. Com uma cooperação honesta de ambos, marido e mulher, os resultados geralmente são favoráveis.

• Por Que Fracassam os Casamentos?

Pergunta-se com freqüência:

— Por que será que tantos casamentos terminam em divórcio?

O Dr. Edmund Berger, autor do livro "Unhappy Marriage and Divorce" (Casamento Infeliz e Divórcio), demonstra que "as raízes do fracasso conjugal remontam à infância dos cônjuges, quando um padrão de comportamento neurótico foi inconscientemente estabelecido e, por seu turno, conduz a uma escolha neurótica dos companheiros conjugais".

• Muitos Casam Por Outras Razões Que não o Amor

Recentemente, uma paciente me confessou que se havia casado com uma pessoa que não amava, pela única razão de querer ficar distante dos seus infelizes pais. Havia sido exposta, em seu lar, a constantes altercações e sentiu que devia escapar de tudo aquilo.

Alguns se casam por dinheiro, enquanto outros aceitam o casamento por conveniência. E ainda há os casamentos que são manobrados pelos pais, sem considerar se as duas pessoas se amam ou não. Felizmente, hoje em dia, estes constituem a minoria.

• A Doença Pode Ser Responsável Pelas Dificuldades Conjugais

Um casal procurou conselhos por causa dos seus freqüentes choques de personalidade. A Sra. B. queixava-se que o marido não a amava como antigamente. Baseava-se no fato de ele passar a maior parte do seu tempo no clube, de dar pouca atenção aos filhos e de raramente levá-la a jantar fora ou a uma função social. O Sr. B. alegava que havia notado uma mudança radical na esposa; que ela era irritadiça, queixava-se constantemente de não se sentir bem, criticava tudo que ele fazia, acusava-o de não a amar mais e à noite o mantinha acordado, com conversações dessa espécie. Ele fez que diversos médicos a examinassem e foi-lhe dito que ela estava passando pelo período da menopausa e que seria normal certa alteração na personalidade da esposa. Na verdade, foi descoberto que ela estava sofrendo de um estado conhecido por "melancolia regressiva". As mulheres, quando atingem a meia-idade, às vezes desenvolvem um estado mental caracterizado pela instabilidade emocional, pelas temporadas freqüentes de choro, fadiga sem motivo, insatisfação com tudo, períodos de depressão e uma impressão de que não há mais esperança, que estão doentes e que nunca ficarão boas e que perderam o amor dos maridos. Esses sintomas de infelicidade são ocasionados por sentimentos de autopiedade pela perda de confiança em si próprias, pela frustração nas suas relações com o marido, pela incapacidade de bom ajustamento aos anos avançados e às modificações glandulares que os acompanham.

• A "Menopausa Masculina"

Os homens também passam por um período equivalente ao da menopausa feminina. Não se sentem da mesma forma usual. Alguns se tornam rabujentos e circunspectos e se queixam de numerosas perturbações físicas. Incapazes de reconhecer a origem dos seus aborrecimentos, irritam as outras pessoas.

• Os Casamentos Impossíveis

O maior número de divórcios, contudo, é causado pelos casamentos impossíveis. Os maridos e as esposas não são apenas descombinados, vítimas de uma vida afetiva mal-ajustada; eles se recusam a fazer qualquer esforço para remediar uma situação que permanece intolerável. Por exemplo, o alcoólatra, o homossexual, o dom-joão, o espancador de esposas que rejeitam qualquer espécie de tratamento estão nesta classificação. Existem milhares de mulheres que sofrem um desequilíbrio mental porque são vítimas da crueldade física e mental nas mãos de maridos sádicos.

• Complicações Que Levam ao Divórcio

Os casamentos fracassam por muitas razões. Ciúmes, infidelidade, complicações de família, desconfianças e incompatibilidade sexual são os motivos que geralmente levam um casamento ao divórcio. As dificuldades sexuais do casamento serão discutidas num capítulo em separado. O ciúme e a infidelidade são as duas complicações mais comuns e conseqüentemente merecem discussão mais longa.

• O Ciúme

As tragédias na vida dos seres humanos, causadas por ciúme, não podem ser estimadas. Quase diariamente lemos nos jornais casos de pessoas que foram feridas a tiros ou apunhaladas, por estarem envolvidas num triângulo amoroso.

Conquanto os crimes por ciúme tenham ocorrido desde o princípio dos tempos, constantamos que depois de cada guerra a média dos divórcios se eleva. Muitos desses casamentos desfeitos são devidos a infidelidade, real ou presumida.

Numerosos casais, então entrevistados, estavam a ponto de partir para o Reno, ou porque a esposa confessara ter ido ao cinema ou dançado com algum amigo, enquanto o marido estava no exterior, ou então porque o marido resolvera acrescentar às suas experiências de batalha um relato de uma moça, em Londres ou na Austrália, que era uma companheira perfeita para uma volta turística. O incidente foi inofensivo, mas um resquício de ciúme apareceu e finalmente redundou em acerba discussão.

Surge então a invariável pergunta:

— O ciúme é justificado mesmo quando existe um verdadeiro amor?

Muitas pessoas abrigam a errônea concepção de que o ciúme é, definitivamente, uma fraqueza ou uma insuficiência de caráter, que é uma doença da alma e conseqüentemente se referem a ele de maneira depreciativa.

Ninguém nega que o ciúme baseado numa falsa suspeita pode ser fatal para um casamento feliz, como o câncer também pode ser para um órgão vital do organismo. Mas existem ocasiões em que é anormal para uma esposa ou um marido ter ciúmes.

• O Ciúme Como Emoção Protetora

Existem poucas pessoas que não tenham em certa ocasião experimentado a amargura do ciúme. Como o medo, o ciúme é uma emoção protetora. É como o assovio da chaleira que nos avisa que uma frustração de amor atingiu ao ponto de fervura. É a quantidade e a qualidade desse ciúme que expressamos, diante de uma situação, que determina se ele é normal ou anormal. Assim como uma pessoa pode ser justificada por estar com medo devido a certas circunstâncias, ela também pode tornar-se normalmente ciumenta, quando sua suspeita não é produto de imaginação mórbida, mas baseada em fatos.

• As Duas Espécies de Ciúme

(1) *O Ciúme que protege o amor* (que não produz o divórcio); (2) *O ciúme que adultera o amor* (capaz de dissolver casamentos).

Um homem que suspeitava da fidelidade da esposa veio ao meu consultório e me disse que havia tentado todos os meios possíveis para arrancar-lhe uma confissão, mas ela insistia em alegar que era inocente. Ele queria, então, que eu administrasse à esposa o "soro da verdade" e que em seguida lhe mostrasse com todos os detalhes a sua infidelidade, da qual teria certeza pela confissão que ela viria a fazer.

Fui obrigado a dizer-lhe que nenhum psiquiatra poderá fazer tal serviço de detetive. O psiquiatra não "extrai" confissões. Um psiquiatra não destrói pacientes com o propósito de fornecer ao marido, ou à mulher, bases para divórcio — ou para uma vida inteira de recriminações. Disse-lhe que qualquer coisa que sua esposa revelasse seria guardada confidencialmente e teria o fim exclusivo de ajudar a ambos a reabilitarem seu casamento. O marido saiu irritado do meu consultório...

A atitude e o comportamento do homem demonstraram que era ele quem necessitava de tratamento, pois estava sofrendo de um ciúme anormal de manifestação típica. Não estava interessado em restaurar o seu casamento, mas em satisfazer à sua curiosidade e à sua obcecação de vingança.

• Confissões de Infidelidade

Em minhas inúmeras experiências constatei que, quando um marido obtém da esposa a confissão de infidelidade, seu ciúme, embora justificado, se transforma em doentio e mórbido. É uma emoção diferente da anterior raiva normal. Alimenta-se da própria miséria.

Ele usa a confissão da mulher para torturá-la e torturar-se. Interroga-a, repetidas vezes, a respeito do assunto que lhe interessa. Quer saber todos os detalhes da infidelidade da companheira, até mesmo a técnica sexológica empregada.

• A Repercussão da Culpa do Marido

Diversos meses atrás uma senhora de meia idade se havia tornado complètamente inapetente e queixava-se da impossibilidade de conciliar o sono, afirmando que o marido, com a idade de 55 anos, a perseguia com acusações de infidelidade. Descobriu-se depois que o marido havia tido aventuras amorosas e que evidentemente estava descarregando a própria consciência atormentada. Isto é muito comum. Este caso ilustra, pelo constraste, a espécie de ciúme considerada anormal.

Muitos maridos, que acusam as esposas de infidelidade, sem fundamentos suficientes para a suspeita, traem deste modo a própria culpa em aventuras amorosas ou o medo de perderem a potencialidade sexual.

• O Senso do "Fair Play"(1)

No casamento deve haver o senso do "fair play". Nenhum marido deve fazer que a esposa se sinta agrilhoada como se tivesse bola e corrente no tornozelo, mas, não obstante, deve fazê-la compreender que é seu dever abrir mão de certas liberdades se na realidade deseja evitar complicações conjugais. O mesmo se aplica em relação aos maridos.

• Por que Provocar Complicações?

Pessoas que, sem motivos se comprometem a escrever amigavelmente a antigos namorados, provocam a justa espécie de ciúme. Existem milhares de divórcios em virtude de o marido ou a esposa apanharem uma carta que provoca animosidades. É anormal ter ciúmes quando o companheiro escreve ou recebe uma carta mais do que amigável. Aqueles que são indiscretos em expressar os seus sentimentos, quando escrevem, estão provocando aborrecimentos.

Uma pessoa pode, em relação à sua conduta numa reunião social, ser alegre sem estar beijando ou "agradando" as esposas ou os maridos de todo mundo. Este comportamento nunca é perdoável. Ao contrário, é uma violação da etiqueta, pois um respeitável anfitrião ou anfitriã espera que os seus convidados

---

1 "Fair play", em tradução literal, quer dizer: *jôgo lícito*. Mas aqui devemos traduzir a expressão pelo sentido dos conceitos e não pelo das palavras, motivo por que achamos que a expressão "concessões mútuas" corresponde cabalmente ao significado que o autor empresta a "fair play" (Nota da tradutora).

não se ofendam mutuamente e que não se comportem de maneira grosseira e vulgar.

Recentemente uma paciente me relatou como o marido, cuja elegância era acentuada pelo seu uniforme da Marinha, não largou de uma atraente oficial de uma entidade feminina e, depois de muito beber, acabou em "forte namoro". A esposa, por sua vez, estava sendo rodeada por um atraente homem casado, mas desencorajou-o, porque não era de opinião que dois errados poderiam fazer um certo. Os seus amigos começaram a aborrecê-la, com relação ao indiscreto namoro do marido, até que ela perdeu o controle e caminhou em direção ao companheiro e o informou que deveriam ir para casa. Ele zangou-se e esta sua atitude levou-os a um duelo de palavras. Depois, ele lhe torceu o braço, dizendo-lhe que já era tempo de deixar de ser loucamente ciumenta. Para que largasse de machucar-lhe o braço precisou mordê-lo e gritou, para divertimento de todos, que ele estava fazendo um papel de bobo.

O marido mais tarde concordou que o seu comportamento na festa havia sido inqualificável e que não teria gostado se o caso fosse ao inverso.

Todos somos normalmente sensíveis. No casamento é perigoso dar-se ao flerte, mesmo que pareça inocente e que não prejudique ninguém. É normal para o nosso companheiro sentir ciúmes, quando quebramos as regras das concessões. Contudo, quando as pessoas são inteligentes e consideram, reciprocamente, os seus sentimentos, não existe nunca o problema do ciúme.

• Não Tente, Deliberadamente, Provocar Ciúmes ao Marido

Algumas pessoas, porque se sentem desprezadas, pensam que se puderem tornar os maridos ciumentos poderão reacender neles a chama do amor. Tal estratégia geralmente dá em resultado conseqüências desastrosas, exatamente como acontece durante o noivado. Muitas moças têm perdido um marido em potencial porque passaram a tarde narrando as atrações de um admirador rival.

• Perdoar Quer Dizer Esquecer

Cada problema de ciúmes requer uma consideração individual. Existem numerosos casos de ciúmes justificados entre os veteranos que retornaram da guerra e descobriram que as esposas tinham sido infiéis. Em alguns casos os isolados episódios de infidelidade podem ser considerados como um "acidente" e, sendo assim, a esposa deverá ser perdoada. Perdoar, porém, quer dizer esquecer. Lembrar a outra pessoa as transgressões sentimentais passadas ou torturar-se com fantasias de vingança é, positivamente, um complexo de ciúme mórbido. A infidelidade depois do perdão é assunto inteiramente diferente e requer uma solução mais drástica.

Quando o Juiz Kovachy, de Cleveland, que durante seis meses julgou 3.500 casos de divórcios, foi entrevistado pela imprensa, afirmou que o problema do divórcio na Nação se havia tornado sério; que muitos veteranos de guerra, em virtude de as esposas terem ido ao cinema ou dançado com alguém do sexo oposto, haviam pedido divórcio e que muitas esposas consultaram advogados querendo o divórcio porque os soldados, maridos saudosos do lar, escreviam das trincheiras cartas para as antigas namoradas. O Juiz Kovachy aconselhava então um pouco de *perdão* e *esquecimento* para evitar a dissolução desses casamentos.

• Infidelidade

A infidelidade é a principal causa do número sempre crescente dos divórcios.

De acordo com Kinsey, "cerca da metade de todos os maridos têm relações com outras mulheres que não as esposas, durante algum tempo, enquanto casados".

Muitos chegaram à conclusão de que o divórcio é a única solução para os seus problemas. Enquanto as causas fundamentais da infidelidade não forem descobertas, no entanto, essas pessoas que conseguem o divórcio e tornam a se casar, geralmente se encontram na mesma situação em virtude de nunca terem resolvido os conflitos internos que causaram a infidelidade original.

A infidelidade, em muitos casos, é a expressão de um sintoma de oculta neurose básica. Para atendê-la, nos termos de suas reais implicações, os preconceitos morais precisam ser controlados. Cada caso de infidelidade deve ser avaliado de acordo com a série de circunstâncias físicas e emocionais que determinaram o seu aparecimento.

A infidelidade é um problema que necessita uma compreensão muito mais ampla do que se tem nos dias de hoje. Homens e mulheres deveriam saber quais as cautelas preventivas a tomar quando a infidelidade ameaça dissolver os seus casamentos. Necessitam estar preparados para quando ela chegar.

A maioria sente que isto não acontecerá em seu casamento, porém pode acontecer a qualquer um, ao normal como ao neurótico, ao feliz em seu casamento como ao infeliz. Um bom nadador pode morrer afogado. Todos nós somos potencialmente suscetíveis de dar expressão às nossas inclinações poligâmicas.

Poucas pessoas podem responder "sim" a esta questão:

– Será que eu seria sensato e agiria acertadamente se o meu companheiro fosse infiel?

Quando a infidelidade verdadeiramente acontece, aqueles que se encontram envolvidos se acham muito ligados ao problema e demasiadamente cegos para agir razoavelmente. Tanto homens como mulheres tornam-se histéricos.

• As Conseqüências da Infidelidade

Os crimes passionais são o resultado freqüente da infidelidade. Os suicídios ocorrem quando as pessoas não têm nenhuma noção do problema. Sentem que estão sofrendo a pior coisa que jamais lhes poderia ter acontecido e que suas vidas estão arruinadas. Assassinar o "outro homem" é uma ocorrência comum. Às vezes ambos, suicídio e assassínio, acontecem quando a situação "triângulo" atingiu o ponto explosivo.

Os jornais trazem violentos exemplos, tais como este: Uma mulher, esposa e mãe, deixou o marido para uma separação temporária. Durante a separação ela se aventurou a novo caso de amor. Com a instabilidade típica desses casos, este terminou em briga. A mulher declarou ao amante que iria voltar para o marido. Numa crise de ciúmes e raiva ele a alvejou, matou-a, suicidando-se em seguida. Tudo isso na presença de duas criancinhas.

Os casais que desdenham a possibilidade de uma infidelidade são como pilotos que somente sabem pilotar seus aviões quando o tempo está calmo. Quando as tempestades surgem, ficam desorientados. A vida dos passageiros depende do piloto. No casamento, as crianças são os passageiros. Elas dependem do juízo dos pais. Quando os adultos perdem o controle as crianças são vítimas inocentes do desastre.

• A Infidelidade Física

Quase todos os casos de infidelidade envolvem intimidades sexuais. Existem pouquíssimos casos de infidelidades *platônicas*, nas quais o marido ou a esposa marcam um encontro clandestino somente por mera amizade. Como a infidelidade envolve o problema do comportamento sexual, ele deve ou deveria estar a cargo de um psiquiatra. Infelizmente a maioria dos casos de infidelidade é liquidada pelo marido ou pela esposa, no auge do nervosismo, ou então pelos advogados no Tribunal da Justiça, onde a infidelidade desempenha o principal papel.

• O Mau Casamento

Geralmente o mau casamento é o resultado de uma união heterogênea. Ou o marido e a esposa não combinam emocionalmente — possuem personalidades opostas — ou são desajustados para um bom casamento em virtude de serem psicologicamente imaturos ou terem complexos neuróticos pré-conjugais. Sendo condicionadas a um ambiente de lar neurótico e a uma infância infeliz, essas pessoas são incapazes de cultivar uma afinidade amorosa normal com relação ao sexo oposto. Como resultado, pode presumir-se que o casamento foi neuroticamente motivado.

Durante muitos anos, após ouvir as dificuldades domésticas de diversas centenas de casais, tive oportunidade de observar os trágicos enganos cometidos por pacientes que impulsivamente escolheram o divórcio em vez de um ajustamento, e o bom proveito de outros que tentaram remediar a causa de suas incompatibilidades.

• Esposa Somente no Nome

Joan era filha única e agia sempre de acordo com sua vontade. Cresceu mimada e egoísta. Jim, seu marido, era submisso, fraco, gentil, ao passo que Joan era agressiva, autoritária e pouco feminina. Possuía um complexo paternal e era incapaz de aceitar no casamento o papel de esposa. O marido queixava-se de que Joan não desempenhava suas obrigações sexuais. Ela se considerava sua esposa apenas no nome e fazia o que bem entendia a ponto de, durante um passeio de férias, tornar-se infiel.

Foi-lhes sugerido, com o escopo de salvaguardar o casamento, que se submetessem à psicanálise. Ela se recusou, afirmando que nela não havia nada de errado, que o marido era um amante desajeitado e que a separação era a única resposta que poderia dar. Obteve seu divórcio no Reno.

Entrementes, o marido foi psicanalisado e apercebeu-se de suas deficiências, corrigiu-as e foi ao encontro de nova vida. O Destino foi bondoso para com ele. Encontrou, dessa vez, o tipo de moça adequado e depois de melhor julgamento na seleção de uma companheira, casou-se com ela. É agora completamente feliz.

Joan, por sua vez, não foi bem sucedida depois do divórcio. As cartas que enviou a Jim demonstraram claramente que tinha achado o divórcio um triste erro. Enquanto ela não se encontrar a si própria, através da auto-análise ou de uma orientação profissional, continuará a fazer outros maridos infelizes.

• Como Pode ser Salvo um Mau Casamento?

O mau casamento pode ser evitado através de um destes dois meios:

1. Através de um plano mútuo de auto-análise, do cultivo de novo conhecimento íntimo e a prática da necessária disciplina.
2. Através do auxílio de um psiquiatra ou de um conselheiro matrimonial se a incompatibilidade envolver conflitos profundos ou se fracassarem os esforços pessoais dos cônjuges para salvar o casamento.

Muitos casais temem relatar seus problemas a um psiquiatra ou a um psicanalista, pensando que lhes será dito que o divórcio é a única solução. Muito ao contrário. O médico faz tudo que é possível para levar, marido e mulher, a relações mais harmoniosas. É possível que com este método de aproximação, usado para sanar as dificuldades conjugais de um casal que está à beira de se separar, Você possa adquirir uma técnica similar que poderá solucionar seu problema conjugal sem precisar recorrer a um auxílio externo.

• A Cooperação é Necessária

O *primeiro passo* é determinar, de acordo com as descrições dos casamentos maus e impossíveis, exatamente onde o seu se encontra. Se é um mau casamento e ambos estão dispostos a cooperar para mudar a situação, principie não esperando demais da outra pessoa. Lembre-se de que a compatibilidade doméstica é alguma coisa que Você trabalha para conseguir e não uma coisa fictícia que lê nas novelas. Você não precisa fazer um esforço supremo para atingir a perfeição, a qual, incidentalmente, é uma neurose em si.

• Ser Feliz é ser Humano

As pessoas que insistem em fazer tudo de maneira precisa são obnóxias.

Lembro-me de uma paciente que tentava tão insistentemente melhorar a dicção de seu marido; que era tão ávida para corrigir as falhas dos outros e que mantinha seu filho sob tão perfeito controle, que acabou por provocar a inimizade do marido, dos amigos e do filho. É preciso ser condescendente para com as faltas dos outros.

Não se pode esperar que o marido ou a esposa acate todos os seus caprichos, que pense como Você e que atenda a todas as suas exigências, algumas das quais podem ser desarrazoadas. Esta espécie de possessibilidade conduz a um mau casamento. Todo marido e toda esposa estão obrigados a se agarrar a uma certa porção da sua individualidade pré-conjugal. Os casais às vezes são infelizes porque a esposa espera que o marido constantemente conserve uma auréola sobre a cabeça ou então o marido quer que brote na esposa um par de asas angelicais. Você deve permitir o que pode ser chamado de "incompatibilidade normal".

- **Olhe-se Intimamente**

O *primeiro passo* é a auto-análise. Execute um bom trabalho. Faça a Você mesmo estas perguntas:

— Qual a espécie de relações que existia entre meu pai e minha mãe?

— Eles se amavam?

— Se meus pais são divorciados, que efeito teve em mim um lar desmanchado?

— Venho de uma família neurótica?

— Na infância, como era o ambiente do meu lar?

Tais informações poderão capacitá-lo a descobrir a origem da sua infelicidade conjugal — as influências neuróticas persistem em sua vida conjugal.

Examinando meus relatórios, descobri que muitas vezes uma **esposa, que é ansiosa para obter o divórcio,** vem de pais divorciados. **O mesmo é verdade para com os maridos** que culpam as **esposas pelo fracasso do casamento.** É mais do que coincidência que pessoas que tiveram os seus lares desfeitos sejam mais suscetíveis à infelicidade conjugal; daí é que se torna importante a tomada de um inventário de sua pessoa para ter-se a certeza se a infelicidade dos pais ou as frustrações sofridas na sua infância não influenciam inconscientemente suas atitudes presentes, para com o amor, o sexo e o casamento.

- **As Respostas Poderão Dar-lhe Uma Pista Valiosa**

Pergunte a Você:

— Que espécie de pessoa era eu antes de me casar?

— Era infeliz?

— Por que me casei?

— Tenho sido um auxílio ou um impedimento para o meu companheiro?

— As pessoas gostam de mim?

— Quais os defeitos de personalidade que possuo?

— São normais minhas atitudes com relação ao sexo?

Se Você responder honestamente a estas perguntas, poderá descobrir a razão para muitas das suas dificuldades.

• Faça um Conceito Geral de sua Pessoa

A despeito do que seja a outra pessoa, Você precisa trabalhar em si mesmo. Em três ou seis meses de auto-aquisição de conhecimento íntimo, de autodisciplina e determinação, Você pode tornar-se uma pessoa melhor. *O único caminho seguro para modificar o seu marido ou sua esposa é modificar-se a si mesmo.* Fique em paz com sua consciência e terá comprado sua parte no negócio — terá feito, em suma, o possível para tornar seu companheiro feliz. A auto-análise e o seu próprio melhoramento serão os primeiros passos para a solução de um mau casamento.

Se Você já cultivou suficiente conhecimento íntimo, no interior da sua própria estrutura emocional, então deverá estar apto para apreciar os fatores da vida pregressa de seu marido ou de sua esposa que são responsáveis pela incompatibilidade atual. Tente discutir as suas conclusões com o companheiro, de maneira diplomática, sem assumir um ar de superioridade ou de pouca importância.

Você se tornará mais tolerante quando avaliar o comportamento do companheiro baseando-se nas motivações que remontam aos antecedentes da família e à infância. O mal de muitos casais infelizes reside no fato de que eles são cegos para com as próprias deficiências de personalidade e projetam sobre a outra pessoa sua infelicidade pré-conjugal. Toda conversação desagradável deverá ser eliminada se Você deseja alcançar a felicidade no casamento. Você poderá aconselhar o outro cônjuge sem tornar-se emocionalmente envolvido; basta lembrar-se de que deverá ficar calmo e controlado.

Os indivíduos afortunados, que encontraram o segredo do auto-ajustamento e tiveram êxito no seu trabalho de *auto-avaliação geral*, via de regra, são bem sucedidos na orientação de outras pessoas. O conhecimento da natureza humana os capacita a darem-se bem com quase todos. Quando se defrontam com uma situação por demais difícil, eles têm a inteligência de ir em busca de um conselho competente.

• Procure Ajuda se Você Tiver Necessidade

O último passo para salvar um mau casamento é consultar algum psiquiatra, caso Você já tenha tentado tudo e fracassado. Ele estará mais apto a ajudá-lo a tomar uma decisão correspondente às circunstâncias específicas do seu caso. Lembre-se de que ele está melhor equipado do que Você para decidir qual o seu próximo passo. Pelo menos Você sentirá que fez todo o possível para evitar as conseqüências desastrosas de um divórcio.

• Os Neuróticos Raramente Admitem que São Culpados

George, um jovem engenheiro, me consultou em busca de conselhos sobre a melhor maneira de lidar com a esposa, que descreveu como sendo "egoísta, mimada e hipocondríaca". Afirmou que Ruth tinha sido filha única, que suas vontades eram sempre satisfeitas e que estava inclinada a ser superagressiva. Ela até se jactava de ser capaz de conseguir tudo que desejava. Ainda adolescente, Ruth decidiu conquistar determinado homem. Teve êxito, casou-se com ele. Contudo, quando tentou dominá-lo, ele a achou intolerável e foi para o Reno. Depois do divórcio Ruth se casou com George e uma vez mais deu expansão às suas histéricas cenas de cólera, submetendo o marido a desnecessárias injúrias. Ela era extremamente sensível. Quando George chegava do trabalho, implicava com ele por pequenas coisas e deixava transparecer um desarrazoado ciúme todas as vezes que ele agia amigavelmente durante uma reunião social.

Entrementes, queixava-se sempre da saúde, mudava freqüentemente de médico e lamentava-se de tudo, desde enxaqueca até dores nos pés. Com o passar do tempo, George começou a impor-se. Deixava transparecer a sua intolerância, não acatando os caprichos neuróticos da esposa.

Conversando com Ruth, ela tentou convencer-me de que George era uma pessoa fraca que queria fazer dela uma mãe — que não queria assumir as responsabilidades da vida conjugal e era tudo menos um homem na técnica de praticar o amor. Parte disso era verdade. Ele era submisso, acanhado e inclinado a esquivar-se dos deveres de marido. Contudo, amesquinhando-o, ela não ajudava a melhorar a situação. Foi-lhe feito compreender que a hostilidade que dispensava ao marido era meramente uma cobertura da culpa que ela inconsciente experimentou em virtude das próprias deficiências como esposa. O marido ou a esposa neuróticos sempre atribuem ao outro a culpa pelo casamento infeliz. Raramente admitem a própria culpa.

Não obstante, George e Ruth chegaram a uma compreensão de que o único meio para salvar o casamento era livrarem-se das tendências neuróticas, remanescentes de suas infâncias neuróticas.

Faziam concessões um ao outro e abordavam os seus desacordos sem se tornarem emocionalmente aborrecidos. Isso fez enorme diferença. George teve menor número de contas do médico para pagar e Ruth encontrou uma tranqüilidade íntima como nunca havia sentido antes. Tornou-se menos egocêntrica e gostou mais de viajar como passageira do que na direção do casamento, uma vez que o marido se havia tornado um excelente motorista.

• O Casamento Comum

A maioria dos casamentos, felizmente, faz parte de um grupo comum. No casamento comum os casais se combinam razoavelmente bem. Marido e esposa aprendem a ajustar-se um ao outro. Seus desentendimentos não são muito sérios, eles não se podem vangloriar de possuir uma felicidade completa mas também não são particularmente infelizes. O casamento lhes proporciona *cinqüenta* a *setenta e cinco* por cento de satisfação, geralmente centralizada no comando do lar, educação dos filhos, segura vida financeira, férias periódicas, um círculo de amigos e acordo mútuo para aceitar corajosamente o que acontecer.

• Como Permanecer Feliz no Casamento

Muitas das infelizes situações que aparecem no casamento podem ser evitadas se o marido e a esposa adotarem uma filosofia de consideração mútua. Toda a boa filosofia necessita de uma expressão prática e diária para manter-se viva.

Aqui vão algumas sugestões que verifiquei serem úteis para os casais que não querem continuar apenas casados, mas que desejam ter no casamento um grande prazer:

1. Limite a crítica ao mínimo. Tente entender a psicologia do sexo oposto. Existem características de ambos os sexos que nos têm sido transmitidas desde o princípio dos tempos. Por exemplo: muitos homens gostam de se sentir importantes. Gostam de ser elogiados, encorajados e inspirados. Muitas mulheres cometem o erro fatal de

diminuir os maridos em vez de os fazerem sentir que são as pessoas mais importantes da família. Os psiquiatras chamam o processo de a esposa submeter o marido à sua vontade de "castração". Assim procedendo a esposa derrota-se a si mesma. Perde o amor do marido e começa a desprezar-se a si própria. As mulheres normais não desejam ter domínio sobre o homem. A maioria delas prefere considerá-los como seus protetores.

Existem também nas mulheres coisas peculiares que os homens deixam de reconhecer. As mulheres desejam sentir-se seguras. Um homem não pode maltratar uma mulher e safar-se. Sempre alguma coisa acontece. As mulheres são como as flores que necessitam da Natureza e da luz do sol. Querem ser tratadas como namoradas e de vez em quando elogiadas. A segurança material não é bastante. Querem sentir-se amadas e responsáveis em parte pelo sucesso dos maridos. Os homens também devem compreender que as esposas não gostam de desempenhar o papel de mãe de seus maridos. Elas desejam levantar os olhos para o homem e respeitá-lo pela sua masculinidade. O marido que age como uma criança não pode esperar que a esposa o respeite. Espera-se que um homem seja um homem em todo o sentido da palavra, mesmo que ele possa apenas representar o papel.

2. Adote para os argumentos a técnica do tribunal: ponha-os em discussão. Para discutir-se é necessário o concurso de duas pessoas. Se Você não pode discutir suas diferenças, conservando as emoções sob controle, não as discuta de uma vez. Costumeiramente elas são de pequena importância. Pelo menos espere até que Você se acalme ou que esteja apto a falar sem tornar-se agressivo e pessoal. É preciso aprender a distinguir uma contenda de uma discussão tranqüila. Se a outra pessoa insiste em discutir, recuse-se a imitar o que é neurótico.

3. Dê à conversação o seu devido valor; torne-a agradável, cortando os rosários de queixas, dos mal-estares e das preocupações. A pessoa comum rebela-se contra aquele que está sempre encontrando uma falta, que continuadamente se queixa da saúde e corre para os médicos, que resmunga contra o seu emprego e as responsabilidades do lar.

4. Ponha um ponto final no mau-humor, nas profanações, nos insultos, antes que eles se tornem um hábito.

5. Examine-se a si mesmo à procura dos seus próprios erros quando estiver tentado a ficar pensando nos de outra pessoa.

6. Acabe com o impulso de levantar suspeitas e ciúmes no outro com rumores de flertes.

7. Divirtam-se, porém juntos; o casamento às vezes se esboroa por falta de coparticipação nos divertimentos para dar ao casamento certo brilho.

8. No caso de uma infidelidade, trate dela como se fosse uma doença de família. Não dê tiros. Não recorra aos calmantes ou à garrafa. Não vá correndo atrás de um advogado para conseguir um divórcio rápido. Consulte um conselheiro matrimonial. Como em geral as esposas são as que mais sofrem por uma traição deveriam elas ter um interesse correspondentemente forte em conhecer as razões que causaram a infidelidade, bem como os meios capazes de a prevenir.

Evitar é a mais sábia das curas. Aqui muito depende da esposa. Ela é a figura principal da casa e se estiver ciente da pressão dos tempos de hoje, das tensões e da competição que o marido precisa enfrentar, pode contrabalançar grande parte do seu esforço com uma personalidade bondosa e tolerante.

As qualidades são a sua mais efetiva defesa na segurança de sua família. Elas atraem e retêm o calor como uma lareira numa noite fria e escura.

9. Faça do casamento uma sociedade. Isso requer cooperação e não um esforço competidor para alcançar a supremacia. Você não pode moldar a outra pessoa à sua maneira de pensar. Além do fato de existir uma relação entre marido e mulher, cada um é um livre-pensador e tem o direito de, como pessoa, manter certas prerrogativas. A dominação é tirania. A combinação de um marido dominador e uma esposa submissa é incompatível com a inteligência. O marido e a esposa normais respeitam o companheiro como um ser humano, inteligente e sensível. Você não pode ser dono da outra pessoa como o é de um automóvel. O amor possessivo é anormal. O amor verdadeiro é altruístico em qualidade e incorpora os desejos da pessoa bem-amada.

10. Se existe alguma incompatibilidade sexual, alguma coisa deve ser feita a respeito. Os casais que não se

dão bem fisicamente estão sempre brigando. Uma esposa frígida é propensa a ser sádica e a ter gênio difícil. Um marido, que é sexualmente inadequado, pode tornar-se um lamuriador, sempre queixando-se de sua fraca saúde. Não existe desculpa para a infelicidade sexual. Existem livros que contêm orientações sexuais científicas para serem lidas e psiquiatras que podem ajudá-lo se o seu problema sexual for complicado.

11. Para ser feliz é preciso que Você tenha afinidade com as pessoas e com o mundo que o cerca. Para conseguir a felicidade Você não deve depender inteiramente de outra pessoa; deve cultivar interesses externos para estimular sua vida conjugal. Nós admiramos as pessoas que sabem ser independentes. Ninguém gosta de um companheiro que se parece com "uma planta trepadeira". Aprenda a costurar, a ler livros; cultive um "hobby" qualquer, ingresse num clube, faça um curso em alguma universidade – *faça alguma coisa.* As pessoas infelizes no casamento são preguiçosas. Têm sempre uma desculpa para sua infelicidade. A maioria lhe dirá:

– Minha vida inteira teria sido diferente se me tivesse casado com outra pessoa.

É preciso que Você esteja a coberto contra alibis desta espécie. Numerosos casais, quando são neuróticos, assumem uma atitude de quem caiu em cilada e, por nem um e nem outro mudar, se julgam sentenciados à infelicidade eterna. Em vez de esperar pela modificação dos *outros,* devem eles modificar-se a *si próprios.*

SESSÃO 15

QUÃO NECESSÁRIO É O SEXO?

• O Sexo e a Saúde

O sexo desempenha papel muito mais importante na nossa saúde física e mental do que Você possa ter idéia ou queira admitir. Um dos fatôres dominantes da vida é nosso instinto sexual formado primariamente de dois componentes:

1. Um ímpeto primitivo para *reproduzir.*
2. Um estético impulso para *amar.*

Freud referia-se a êste impulso sexual como "libido". Ele afirmava que muitos dos nossos distúrbios mentais e nervosos podem ser causados por repressões sexuais — a necessidade de libertar as tensões emocionais que se encontram aprisionadas.

• A Felicidade Sexual Está Relacionada com a Felicidade da Personalidade

A saúde emocional depende de uma inteligente orientação do aspecto sexual da sua vida.

"Depois da fome, o mais poderoso dos instintos humanos é o sexo", escreveu o Dr. Peter Marshall. "Você não pode fugir dele, porque Você foi feito assim. Corre pelo seu sangue, canta na sua garganta e brilha nos seus olhos. O sexo poderá ser a mais agradável coisa da sua vida — ou poderá ser a mais repugnante — dependendo da maneira como dele Você faz uso ou abuso."

As pessoas entregam-se às atividades sexuais não apenas pela felicidade da paternidade, mas também como uma expressão de amor e ainda pelo prazer e satisfação que ele proporciona. Vários dos grandes feitos na Arte, na Música, na Literatura e na Ciência foram enraizados inspiradoramente na expressão ou na sublimação do impulso sexual.

De forma contrária, muita infelicidade tem sido o resultado de frustrações que surgiram direta ou indiretamente de dificuldades sexuais. Calcula-se, por exemplo, que quatro quintos de todos os divórcios são causados pela incompatibilidade sexual.

• Doença Sexual Causa a Doença Física

As desordens sexuais são também capazes de produzir numerosos males psicossomáticos. Os sentimentos exagerados de culpa, em conexão com o que Você faz e mesmo o que Você *pensa* sexualmente, podem torná-lo doente. A doença da alma pode acarretar a doença do corpo. Não é na realidade o que Você faz sexualmente, mas sim a culpa auto-infligida que o torna doente. A culpa sexual pode ser inteiramente inconsciente. Você poderá dizer:

— Não me sinto culpado de nada do que fiz.

Mas os sintomas que o levam a um consultório médico contam uma história diferente.

• A Necessidade do Esclarecimento Sexual

Na maioria dos casos, os desajustamentos sexuais tiveram seu verdadeiro princípio numa vida distante, na infância. Eis por que a educação sexual é tão *necessária,* em qualquer plano, para um bom viver. Graças aos pioneiros Freud, Stekel e outros, que expuseram a inter-relação entre o sexo e a saúde, estamos cientes da necessidade do conhecimento sexual. Este esclarecimento quer dizer o término de muito sofrimento desnecessário.

A falsa modéstia social, com relação aos assuntos sexuais, tem sua origem em antigos tabus que infringem a Lógica e a experiência. A ignorância sexual é uma loucura perniciosa — uma dispendiosa desilusão que condena milhares de vidas a uma infelicidade desnecessária.

• A Ignorância Sexual é Dispendiosa

A ignorância que campeia por toda parte, sobre um dos mais importantes aspectos do comportamento humano, tem deixado no seu rastro um ônus de miséria humana. Explica em parte o tratamento obsceno e não-científico dos assuntos sexuais, contidos nos chamados "livros cômicos" e na baixa literatura largamente difundida sobre o sexo. Isto constitui barreira para a adoção das medidas construtivas que uma sociedade bem informada poderia empreender no sentido de esclarecer milhões de desajustamentos sexuais.

• A Necessidade de Ser Realista

Nossa atitude social-atual com relação ao sexo deve ser *realística.* A importância do esclarecimento sexual, como um passo necessário para obter-se êxito no desafio à incidência crescente dos desajustamentos sexuais, é acertadamente expressada pelo Professor de Sociologia da Universidade de Columbia, Robert MacIver, que assim escreve:

> Não devemos temer a verdade a respeito do comportamento humano. O conhecimento dos fatos não causa imoralidade, mas removerá falsos receios e expectativas temerárias. Distinguirá os verdadeiros perigos daqueles que são imaginários. Todos nós concordamos que uma orientação não esclarecida é má quando se trata da saúde física. Precisamos aprender que não é menos má quando a saúde moral é a conseqüência. Somente através do conhecimento dos fatos poderemos cuidar inteligentemente dos sérios problemas da personalidade que surgem na área das relações sexuais.[1]

Quando a necessidade da educação sobre os princípios do sexo tornar-se universal, o ser humano transporá um marco do progresso médico. Um mundo mais saudável, habitado por gerações mais sadias, será a recompensa, pois este é o propósito social da Ciência.

• Incapacidade Sexual do Homem (Impotência)

O Dr. Wilhelm Stekel, autoridade mundial, escreveu:

> Nos homens a *incapacidade para amar* está aumentando de maneira alarmante, e a impotência tornou-se um distúrbio associado à civilização moderna. Todo ho-

1 MacIver, R., *Sex and Social Attitudes*, About the Kinsey Report, New American Library of World Literature, Inc., New York: 1948.

mem impotente forma o núcleo de uma tragédia amorosa, pois a impotência torna o casamento impossível ou poderá ser a sua causa destruidora; mina também a saúde da mulher e tem igualmente efeito pernicioso sobre a saúde mental de ambos, marido e mulher. É difícil exagerar a porcentagem dos homens relativamente impotentes. Constatei, nas minhas experiências, que menos da metade de todos os homens civilizados goza de uma potência normal.

Os fatores causadores da impotência. O problema da impotência é muito complexo, principalmente porque existem muitas variações e graus de impotência. Na maioria dos casos, a impotência é derivada a fatores *psicológicos*. Ela representa a conseqüência de um sintoma de conflito profundamente arraigado e não superado ou poderá ser o resultado de influências inibitórias — vergonha, ignorância sexual, medo, sentimento de culpa, desgostos, infelicidade, indisposição repentina, inexperiência no amor, insegurança, atitudes errôneas com relação ao sexo, autopiedade, masoquismo, sadismo (desejo de punir a outra pessoa), medo de causar dor à mulher, medo de tornar a mulher grávida, o receio de ser interrompido durante o coito, conflitos que envolvam a censura religiosa ou paternal, ciúme, hostilidade e outras causas numerosas.

Ejaculação prematura: A ejaculação rápida é o tipo mais comum da incapacidade sexual. Compreende um coito sem êxito, deixando a mulher insatisfeita. É geralmente causada por um conflito existente entre o impulso de satisfazer o desejo sexual e uma força oposta — a inibição de tal impulso.

Apatia Sexual: A indiferença sexual é outra forma de impotência.

Os problemas da impotência podem ser responsáveis por uma multiplicidade de males físicos, e invariavelmente influenciam a personalidade.

Os homens impotentes geralmente se tornam *hiponcondríacos*. Vão a muitos médicos e sofrem de uma variedade de males — insônia, fadiga, depressão, perda de apetite, indigestão, dores de cabeça, nervosismo, tensão e são difíceis de se darem bem com as pessoas.

Os maridos que sofrem de impotência se sentem culpados pela incapacidade de satisfazerem suas esposas. Tornam-se envergonhados e humilhados quando suas tentativas terminam em fracasso. As esposas devem ser prevenidas a não censurá-los àsperamente, a não ridicularizá-los ou humilhá-los por causa da sua incapacidade sexual. As reações de desapontamentos apenas contribuem para piorar as coisas e fazer que o marido se sinta mais inferior, inadequado e culpado, o que por sua vez ressalta o sintoma.

A impotência causada por fatores profundamente arraigados no inconsciente requer um tratamento psiquiátrico. O prognóstico é essencialmente bom. A duração do tratamento depende de cada caso individual. Alguns casos de impotência respondem favoravelmente a uma análise ligeira, enquanto outros exigem uma terapia psicológica profunda, durante prolongado período de tempo.

• A Incapacidade Sexual na Mulher (Frigidez)

A frigidez é um *sintoma de distúrbio* no desenvolvimento psicossexual da mulher, que lhe causa dificuldade para alcançar o *orgasmo sexual* durante a relação coito. É a perturbação mais comum entre as mulheres. Um pesquisador relata que quarenta por cento de todas as mulheres casadas obtêm pouco ou nenhum prazer no ato sexual.

Incidentalmente, a frigidez não se refere necessariamente à *frieza sexual* nas relações sexuais por parte da mulher, como o termo possa implicar. A mulher frígida está bloqueada de gozar sexualmente, por causa de suas inibições, repressões e incapacidade de dar expansão a uma inteira expressão dos seus ardentes desejos sexuais. A frigidez num sentido é uma forma de autonegação.

Existem muitos *tipos* de frigidez. As causas dependem do tipo envolvido.

Frigidez relativa. Refere-se a uma *incapacidade do orgasmo* causada por um marido sexualmente inadequado. Quando o problema do marido é corrigido e sua técnica melhorada, a esposa pode experimentar satisfação.

Pseudofrigidez. Este é um tipo causado pela inibição, pudicícia, falsa modéstia, medos de espécies várias e ignorância sexual. Com a reeducação apropriada das atitudes e um esclarecimento interno adequado, relativamente aos complexos que interferem na sua reação, a mulher logo poderá cultivar a capacidade de gozo nas relações sexuais.

Frigidez causada pelo Narcisismo. Esta é uma espécie mais extrema de frigidez. Um exemplo é aquele em que a mulher bela considera o sexo como alguma coisa *sórdida*. Desejaria que não houvesse necessidade de entregar-se ao marido. A menstruação é geralmente considerada por estas pessoas como uma "maldição". Algumas mulheres lindas são frígidas. Estão enamoradas de si próprias — apaixonadas pelo seu rosto e pelo seu corpo — e são incapazes de concentrar-se durante o ato sexual. O seu pensamento está preso a outras coisas.

Mulheres lindas apaixonadas por si próprias. Entrevistei diversas pacientes cujos rendimentos como modelos profissionais eram bem altos. Seus maridos se queixavam da sua indiferença para com o sexo. Muitas mulheres bonitas, que têm sido muito elogiadas, acreditam que todos os homens são iguais — todos seguem a mesma "rotina". Estando sempre sujeitas a constantes elogios elas desenvolvem uma fixação de sua "libido" ao nível do *narcisismo.* São incapazes de esquecer que são bonitas. Durante as relações sexuais estão mais preocupadas em conservar seus cabelos em ordem do que em obter a satisfação através do ato sexual.

Soube de uma esposa que esmaltava as unhas durante as relações conjugais. O marido sabia que ela era sexualmente fria, mas nunca pensou que fosse tão indiferente. Outro marido me contou que a esposa continuava a ler o seu livro enquanto se entregava a ele. Outra desejava ter o seu bebê através de uma operação cesariana e não pelo meio natural, porque não queria que sua anatomia sexual sofresse modificações de nenhum modo.

Uma moça extremamente bela, casada pela terceira vez, foi-me encaminhada para uma apreciação psiquiátrica relativa às suas queixas físicas. Dizia ter fortes dores de cabeça, fadiga e desconforto físico. Quando a questionei a respeito da sua vida sexual, ela se tornou bem embaraçada e relutante em discutir o assunto. Finalmente, contou-me que ainda era virgem. Perguntei o que queria dizer com isso. Ela então me disse que nunca havia permitido, a nenhum dos seus três maridos, relações sexuais. Considerava sórdido o sexo.

A culpa pode causar a frigidez na mulher. Muitas mulheres, por abrigarem alguma culpa, passada ou presente, com relação ao sexo, são incapazes de entregar-se aos prazeres do ato sexual.

As mulheres promíscuas são propensas a sofrer de incapacidade do orgasmo devido ao sentimento de culpa resultante de suas dissipações.

A hostilidade interfere com a responsabilidade sexual. A esposa, que abriga forte sentimento de hostilidade para com o marido, naturalmente acha mais difícil atingir o clímax do que aquela que *ama* o marido.

A frigidez é geralmente encontrada em mulheres beligerantes, nervosas, tensas e intranqüilas. Muitas delas são incapazes de se concentrar durante a relação sexual com os maridos.

As esposas frígidas, como resultado da sua falta de satisfação sexual, são geralmente sádicas. Implicam e discutem por trivialidades. Quase todas as mulheres frígidas são altamente nervosas e possuem uma personalidade neurótica.

A *"vontade de não sentir prazer"*. As mulheres, que são incapazes de encontrar prazer nas relações sexuais, desconhecem a razão subconsciente disto. Algumas acreditam que *nasceram* frígidas e estão resignadas com o destino. Desempenham as obrigações físicas de maneira mecânica e apática — é mais um *dever* do que alguma coisa realmente desejada. O Dr. Wilhelm Stekel chama isto de "vontade de não sentir prazer". A chamada esposa-virgem está na verdade dizendo na linguagem do seu subconsciente: *Como esposa cumpridora dos deveres devo me entregar, mas ele não poderá fazer que eu sinta satisfação nisto.*

• Os Maridos São às Vezes os Culpados

Muitos maridos são tão inadequados para serem bons companheiros sexuais que se tornam os responsáveis de suas esposas se virarem contra o sexo. A esposa depende do marido para ser instruída em todos os assuntos a respeito de sexo. Muitos maridos, porém, são maus professores. Restringem-se muito a si mesmos. O Dr. Louis Bisch alega que a mulher é como um fino instrumento musical. Ele aconselha: "Aprenda a tocá-lo que Você terá a música que deseja." Muitos homens acreditam que o sexo é puramente físico. De acordo com o Dr. Bisch as correlações mentais e emocionais são decididamente as mais importantes.

É geralmente impossível a uma esposa ser uma companheira sexual satisfatória se o marido é inadequado. Conseqüentemente, é dever do marido ir em busca de orientação profissional, caso seja inexperiente, e insistir para que a mulher investigue a causa da sua frigidez, especialmente porque a satisfação sexual é essencial a um casamento feliz.

• Homossexualidade

Hoje em dia a homossexualidade constitui um dos mais importantes problemas sociológicos da civilização moderna. Existe em pessoas de todas as classes — no pobre e no rico, no ignorante e no intelectual, no solteiro e no casado, no jovem e no velho.

A homossexualidade é *sintoma* de uma neurose profundamente arraigada que pode ter a sua causa no desenvolvimento de relações neuróticas com certos membros da família. Não se trata de uma condição herdada e nem de uma doença. A demonstração médica tende a desaprovar a existência de qualquer glândula causadora da homossexualidade. É uma forma de comportamento sexual adquirida, é mais uma resultante de caráter *psicológico* do que de forças físicas. Conquanto os homossexuais sejam viris e fìsicamente saudáveis, possuindo órgãos sexuais normais, eles se encontram incapacitados de experimentar um desejo normal para com o sexo oposto. Há aqueles, naturalmente, que são bissexuais e capazes de manter relações sexuais com qualquer dos sexos. Muitos deles se casam para camuflar suas inclinações homossexuais. Alguns se casam com a esperança de que o casamento lhes traga uma solução para seu problema homossexual — pensam que, enquanto tiverem acesso às relações heterossexuais, estarão menos inclinados a achar as atividades homossexuais convidativas.

Causas da homossexualidade. Não existe uma única teoria que possa explicar adequadamente a causa desta aberração. O que possa causar a homossexualidade, em uma pessoa, talvez não se aplique a outra. Se a criança cultiva ou não tendências homossexuais depende de um número de fatores contributórios — a influência dos pais, experiências de natureza sexual durante a infância ou prematura adolescência, sentimentos de inferioridade associados a obstáculos específicos e relações pessoais no próprio ambiente do lar; também uma suscetibilidade às influências dentro da comunidade e exposição a situações que ameaçam o sentido de segurança, tal como a morte da mãe ou do pai, incompatibilidade parental, resultante do divórcio de seus pais e influências de pais que eram neuróticos ou psicopatas.

Estamos gratos à Psicanálise pela melhor compreensão da psicologia da homossexualidade. Tem sido demonstrado, por exemplo, que os padrões de homossexualidade nos homens aparecem em geral como resultado de um filho excessivamente agarrado à mãe — é o que Freud chama de "Complexo de Édipo". Uma criança do sexo masculino pode desenvolver tendências femininas porque se identifica com a mãe ou irmã e as imita. Os pais as vezes encorajam essas identificações nos filhos, não sabendo das possíveis conseqüências relativas ao seu desenvolvimento sexual. Considerando tais padrões nas crianças, Clara Thompson nos informa:

> Uma influência determinante e muito importante no desenvolvimento da homossexualidade é a da percepção da criança sobre o desapontamento que foi o seu sexo para seus pais, especialmente se este desapontamento os leva a tratar a criança como se fosse do sexo oposto.[1]

---

1 Clara Thompson, *Changing Concepts of Homosexuality, A Study of Interpersonal Relations*, edited by Patrick Mullaby (New York: Hermitage Press, 1949).

As mães são às vezes culpadas de "infectarem os seus filhos com demasiado maternalismo", para usar a expressão do Dr. Streck. Estas "mamãezinhas" excessivamente solícitas não sabem que o excesso de amor para com uma criança do sexo masculino é equivalente a um número demasiado de torrões de açúcar numa xícara de café. Torna-se doentiamente açucarado. Os meninos se rebelam contra as mães que querem torná-los substitutos de seus maridos. Recusam-se a serem olhados como "mariquinhas" pelos outros meninos. É este sentimento básico de inferioridade no menino, alimentado pela mãe bem intencionada, mas não obstante prejudicial, que é responsável pelo desenvolvimento de um padrão de homossexualidade na adolescência e na vida adulta.

A homossexualidade é manifestação de imaturidade sexual. Quase todos os homossexuais são sexualmente imaturos, neuróticos, intimamente crianças, famintos de amor e frustrados. São inclinados a temer o sexo oposto. Seu comportamento sexual representa uma regressão à infância, uma retirada das responsabilidades biológicas assumidas por aquele que é heterossexual. Eles são *narcisistas,* visto que seus próprios prazeres estão em primeiro lugar, independente do que os outros pensem de sua conduta.

Os homossexuais não entendem suas motivações inconscientes. Os homossexuais, como um grupo, não entendem seu "inconsciente". Daí a dificuldade que encontram para ministrar a autodisciplina com êxito. Muitos dos homossexuais declarados negam experimentar um sentimento de culpa, mas sofrem uma multiplicidade de distúrbios neuróticos para os quais buscam auxílio médico. Podem-se queixar de estados de depressão, dores de cabeça, fadiga, insônias, perturbações digestivas, dores nas proximidades do coração, desmaios, tonturas etc. Vão aos seus médicos em busca de alívio, desconhecendo o papel que a ansiedade e a culpa, associados à sua homossexualidade, representam no cultivo dos sintomas dos quais se queixam. Ocasionalmente as experiências homossexuais podem resultar na precipitação de uma *psicose.* Esta, em si mesma, é razão suficiente por que os homossexuais necessitam de um tratamento psiquiátrico.

Pseudonarcisismo. Numa tentativa para compensar seus sentimentos de inferioridade, muitos homossexuais cultivam um pseudonarcisismo (sentimentos falsos de superioridade). Eles fazem parte dos pseudo-intelectuais, que preferem viver nos bairros boêmios de uma grande cidade e se metem em Arte e Literatura. Embora alguns sejam talentosos e bem dotados, existem muitos que jamais atingem um degrau do sucesso por causa da sua infelicidade ocultar frustrações crônicas. Eles tentam justificar sua homossexualidade com a alegação de que muitos artistas e escritores foram homossexuais.

Uma educação sexual, apropriada e acessível em nossas escolas e universidades, poderá contribuir em muito para prevenir a homossexualidade. As condições de origem psicológica somente poderão ser tratadas com êxito através de métodos psicológicos. Eis por que a Psicanálise hoje oferece ao homossexual uma das maiores esperanças para uma cura duradoura. Deve-se fazer que o homossexual compreenda as causas psicológicas de suas aflições.

• Desvios Sexuais Diversos

Existem muitas aberrações sexuais que especificamente requerem tratamento psiquiátrico. Estas envolvem ofensas sexuais cometidas por pessoas que sofrem de sérios desajustamentos sexuais, que incluem casos de estupro, mania de espiar,[(1)] os molestadores de crianças, exposição indecente (exibicionismo) e outros tipos de ofensa.

O que é normal e anormal no sexo? Os casais discutem problemas financeiros regularmente. Eles discutem também problemas que envolvem os seus filhos ou então onde passarão as suas férias. Mas a base mais importante do seu casamento — suas relações sexuais — é raramente discutida.

Tanto maridos como esposas vêm ao meu consultório e se queixam da técnica sexual do companheiro. Querem saber se esta ou aquela atividade é anormal. Ou se tornam preocupados porque desejam brincadeiras de amor que o companheiro passa a considerar anormal. Demasiadamente embaraçados e medrosos para falar sobre isso, a esposa ou marido tentam reprimir este desejo e a relação conjungal torna-se insatisfeita.

Eles perguntam:

— Onde se deve situar a linha entre o normal e o anormal? Quem é que deve ter a palavra final sobre o que é aceitável no sexo e o que não o é?

Não existe uma norma absoluta para as atividades sexuais. Não existe nenhuma regra rígida rápida. O que é normal para um ho-

---

1 *Peeping Tomism* é a expressão inglêsa que, na falta de um têrmo adequado, traduzimos pela nossa *mania de espiar*.

Peeping Tomism com certeza é uma expressão neológica dos inglêses e diz respeito a Peeping Tom, personativo do único homem que não se pejou de ver nua a linda Godiva quando ela, montada num cavalo, atravessava a cidade.

Os leitores, sem dúvida, conhecerão a lenda de Lady Godiva, quer através da conhecida obra que fixou o acontecimento, quer através de um filme que correu mundo e estêve por muitas semanas em cartaz nos cinemas de São Paulo.

mem pode ser chocante para outro. Em relações sexuais, estas coisas são uma questão de gosto e de inclinação.

O apetite sexual, como o apetite para a comida, é satisfeito por diferentes coisas em diferentes pessoas. Qual o homem ou mulher que se pode dizer que é normal: aquele que prefere uma refeição comum regularmente ou aquele que deseja tempero e variedade na alimentação?

Ambos são normais. Se o marido e a esposa são felizes no casamento, seja o que for que fizerem para expressar o seu amor físico e dar felicidade um ao outro dentro da razão, são normais. Os desvios são permitidos, contanto que conduzam a uma relação normal. Eles são anormais e neuróticos, na maioria dos casos, se são sempre praticados com a *exclusão* da união normal determinada pela Natureza.

É o propósito que determina a maior parte da permissão das liberdades sexuais. Muito amor e muita liberdade sexual são demonstrações de infantilidade, como também o são os absurdos das conversas de amor; mas a intenção da satisfação coloca a atividade dentro do devido contexto. Se as variações no amor produzem melhor resultado, é melhor acomodar ao ato a outra pessoa, contanto que a atividade seja do agrado dela.

A pessoa normal nunca cultiva um desejo ardente para extremas combinações sexuais; nada além do que pratica com sua própria alimentação. Pode preferir a comida temperada à simples, mas não está disposta a experimentar nada tão bizarro como melado em ostras. É demasiado adulta para isso. O neurótico sexual, faminto de alguma sensação de satisfação duradoura, está disposto a tentar qualquer coisa.

Conjugalmente, também é tão normal não experimentar variações nas relações como o é preferir a alimentação simples à exótica. Em linhas gerais, porém, os mais inteligentes preferem fazer das suas relações de amor alguma coisa requintada, variando-as o suficiente para conservá-las fora da monotonia.

• Você Pode Planejar Uma Vida Sexual Mais Feliz

O marido e a esposa, que desejam conservar suas relações sexuais como uma alegria, cuidam e planejam esses momentos. Preferem ambientes estéticos. Evitando a monotonia, arreliam, brincam, não são apressados e sentem prazer, o qual não é apenas a maneira inteligente de se satisfazerem, mas a maneira natural.

Pensar a respeito das atividades sexuais é uma função normal e inevitável na vida conjugal. Muitos casais, considerando suas relações, podem pensar numa mudança. Talvez cheguem a desejar ardentemente tal mudança, porém receiam que a outra pessoa possa vir a considerá-la anormal.

O psiquiatra acha que a expressão desses desejos de variação é mais saudável do que mantê-los reprimidos. Muitos divórcios poderiam ser evitados se o marido e a mulher adotassem esta atitude e discutissem francamente, um com o outro, os seus desejos mútuos.

• A Atitude Certa e a Errada

Cada caso de variação sexual deve ser julgado de acordo com os próprios méritos individuais. As chamadas variedades normais do sexo, usadas entre marido e mulher, têm seu modo de aproximação certo e errado. Se o marido deseja realizar determinado ato no amor, sendo cru e desagradável na sua atitude ou dominando de maneira rude os sentimentos da companheira — esta poderá não só opor-se aos desvios sexuais do esposo e mesmo, conseqüentemente, tornar-se contrária a quaisquer outras relações com ele.

Se um homem for cruel ou mesquinho, tudo que ele fizer será para ela repulsivo. Um amante atencioso, todavia, pode fazer do mesmo ato um prazer.

• Os Casais Devem Decidir Por Si Próprios

Não existem generalidades para determinar exatamente o que é moral ou eticamente imoral para qualquer caso em particular. Estas coisas devem ser resolvidas pelo próprio indivíduo. O psiquiatra pode somente educar, orientando a pessoa para uma atitude inteligente e uma aproximação certa. O questionador deverá decidir a respeito.

Uma atitude neurótica com relação aos desvios nos folguedos normais de amor pode produzir no marido uma efetiva impotência. Ele poderá tornar-se tão inibido, ou pela própria preocupação a respeito dos seus desejos ou pelas rejeições de sua esposa, que não poderá desempenhar o papel de marido. Da mesma maneira, a esposa poderá tornar-se insensível ao amor do marido por não ser suficientemente franca para dizer o que a faz ou o que não a faz feliz.

• Inibições Neuróticas

Mesmo nesta era moderna, muitas pessoas são educadas debaixo de grandes severidades no que toca a assuntos sexuais.

Recomendações demasiadas de pais temerosos fazem que os filhos ou as filhas cresçam receosos de usar seu próprio julgamento no campo sexual, até depois do casamento. Mesmo as variações do beijo são consideradas chocantes por aqueles que foram criados assim. Como resultado, essas pessoas se tornam inibidas, afetadas e dão maridos ou esposas deficientes.

• Tudo Depende da Sua Atitude

Uma grande parte do que é considerado desvio na prática sexual é muito *relativa*. Temos dentro do nosso conhecimento e da nossa época, decidido a favor da união heterossexual como a *ideal* e única forma *aceitável* da atividade sexual. Todavia, mesmo dentro da construção da união heterossexual, existem práticas que as investigações, tais como as de Kinsey, demonstram ser consideradas diferentemente por diferentes pessoas.

• O Amor e o Sexo no Casamento

Quando falamos de sexo, não queremos dizer simplesmente o ato físico. Quando dizemos sexo, também falamos de *segurança emocional*, porque o sexo e o amor estão entrelaçados. O sexo é apenas uma demonstração visível da necessidade de dar e receber amor. *Frustração sexual*, quer dizer *frustração no amor*. Juntos inspiram insegurança. Um ser humano, que passa pela vida sem amor, nunca poderá ter segurança. O amor é a estrutura óssea de toda nossa vida emocional. Sem isto a vida desmorona-se.

O sexo no casamento é uma união — momentos de amor só para dois, quando planos de esperança são feitos e compartilhados juntos, momentos em que os mal-entendidos são dissipados num amor mútuo.

A mútua adaptação física e mental entre os companheiros e a igualdade do desejo produzem a harmonia sexual — a base para um casamento feliz.

Muitos casais durante cinco, dez ou mais anos de vida conjugal nunca se tornam sexualmente ajustados, simplesmente porque nenhum dos dois tomou a iniciativa de fazer alguma coisa a respeito do seu desajustamento sexual. O primeiro ano de vida conjugal deve ser um período probatório, tanto física como psicologicamente. Depois disso alguma providência deve ser tomada a respeito da incompatibilidade nas relações, quer sejam sexuais ou emocionais.

Muitos casais depois de um ano, mais ou menos, de vida conjugal, começam a encarar a relação sexual como uma coisa banal.

Tornam-se desmazelados. Não a consideram como alguma coisa inspiradora e agradável. São demasiado propensos a considerá-la como uma questão de hábito, de necessidade biológica.

• Tire o Melhor Proveito da Felicidade Sexual

Todo casal deveria capitalizar a relação sexual para relaxar, "refrescar" o casamento, renovando os laços conjugais.

A maneira pela qual marido e mulher se harmonizam nos primeiros anos de casados determinará o grau da sua vida em comum com relação aos possíveis vinte ou trinta anos em que envelhecerão juntos.

Esta porção da vida é demasiado importante para deixar que se deteriore. Nossas relações emocionais nos anos futuros são como o pagamento de nossa aposentadoria — são como uma retribuição pela nossa vida de trabalho. Uma ideal relação no casamento não é só a alegria do momento em que Você a tem, é como um investimento que nos é devolvido com juros quando mais necessitado se estiver dele.

• Pense Acertadamente Sobre Sexo

A atitude é sumamente importante na compreensão e correção dos problemas sexuais. A atitude acertada, adicionada ao conhecimento do assunto, conduz ao melhor ajustamento que se possa alcançar. Sua primeira providência para atingir esta meta é compreender a importância do sexo na sua vida — não como um simples ato físico, mas como parte integrante de tudo o que Você faz.

A maneira como Você se comporta sexualmente é a expressão da sua personalidade íntima. Não se trata de uma manifestação à parte. É uma força poderosa, porque está ligada de forma inextricável à emoção, com a qual forma o que chamamos de *impulso do amor*. Concentra a mais poderosa fôrça de nossas vidas para o bem, quando a compreendemos, possuindo, porém, um dos maiores poderes para provocar o sofrimento se abusamos do seu aspecto físico ou negligenciamos quanto ao seu aspecto emocional.

• Eduque-se Sobre as Questões Sexuais

Existem dois meios para adquirir-se um melhor conhecimento sobre sexo. Um é através da cooperação com o seu próprio companheiro — através de uma franca discussão e de *compartilhar um estudo de bons livros sobre o assunto.* Existem livros, a começar do mais simples e elementar tratamento, até aos mais técnicos e científicos estudos.

Argumenta-se que, quando duas pessoas se amam, não necessitam ler sobre sexo. Diz-se que os índios nunca tiveram instrução sexual — que nossos avós jamais leram algum livro sôbre sexo. Este é um argumento irracional, porque seria difícil estimar a extensão das frustrações sexuais entre as pessoas que viveram muitos anos atrás. As mulheres eram aparentemente faltas do senso comum que deveria fazer que elas se queixassem a esse respeito. Sentiam-se satisfeitas em cozinhar e cuidar das crianças. Não consideravam o climax sexual importante. Antigamente eram mais servis e comedidas. Hoje as mulheres são mais inteligentes sobre as questões sexuais. Estão capacitadas a reconhecer sérios distúrbios sexuais, tais como a impotência, a frigidez e podem apreciar a relação íntima existente entre as perturbações nervosas e as privações ou frustrações sexuais. A mulher moderna compreende a importância de ser compensada sexualmente, como, também, parece que nunca existiram tantas queixas como agora. Isto é porque a mulher admite que, sexualmente, alguma coisa está errada e deseja auxílio e conselhos. Muitas mulheres não tolerarão a incompatibilidade sexual, o que por seu turno influencia o número de divórcios.

• Procure Conselho

O outro meio de adquirir melhor conhecimento sôbre sexo é através de consultas externas. As pessoas que tiverem uma educação restrita e formal e não encontraram auxílio através da leitura, podem levar seus problemas ao médico da família. Na maioria dos casos, ele pode aconselhar, usando uma linguagem simples; pode aconselhar visitas a um consultor matrimonial, a uma clínica ou a um psiquiatra.

• Resumo Geral

O importante é lembrar-se da necessidade de saber tudo que estiver a seu alcance a respeito deste aspecto de sua vida. É na verdade um aspecto da sua *auto-sobrevivência.* Para sobreviver não se necessita apenas de alimento, de abrigo, mas também de sustento espiritual. É preciso viver-se tanto emocional como fisicamente. Sendo nossa vida sexual de importância básica para nossa saúde e sendo nossa saúde o fundamento de nossa vida, devemos manter-nos alerta às novas descobertas no campo do conhecimento sexual.

Isto não quer dizer que devamos dar ênfase ao sexo por amor ao sexo ou ao prazer por amor ao prazer. Mesmo porque uma vida sexual feliz não pode fazer milagres mas é um bom alicerce a uma boa inspiração para o que se deseja alcançar na vida. *Uma vida sexual melhor quer dizer aumento da capacidade de amar, de tolerar e de melhor relação com a família, os amigos e os sócios comerciais. Dá-lhe pose e uma aparência tranqüila que são transmitidas a todos que o cercam.*

SESSÃO 16

LIVRE-SE DOS MEDOS QUE O TORNAM DOENTE

• Tipos de Medos

O medo é uma reação humana universal, explicada biologicamente como sendo a proteção dada ao indivíduo em caso de perigo. É uma emoção que a pessoa experimenta quando colocada frente a uma ameaça à sua vida ou ao seu corpo. O medo, escreveu Leon Mones, é o aviso do "pare, olhe e escute" da vida.

No mundo de hoje, o espírito defronta-se por todos os lados com avisos e ameaças que, com razão, exigem cautela. Quando se experimenta o medo, coloca-se em ação grande número de reações psicossomáticas, cujo único fim é auxiliar a pessoa a fugir do perigo ou a combatê-lo. Nas situações que nos intimidam ou ameaçam a oportunidade de alcançarmos a felicidade ou o sucesso, a sensação na boca-do-estômago, a umidade nas palmas das mãos, a palpitação do coração, os movimentos pesados e vagarosos e o gaguejo do falar — em resumo, a sensação do medo pode bem acercar-se de todos nós.

• As Pessoas Reagem Diferentemente às Situações que Provocam o Medo

Nem todas as pessoas reagem da mesma maneira às situações que produzem o medo. Algumas, que comumente não têm medo de cães, são no entanto amedrontadas pelo latido, enquanto outras permanecem impassíveis. Existem aqueles que não fazem conta de trovões e de relâmpagos e consideram esses fenômenos como um acontecimento natural; entretanto, outros se tornam bastante amedrontados.

Conquanto o medo seja experimentado na presença de um perigo positivo (tipo normal do medo) e embora possamos dizer que o grau de medo experimentado seja exatamente proporcional ao grau do perigo presente, existem, contudo, ocorrências que se verificam quando a causa objetiva do medo aparenta ser trivial e todavia a reação do medo pode ser marcante, a ponto de virtualmente precipitar um estado de pânico (tipo neurótico do medo). Tal espécie do medo, totalmente fora de proporção ao estímulo, é o de natureza de reação neurótica, ao qual tratamos por "'fobia". Um indivíduo pode "morrer de medo" ao ver um gato preto; outro pode cair num estado furioso ao ver pássaros.

Fobias Comuns

Eis uma pequena lista de algumas fobias comuns:

Claustrofobia — pavor de lugares estreitos e fechados
Hidrofobia — pavor de água
Elurofobia — pavor de gatos
Antropofobia — pavor de homens
Patofobia — pavor de doenças
Microfobia — pavor de micróbios
Tisiofobia — pavor de tuberculose
Zoofobia — pavor de animais
Sifilofobia — pavor de sífilis
Sitofobia — pavor de alimentos
Acrofobia — pavor de alturas
Agorafobia — pavor de espaços abertos
Misofobia — medo de impurezas
Fobofobia — medo de ter mêdo([1])

- **Fobia Simples**

A fobia simples é uma reação condicionada a uma antiga e desagradável experiência, tal como ter sido amendrontado por um

1 *Fobofobia*, na definição dos nossos lexicógrafos em Língua Portuguêsa, é o medo que uma pessoa tem de doenças imaginárias; porém, de acordo com o original em inglês (*fear of being afraid*) e sobretudo de acordo com a etimologia da palavra, *fobofobia* (composta do elemento de composição *fobo* mais *fobo*, proveniente do grego *phobos* e que exprime a idéia de *medo, aversão, pavor*), significa *medo de ter medo*. É um fenômeno característico em Psicologia e Psiquiatria.

Prestamos este esclarecimento aos nossos ilustres leitores, os quais, encontrando aqui uma definição e outra diversa em nossos dicionários, poderão ser levados a pensar que houve lapso de tradução (Nota da tradutora).

cão, uma cobra ou um rato. O paciente revive o episódio que no passado lhe proporcionou medo. Por exemplo: uma paciente me contou como descobriu, com a idade de 12 anos, um pequeno camundongo morto, debaixo de seu travesseiro. Ficou amedrontada e gritou. Seu irmão lá o havia colocado para pregar-lhe uma peça. Desde esse particular episódio, todas as noites, antes de deitar-se, sente-se compelida a olhar embaixo do travesseiro. Diz que tem uma fobia maior por um camundongo do que por um cão bravo.

• Fobia Complexa

É uma fobia que está associada a um conflito reprimido ou enterrado no inconsciente. O paciente protege-se de medo *real* através de um medo *substituto.* Por exemplo: uma moça solteira que tem medo mórbido de impureza (misofobia) e acha necessário lavar as mãos mais vezes que o habitual, pode na verdade estar sofrendo o medo de uma *contaminação moral.* Este último constitui o seu *verdadeiro* medo inconsciente.

• Que é a Superstição?

Existe uma relação entre o medo e a superstição, a qual pode ser chamada de *medo cristalizado.* Assim, alguns indivíduos consideram um presságio temeroso se sua frente é atravessada por um gato preto, enquanto outros acham que a sexta-feita de um dia 13 traz um futuro negro. Conservar os dedos cruzados ou bater na madeira jamais afugentará a conseqüência de qualquer coisa. Muitas pessoas cultas são supersticiosas. De acordo com o Dr. Karl R. Soltz, a metade de todos os estudantes diplomados leva em consideração as superstições.

• Medos Imaginários

Um medo imaginário e neurótico é o temor apreensivo de alguma coisa que não existe no momento. Algo de errado se verifica com o sistema de alerta; a luz vermelha permanece piscando, a pessoa se desorienta e as coisas que em si são inofensivas tomam um aspecto perigoso. Uma conversa com o chefe torna-se um momento de pavor, de mau presságio. A solicitação para um discurso inesperado torna o indivíduo incapacitado de balbuciar um som. Um leve gosto diferente na refeição, mesmo num restaurante conceituado, faz que se pense em veneno e Você imediatamente se torna doente de ansiedade.

Conheço um jovem que tinha regularmente verdadeiros estados de pânico, todas as vezes sob forma de terror, pela morte e sem razão plausível. Agora ele conseguiu vencer os seus ataques de pânico depois de compreender a natureza e a causa de tais estados.

• Que Simbolizam as Fobias?

As fobias são mecanismos de fuga dos conflitos íntimos. Existem cerca de oitenta a cem fobias conhecidas. Elas se constituem de medos ilógicos e absurdos que geralmente se associam a experiências esquecidas ou reprimidas e geralmente desagradáveis.

São consideradas "emoções substituídas" e às vezes chamadas de "neuroses reprimidas". O medo anormal representa o *símbolo* de alguma coisa desgradável e que foi reprimida. Em outras palavras: a fobia tem uma função definida. Tem a missão de disfarçar ou deslocar um medo inteiramente diferente que é por demais doloroso para nossa consciência. Representa uma fuga de algum conflito psíquico interior. O medo de trovão pode simbolizar o medo de lembrar-se de como um pai costumava destratar a mãe em termos de calão ou a manifestação de um pai em terríveis explosões de ira. Esses medos ou "distorções emocionais" podem remontar a antigas e reprimidas experiências. Elas causam estados crônicos de ansiedade que se tornam bastante penosos. A ansiedade transborda para os canais físicos, que por seu turno agravam a fobia e um círculo vicioso é estabelecido.

• Um Caso de Cardiofobia

Nancy, uma moça de 27 anos, sofria de *cardiofobia* (medo de ter uma doença no coração). Ela insistia em dizer que sofria do coração e que iria morrer de um ataque cardíaco. O exame físico e os eletrocardiogramas eram negativos. Demonstrava medo de que Deus determinasse a sua morte.

Eu soube que durante seis meses ela havia alimentado um amor secreto pelo marido da sua vizinha, uma senhora de quase quarenta anos que se encontrava doente de câncer. Nancy tinha esperanças de que ela morresse. O câncer finalmente causou a morte da vizinha.

A fobia que envolvia o seu coração servia como uma válvula de escape para a sua culpa, um mecanismo de autopunição. Nancy por fim compreendeu a psicologia da sua fobia e reagiu bem à psicoterapia e os sintomas de ansiedade terminaram por desaparecer.

• Um Caso de Acrofobia

Um homem, casado, consultou-me por causa da sua acrofobia (medo de alturas). Queixava-se também de tonturas, dores de cabeça e náuseas. Havia passado por um completo exame médico e nada de orgânico poderia ser responsabilizado pelos sintomas que apresentava.

Sua filha solteira havia-se engravidado e ele achou que era necessário acompanhá-la até uma instituição particular onde pudesse dar à luz. A criança foi adotada por um casal desconhecido e todo esse acontecimento foi mantido em segredo. Pai e filha retornaram para casa. Todavia, seis meses mais tarde ele veio a saber acidentalmente que muitos membros da sua comunidade não ignoravam o fato de a filha ter-se engravidado sem haver contraído matrimônio.

Logo depois começou a abrigar pronunciando medo por alturas. Tinha medo de olhar na janela porque o seu escritório estava localizado no sexto andar. Contudo, negava pensamentos ou inclinações suicidas, sendo que mais tarde foi revelado que a sua acrofobia representava na verdade um medo pelo suicídio, disfarçado através do temor pela altura a fim de escapar à desgraça.

• As Fobias Causam Ansiedade

Encontrar a causa da fobia é compreender a simbolização do medo mórbido ou irracional. Alguém pode perguntar: se a fobia é um mecanismo protetor de um medo que é mais doloroso, por que então tentar a eliminação da fobia? Simplesmente porque a fobia coloca o paciente em estado crônico de ansiedade. É preferível fazer o paciente reviver emocionalmente o medo original, para que então ele possa compreender a motivação inconsciente da sua fobia e assim se liberte dos seus sintomas de ansiedade e não se entregue a nível neurótico que se refugia em remédios.

• Cada Fobia Tem uma Causa Determinante Própria

Não existe um mapa estereotipado da simbolização das fobias. Contudo, temos lucrado com as expetiências passadas nos pacientes portadores de medos semelhantes e, como nos sonhos, podemos guardar certas impressões diagnósticas que são confirmadas ou rejeitadas de acordo com as provas que as apóiam. Por exemplo: A misofobia, medo de contactos impuros, pode representar o medo de uma contaminação moral. A zoofobia pode representar mais o medo do pai do que dos animais. Cada fobia tem sua própria causa e portanto cada caso deve ser estudado separadamente.

• Tanto os Medos Neuróticos Como os Reais Podem Ser Controlados

Os medos reais podem ser efetivamente utilizados para assegurar o sucesso diante de situações alarmantes. O medo de uma inseguridade futura para nós e nossos dependentes nos leva a boas aquisições de sólidos investimentos, a constituir uma conta bancária e a manter apólices de seguro. Os medos irreais e infundados podem ser banidos para assegurar uma maneira completa de se gozar a vida. *Os medos* mórbidos são os ladrões da felicidade.

Para se vencer os medos mórbidos é necessário:

1. Admitir o seu medo;
2. Compreender o seu medo;
3. Fazer alguma coisa a respeito desse medo;
4. Manter-se ocupado e fazer por gozar a vida;
5. Se necessário procurar uma orientação competente.

• Admita o Seu Medo

O medo envolve algo mais do que o mero catalogar dos azares reais ou falsos que Você encontra. É preciso aceitar a realidade do seu medo, o qual, na sua maior extensão, é a realidade da própria vida. Você não deve fugi dos duendes da sua mente, refugiando-se na bebida, olhando embaixo do travesseiro, por meio de doenças de conveniência ou somente através de um mui dispendioso suicídio.

Desafie todo o rol dos seus medos e verá que muitos desaparecerão. Estará Você aguardando o momento de ser mãe e cultivando sentimentos de intranqüilidade? Tudo a assusta? Você passou a adquirir receios que antigamente desconhecia? O que é que Você encontra na lista de seus medos? "Eu tenho medo de passar por esta prova". Talvez Você se tenha esquecido de que nasceu sem perigo algum, bem como os seus amigos, os filhos dos seus amigos e todas as crianças que Você nem conhece. Pergunte a essas mães porque isso é a realidade. É a realidade que Você também atravessará e em grande estilo.

• Compreenda o Seu Medo

A primeira pergunta que Você deve fazer a si próprio é:

— Tenho realmente motivo para temer alguma coisa?

Se Você for acossado por algum cachorro, o seu sistema de proteção agirá para colocá-lo em lugar seguro e Você terá a experiência de um susto passageiro, logo esquecendo tudo o que aconteceu. Mas se o seu sistema despertar quando um camundongo atravessa como uma seta o seu caminho, na realidade não existe motivo algum para que tenha medo e Você deve reconhecer este fato. Se Você está para ser submetido a uma perigosa operação, alguma "trepidação" é esperada; se a idéia de uma experiência sexual em situação normal e aceitável causa a mesma nervosidade, Você se está ludibriando com um medo injustificável. Se Você parece ter medo de muitas coisas ou de "tudo", anote claramente num papel as situações e objetos que causam as suas inquietudes e encare os seus fantasmas e espantalhos.

• Faça Alguma Coisa com Relação aos Seus Medos

Apenas sabendo o que Você teme e mesmo admitindo que Você tem medo, não é suficiente. Porém, é o início necessário. O que Você fará a respeito, será crucial.

Se depois de uma comparação dos seus medos com aqueles que, em determinada ocasião, lhe pareceram justificáveis, Você achar que possui forte razão para os seus temores, então diga: "Está bem; eu estou apavorada. E daqui para onde irei?" e saia para algum lugar. Durante a guerra os soldados têm motivos reais para sentirem medo e muitos deles se tornam extremamente medrosos por algum tempo. Aqueles que fizeram carreira, porém, aprenderam a aproveitar as suas "chances" e realizam o seu trabalho com tanta concentração e firmeza de propósitos que não têm tempo para lembrar que sentem medo. Na vida civil a magnitude dos perigos que enfrentamos não é habitualmente muito grande; as possibilidades de evitar conseqüências extremas são consideráveis. Contudo, existem exceções.

Uma das minhas clientes, uma mocinha, soube que estava sofrendo de uma doença e que sua vida logo terminaria. Depois do pânico inicial, ela conseguiu encarar o seu problema friamente e chegou à conclusão de que poria fora de cogitação a expectativa da exigüidade da sua vida. Como fisicamente não podia exercer grandes atividades e necessitava de alguma coisa para ocupar a mente, decidiu estudar línguas e dentro de seis meses estava apta para assumir o lugar de correspondente para o Exterior de uma casa exportadora. Os anos restantes de sua vida foram cheios de um interessante trabalho que lhe preencheu o tempo. Poucos, ou quase ninguém, poderiam fazer idéia das situações que esta moça enfrentou. Ela mesma quase se esqueceu.

O medo neurótico é uma "bebedeira" neurótica. A "vítima" poderá estar usando o medo para compensar alguma outra falha. Um jovem que eu conheço tinha um medo subjugador do casamento, especialmente no tocante ao seu aspecto sexual. Usava este medo como veículo de imaginações fantásticas relativas ao que poderia acontecer-lhe se se entregasse a atos sexuais e, naturalmente, o conteúdo dessas imaginações era um fraco substituto para a vida sexual e normal do casamento que ele tanto desejava. O seu problema era que, devido ao medo que sentia, qualquer experiência real o tornava impotente.

A primeira providência a tomar com relação a estes tipos de medo é: *parar de cultivá-los*. Trate-os como maus hábitos que precisam ser eliminados e conscienciosamente arranque-os para fora do seu sistema de vida.

Você fica tomado de pânico quando alguém lhe pede para tocar piano numa festa, quando na verdade Você toca bem? Vá para as festas e toque. Toque para uma assistência de amigos. Se você errar, não desista, alegando nervosismo ou tremor nos dedos. Depois das primeiras vezes terá êxito. Um psicologista novaiorquino deu início a uma clínica destinada a pessoas que sofrem de medo do palco. Cada cliente é obrigado a apresentar-se diante de uma platéia caçoísta e barulhenta que tenta irritá-lo. Depois de algumas situações desse tipo, nenhuma platéia do mundo o intimidará.

Você tem medo do escuro? Apague as luzes da sua casa e cuidadosamente explore-a dentro de uma escuridão total. Descubra onde as coisas estão pelo tato, examine os objetos que Você não reconhece prontamente e faça um inventário mental. Abra os armários e procure tocar os fantasmas. Ficará surpreso ao saber quão escassos eles são.

• Mantenha-se Ocupado

Outra maneira de vencer os medos neuróticos e infundados é *manter-se ocupado*. Mentes preguiçosas, bem como mãos preguiçosas não realizam nada de bom. Este mundo extraordinariamente complicado possui facetas suficientes para interessar qualquer pessoa durante 24 horas por dia. A chave para um verdadeira e efetiva utilização do tempo é a *participação* dentro de um intercâmbio mútuo.

Se você lutar para participar dos grandes acontecimentos do mundo que o rodeia, os seus medos, sejam eles reais ou imaginários, se tornarão menos apavorantes. O homem, que procura a solidão e deseja escapar da multidão, intenta apenas alimentar o seu próprio medo de infelicidade. Se você cultivar fortes laços entre o mundo externo e a sua própria pessoa, se der todo o amor possível e aceitar o amor do seu mundo, a própria felicidade estará assegurada e a ameaça pessoal dos medos infundados será então banida.

• Procure Auxílio

Se através dos seus próprios esforços Você se encontra incapacitado de lutar contra os seus terrores – e existem muitos de nós nesta situação – procure uma orientação competente. Hoje em dia as doenças mentais são olhadas pela mesma perspectiva que as doenças físicas – como um distúrbio que nasce de causas naturais e cede a um tratamento adequado. Os medos mórbidos constituem doenças mentais. Como um tornozelo que se quebra, eles fazem de Você um aleijado – um aleijado mental. Você, mental e emocionalmente, mancará; penosa e raramente verá as coisas boas da vida. As suas amizades são afetadas, o seu prazer é frustrado e Você simplesmente não tirará o melhor proveito da vida.

Nove em dez pessoas podem manejar os seus próprios medos, seguindo as regras acima sugeridas. Mas a décima, ou poderá ser a centésima, falhará. Isto é, fracassará por si própria. Se Você for essa pessoa, precisará de auxílio. Você está em débito para consigo mesmo, para com a sua família e os seus amigos quanto à decisão de dar este último passo e conquistar para Você mesmo este quinhão de paz espiritual e de fidelidade a que todas as pessoas têm direito.

SESSÃO 17

PARE DE ODIAR-SE

• Que Quer Dizer Odiar?

O ódio é o oposto do amor. Esta é a maneira mais simples para defini-lo.

Muitas pessoas que negam que odeiam a si próprias ou a outros têm experimentado reações emocionais que na verdade eram disfarçadas manifestações de sentimento do ódio. Exitem muitos que não gostam de ser acusados de odiar, porque isso lhes causa um sentimento de culpa e, portanto, os psicanalistas preferem usar o termo "hostilidade", o qual é geralmente mais aceitável. Adquire um sentido menos depreciativo.

Pode-se pensar em ódio e hostilidade como se fora o tronco de uma árvore. As fortes aversões, o sarcasmo, a amargura, os ressentimentos, os preconceitos, o fanatismo, a teimosia, o humor sádico de aborrecer, acusações infundadas, intrigas, intolerâncias, implicância excessiva, discussões, alterações e atos de violência representam apenas alguns dos muitos ramos da árvore. O ódio, no seu sentido mais amplo, inclui tudo o que tende a ferir a nós próprios ou aos outros.

• As Reações de Ódio São Muitas Vezes Inconvenientemente Reprimidas

Não é sempre que as reações de ódio são expressas abertamente. São muitas vezes reprimidas *inconscientemente*. O Dr. Karl Menninger será sempre lembrado pela sua contribuição para uma melhor compreensão da natureza humana através dos seus livros *The Human Mind, Man Against Himself* e *Love Against Hate* ("A Mente Humana", "O Homem Contra si Mesmo" e "O Amor Contra o Ódio"). Ele descreve o paradoxo do homem que luta para melhorar o mundo, desejando viver e amar e ao mesmo tempo dando largas aos seus inconscientes impulsos autodestruidores, via crime, suicídio, alcoolismo e guerras.

Não seria por demais fantástico presumir-me que as doenças da civilização podem ser atribuídas à incapacidade do homem em controlar o seu impulso de *odiar* e de *matar*. O ato de infligir a dor e o sofrimento em nós mesmos ou nos outros, conscientemente ou inconscientemente motivado, faz do ódio nas suas diversas formas de disfarce uma *doença* — mais devastadora na sua influência do que o *câncer*. Um dia a sabedoria nos inspirará a despender a mesma quantidade de dinheiro, tempo e esforço num estudo científico e num remédio contra o *ódio*, exatamente como atualmente se faz com relação ao pólio, ao câncer e as outras ameaçadoras doenças físicas.

• Por que Odeiam as Pessoas?

Antes que Você consiga deixar de odiar, é preciso que saiba alguma coisa a respeito da origem do ódio. Muitos dentre nós cultivam, durante a infância, padrões de ódio.

As crianças, por exemplo, cultivam reações de ódio para com os pais por maltratarem-nas ou por não lhes concederem uma quantidade suficiente do amor e afeição que procuram. Nenhuma criança normal gosta de ser o recipiente de uma dor física. Os pais que batem nos filhos, encorajados pela presunção de que o castigo corporal é o único meio que prova ser eficaz, estão cultivando em seus filhos as sementes da hostilidade.

George Devereux ao descrever os costumes dos índios escreve:

> Os mojavos jamais surram os seus filhos nem os castigam de nenhum modo. Aquele que assim procedesse seria considerado "louco". Quando se perguntou a um deles porque não reagia aos tapas que a criança lhe desferia, disse: "Qual a razão para surrá-la? Eu sou grande, ela é pequena e não me poderá ferir. Se eu procedesse contrariamente, seria igual aos brancos que surram os seus filhos."(1)

As crianças devem ser contidas e disciplinadas mas nunca através de medidas violentas. Mães e pais neuróticos se encontram

1 George Devereux, "*Mohave Etiquette*" (Los Angeles: Southwest Museum, 1948).

muitas vezes despercebidos dos fatores inconscientes responsáveis pela sádica orientação dos filhos. É como o Dr. Karl Menninger aponta:

> Os pais muitas vezes tratam os filhos da mesma maneira pela qual foram tratados anos atrás pelos próprios pais, alcançando assim uma antiga, protelada e desordenada vingança pelas indignidades e sofrimentos que aturaram. Porém estranhamente tais pais mui raro reconhecem o ódio implícito em seu comportamento. Defendem a sua posição com a mais das respeitáveis presunções.(2)

São estas mesmas crianças que depois de se tornarem adultas projetam as suas frustrações da infância na forma de sentimentos de hostilidade para com todas as pessoas com que entram em contato, inclusive os seus próprios filhos. Assim, os padrões de ódio são freqüentemente transmitidos de geração em geração.

• Os Surradores de Esposas

Tenho deparado com inúmeros casos de esposas que são vítimas de maridos que lhes infligem castigos físicos. O estudo desses maridos tem sempre revelado que sofreram a influência de mães neuróticas ou de pais tiranos.

As esposas maltratadas pelos maridos estão propensas a adquirir sentimentos de ódio e deliberada ou inconscientemente provocam maior hostilidade com relação aos maridos. Não é de estranhar que os filhos de tais pais aprendam a odiar somente porque nunca foram ensinados a amar.

• O Ódio Explicado por Freud

Freud diz que existem em todo ser humano dois instintos opostos — o instinto para amar e o instinto autodestruidor. Isto significaria que uma criança *nasce* para odiar. Os psicanalistas tratam este conceito de ódio inato como a "*teoria do instinto da morte*". Hoje em dia existem muitos psicanalistas que não aceitam esta hipótese freudiana. Como anteriormente afirmei, eu não posso apreciar uma lógica científica em tal teoria. O ódio, no meu modo de pensar, é uma reação emocional *adquirida* contra os insultos do ego ou a qualquer coisa que ameace a nossa segurança.

---

2 Dr. Karl Menninger, "*The Human Mind*" (New York: Alfred Knopf, 1937, pág. 27).

Ninguém *nasce* para odiar. Nós *aprendemos* a odiar. O *medo*, por outro lado, é inato, *nascemos* com ele. É uma função autoprotetora. *As pessoas odeiam porque sentem medo.* O medo faz que nos sintamos *inseguros* e quanto maior é a insegurança maior é a tendência para reagir com ódio a qualquer ameaça. O homem nasce somente com um instinto – o instinto de *autopreservação* (para sobreviver e para amar).

A natureza nos dotou com muitos e variados aspectos deste instinto de autopreservação, a fim de nos tornar possível a sobrevivência. O impulso sexual, por exemplo, assegura a propagação da raça humana. Também nos capacita a obter uma imortalidade biológica. O sexo e o amor estão entrelaçados. Eles representam aspectos do mesmo instinto de sobrevivência, tornando a vida agradável e significativa. O medo é outra faceta de autopreservação. Ele nos conserva cautelosos e alerta para com os azares da vida.

• O Ódio em Relação ao Medo

Jamais poderemos ter esperança de *compreender e controlar* o ódio, até que aprendamos a *compreender e controlar* o medo. As pessoas se odeiam porque se sentem *inseguras*. A pessoa mais propensa a odiar é aquela que abriga sentimentos de inferioridade. Ela é frustrada, ansiosa, desconfiada e medrosa. As pessoas que odeiam passam pela vida com os *punhos cerrados*. Estão constantemente na defensiva. É mais do que provável que estiveram expostas a padrões de ódio durante a infância. São condicionadas ao ódio e em muitas ocasiões estão apenas *imitando* as reações de ódio dos pais.

As pessoas odeiam porque foram e ainda são privadas do amor que desejavam e do amor de que tinham necessidade. Sentem-se *rejeitadas*. Abrigam a triste desilusão de que para sobreviver precisam odiar. São encorajadas nas suas convicções pela cínica filosofia de que este é o mundo do "homem lobo do homem" — que todos são desonestos, egoístas e que o único meio de progredir neste mundo é conservar-se em luta e ultrapassar em ódio o semelhante. Para elas a vida torna-se um círculo vicioso de insegurança que leva ao ódio e o ódio dá em resultado uma maior insegurança. Cada dia se torna uma luta competidora para sobreviver. A sobrevivência, não importa como, torna-se uma obcecação. Compreendem a tragédia do seu falho raciocinar quando o tiro da sua cínica filosofia da vida sai pela culatra. Infelizmente aprendem através de triste experiência que o ódio gera o ódio, que a vingança e o espírito vingativo são qualidades fúteis.

A guerra, por exemplo, é resultado de ódios epidêmicos. Mesmo as nações estão finalmente acordando para a fria compreensão de que não existe vitória em nenhuma guerra.

Sumariando, as *pessoas* odeiam por causa do medo. Sentem medo da morte, de Deus, dos indivíduos e do maior de todos os medos — o medo do próprio medo.

• A Conseqüência de Odiar-se a Si Mesmo

O ódio é uma emoção *negativa.* Qualquer emoção negativa é capaz de tornar uma pessoa *doente.* O ódio provoca a ira, a qual por seu turno poderá conduzir ao crime passional. O ódio torna-se *um hábito.* Os motivos muitas vezes são incitados pelo ódio. O ódio do indivíduo transforma-se em ódio da sociedade. Quando nos odiamos a nós mesmos, odiamos os outros. Quando outros nos odeiam, odiamos a eles também. O ódio dedicado a outros é acompanhado por inconscientes senão conscientes sentimentos de culpa que levam alguém a odiar-se a si próprio.

• O Ódio Provoca Complicações de Ordem Física

A pessoa que se odeia a si mesma é capaz de provocar sérias complicações físicas. O homem que sempre abraça a ira quando qualquer coisa o aborrece, predispõe-se a sucumbir de um acidente cerebral. Quem sofre de hipertensão arterial certamente não se beneficiará de acesso de ira. O ódio é uma moção provocadora de úlcera, pode causar dores de cabeça, urticária nervosa, inapetência, insônia, o fracasso do casamento, pôr em perigo o seu emprego e afastá-lo do seu semelhante. O ódio torna-o *tenso.* O amor torna-o *tranqüilo.*

• Odiar é Anormal

Muitas pessoas que consultam um psiquiatra muitas vezes demonstram ser pacientes difíceis somente porque estão saturadas com sentimentos de indignidade pessoal e com encurralados sentimentos de *hostilidade.* Aborrecem-se facilmente e zangam-se por terem de pagar o tratamento psiquiátrico numa condição em que são propensas a culpar os outros. Não gostam que se lhes diga que os seus problemas de infelicidade são autoprovocados.

Quando o psiquiatra se esforça para ser bondoso e compreensivo, o paciente neurótico, cheio de amargura e de ódio, muitas vezes se torna abusivo. Está incapacitado de aceitar a bondade e o amor que o psiquiatra irradia. Isto faz que ele se sinta mais culpado. Tenho tido pacientes que me disseram que não podiam suportar alguém que demonstrasse bondade para com eles. Esta demonstração tornava-os hostis ou fazia-os chorar. Quando o psiquiatra é firme, o paciente interpreta mal, considerando esta firmeza como *rejeição*. Torna-se desconfiado e como conseqüência toma uma atitude abusiva de defesa. O psiquiatra transforma-se em alvo da antipatia que seu paciente cultivou durante anos, com relação aos pais.

Todo psicanalista experimenta este mecanismo de *amor* e *ódio* entre os seus pacientes. Quando o paciente principia a ter fé no tratamento (transferência positiva) em direção ao cultivo de *um amor normal a si próprio*, logo começa a desprender-se da sua rija casca de defesa e pela primeira vez compreende que o ódio não conduz a parte alguma. A sua saúde melhora à medida que as suas atitudes se modificam. Finalmente convence-se de que o ódio tem sido um obstáculo dispendioso.

• O Homem que Odiava as Mulheres

Um jovem foi-me recomendado por um médico porque a cicatrização da sua úlcera estomacal era rebelde; a dieta e os remédios não faziam efeito. Ele odiava as mulheres, ufanando-se de ter sido sempre capaz de forçá-las a serem submissas alegando que reagiam melhor aos homens vigorosos que as dominassem com um pulso de ferro. Ridicularizava a idéia de casamento e cinicamente afirmava que o amor era alguma coisa manufaturada em Hollywood.

Fez do ódio uma carreira e das mulheres um abuso, subjugando-as a relações de escrava e senhor. Sentia prazer em intimidá-las até a submissão. Uma mulher normal não lhe faria companhia uma segunda vez. Somente recorria a mulheres que eram decididamente neuróticas e que buscavam uma válvula de escape para suas tendências masoquistas.

Um estudo psicológico dos seus antecedentes revelou um antigo ódio contra sua própria mãe. Sentiu-se rejeitado por ela desde muito criança. Depois da morte do pai a genitora casou-se novamente. O padrasto era um alcoólatra. A sua amargura crescia com o passar dos anos. Odiava todos e tudo, inclusive a si próprio. A úlcera era o preço que pagou pelo seu ódio.

Tentei convencê-lo de que não se pode odiar os outros sem odiar-se a si mesmo, como também não se odeia a si próprio sem odiar-se os outros. Tentei demonstrar-lhe que, com tanta hostilidade armazenada durante anos, não poderia esperar alcançar o amor de nenhuma mulher e que um homem que odeia assim era inelegível para o casamento.

A psicoterapia o habilitou a dissipar o ódio que sentia pela sua propria pessoa e pelas mulheres. Terminou por concordar que o primitivo ódio que dedicava às mulheres em geral era motivado por um desejo inconsciente de punir a sua mãe por havê-lo rejeitado.

• Como Vencer o Impulso de Odiar

Alguns princípios gerais a respeito dos sentimentos de ódio e como vencê-los podem ser resumidos assim:

1. Aceite o fato de que o ódio é uma *doença,* que é um antigo *hábito de formação,* que é *contagioso* e que é capaz de torná-lo doente, tanto física como mentalmente.

2. Pare de *desapontar-se* a si mesmo. Não pratique deliberadamente coisas que lhe causarão sentimentos de culpa. Exagerando as suas deficiências e sentindo-se inferior, sem fazer esforço algum contra isso, apenas fará que Você se desgoste de si mesmo mais ainda. O ódio é a mais precária das desculpas para ajustar-se a alguma dificuldade.

3. Cultive um amor normal pela sua pessoa. Uma auto-estima e um orgulho são essenciais para a sobrevivência. O amor próprio, livre de um egoísmo neurótico, *é medicinal.* É uma *panacéia.*

4. Não permita que o ódio absorva o amor que existe em seu coração.

5. Assim como um edifício é construído à prova de fogo, Você pode cultivar uma *alma à prova de ódio.*

6. Não retribua ofensa com ofensa. Diga consigo mesmo que as pessoas que odeiam são *doentes.* Tente *ensinar* a pessoa que odeia que é melhor amar do que odiar.

7. O suicídio é uma combinação do ódio e de piedade pela própria pessoa.

8. Quando Você sentir-se movido como que por impulso de um gatilho para odiar, tome tempo, para estu-

dar a situação repentina antes de dizer alguma coisa ou agir impulsivamente. Procure o melhor meio para manejar aquilo que parece ser uma frustração aguda. Não diga e nem faça coisa alguma da qual mais tarde Você poderá arrepender-se.

9. Não permita que os sentimentos de ódio de alguém penetrem em Você. Torne-se imune às pessoas que demonstram uma *disposição acre* com relação a tudo.

10. *Seja bondoso para consigo mesmo*: Recompense a si próprio quando sentir haver feito algo de elogiável.

11. É um fato científico e não uma teoria que o ódio é uma expressão externa de algum sentimento de medo íntimo.

12. Quando Você deixa de odiar-se a si próprio e a outros, contribuiu mais do que com a sua parte para libertar o mundo do ódio. O ódio existente no mundo é meramente uma projeção do ódio individual e este é constituído de indivíduos como Você, como eu, como o seu vizinho e como o vizinho do seu vizinho. Como indivíduos, todos nós somos suscetíveis às reações de ódio. Portanto, é nossa obrigação moral ensinar a nós mesmos e aos outros que é mais sábio amar do que odiar.

SESSÃO 18

É HUMANO TER ABORRECIMENTOS

• Todos Nós Temos Nossos Altos e Baixos

Todos nós possuímos problemas enfadonhos — quedas e elevações emocionais, causadas pelos desapontamentos da vida, problemas financeiros, preocupações com o emprego, desavenças familiares, dificuldades conjugais e uma chusma de frustrações de outros tipos. Rico ou pobre, todos nós estamos sujeitos a frustrações. A vida é imprevisível. Ninguém sabe com certeza o que trará o dia seguinte. O fato de ninguém sentir-se completamente seguro nos sujeita a uma frustração *comum*. Encontramo-nos no mesmo barco, tentando tirar o melhor proveito da vida e nos adaptar a cada situação que se nos apresenta diferente.

• É Nosso Dever Sobreviver às Frustrações da Vida

Conquanto possa ser verdade que muitos ocasionam suas próprias desventuras, é também verdade que muitos se tornam vítimas inocentes do Destino. A morte numa família é um exemplo da maior e da mais comum das frustrações. A morte está pronta a bater à porta de qualquer um de nós. Assumindo uma atitude filosófica — de que qualquer um, a qualquer tempo, terá que defrontar-se repentinamente com um sério problema por causa de situações imprevistas — compreendemos que nenhum de nós está isento das frustrações da vida. Somente poderemos ser culpados pelos problemas que deliberadamente causamos a nós próprios, devido a um julgamento errôneo ou a qualquer outro motivo. Enquanto formos capazes de cometer sérios enganos, o importante é lucrarmos com nossas tristes experiências.

Não nos podemos furtar às dificuldades da vida. Quando os aborrecimentos nos vêm ao encontro é muito natural que tenhamos os nossos momentos de depressão e desânimo. É muito humano nos encontrarmos ocasionalmente em dificuldade e reagirmos com uma depressão temporária. Então somos inclinados a perguntar: "Por que é que isto tinha que acontecer comigo? Por que é que não aconteceu a qualquer outra pessoa?" Contudo, permanecer *continuamente* deprimido por causa de alguma grande frustração é uma reação emocional prejudicial e capaz de torná-lo mais doente do que Você jamais pensou em ser.

• Tem Você Preocupações Crônicas?

Todas as pessoas se preocupam por qualquer coisa e por tudo, se por preocupação se entende o desassossego. A qualidade e a quantidade de nossa preocupação é que determinam se somos normais ou neuróticos. Contudo, a preocupação, da maneira popular como é usada geralmente, se refere a um interesse *normal* sobre alguma frustração, alguma coisa que aconteceu no passado, da qual nos sentimos culpados ou alguma coisa desagradável que tememos possa acontecer a nós ou aos outros.

A preocupação (pensar em círculo) está freqüentemente na raiz de uma depressão ou de uma infelicidade que se encontra presa. É um mecanismo de busca de atenção. A pessoa que se preocupa crônicamente dissipa sua energia somente porque as coisas que são a causa da sua preocupação raramente acontecem. É como o clérigo, Dr. Lloyd Foster, habitualmente se expressava: "A preocupação é tão boba e dispendiosa como recolher um carro à garagem, deixando o seu motor em movimento durante toda a noite. Uma quantidade tremenda de energia seria consumida, porém o carro não iria a parte alguma." A preocupação significa fazer que sua mente *trabalhe* 24 horas por dia.

• Aplique em Você Este Teste de Preocupação

O teste que se segue o capacitará a obter alguma idéia para saber se Você poderá ser ou não classificado na categoria das pessoas que têm preocupações crônicas. Verifique as colunas "sim" ou "não". Se a maioria das respostas for "sim", Você sem dúvida alguma possui a personalidade de um absorto neurótico.

	Sim	*Não*
1. Você traz os seus problemas de trabalho para casa e permanece acordado pensando neles?	......	......

	Sim	Não
2. Você está constantemente preocupado com as queixas quanto à saúde?	......	......
3. A última pressão emocional lhe dá a sensação de cócegas no estômago?	......	......
4. Você vai de médico em médico tentanto encontrar o que há de errado em sua pessoa?	......	......
5. Você é extremamente cauteloso a respeito de tudo?	......	......
6. É Você pessimista quanto à maioria das coisas?	......	......
7. Você é inclinado a fazer de uma palha, cavalo de batalha?	......	......
8. Você se preocupa excessivamente a respeito do que a outras pessoas pensam?	......	......
9. Você está sempre preocupado com o bem-estar dos membros da sua família?	......	......
10. Você se preocupa em ficar louco, em morrer ou em contrair câncer?	......	......
11. Você não tem confiança no futuro?	......	......
12. Você é supersticioso?	......	......
13. Você se preocupa com o castigo de Deus?	......	......
14. Você aspira à perfeição?	......	......
15. Você foi criado por pais que se preocupam em excesso?	......	......
16. Você é sério?	......	......
17. Você é uma pessoa supersensível à crítica, ofende-se facilmente e guarda coisas sem importância?	......	......
18. O seu hábito de pensar remonta a alguma frustração dolorosa no passado?	......	......
19. Você se preocupa com as responsabilidades de rotina?	......	......
20. Você se preocupa com a espécie de impressão que causa em outras pessoas?	......	......
21. Você fala constantemente com as pessoas que o cercam sobre as coisas que o preocupam?	......	......
22. Você tem necessidade de que sempre lhe reassegurem que nada irá acontecer?	......	......

		Sim	*Não*
23.	Você depende dos outros para resolver seus problemas?	......	......
24.	Você se preocupa excessivamente com os problemas e infelicidades alheias?	......	......
25.	São os seus medos imaginários associados com alguma coisa que leu ou ouviu?	......	......
26.	É Você superdesconfiado e duvida da integridade dos amigos?	......	......
27.	São os seus problemas financeiros uma constante fonte de preocupação?	......	......
28.	Você tem necessidade compulsiva de se preocupar?	......	......
29.	É Você do tipo daqueles que abocanham mais do que podem mastigar e depois se preocupam com isso?	......	......
30.	Falta-lhe senso de humor?	......	......
31.	Você tem medo de gozar a vida?	......	......

• A Frustração de Sentir-se Só

Muitas pessoas solitárias são amarguradas e infelizes. Têm para com a vida uma atitude de irritabilidade. Em vez de procurarem a *causa* da sua solidão, argumentam que as pessoas *não são amistosas.* A moça solteira pode pensar que não adianta sair com rapazes, porque a maioria deles são "lobos". Outras concluem que os homens que encontram ou são muito moços ou muito velhos ou então já são casados. Muitas viúvas, por causa do sentimento de piedade por si próprias, sentem-se deslocadas em grupos de pessoas casadas.

A solidão é mais um *sintoma* do que uma condição. Qualquer pessoa pode sentir-se só — casada ou solteira, sozinha ou em uma multidão. A maioria das pessoas solitárias não tem imaginação. A não ser trabalhar para o seu sustento, não sabe como aproveitar seu tempo de descanso. Não tem habilidade para fazer amigos. Na verdade não existe razão alguma para que alguém se sinta só e sem amigos. É uma questão de saber como estabelecer camaradagem, como tornar-se agradável aos outros.

• A Solidão Autoprovocada

Um escritor de artigos populares, Charles B. Both, descreveu uma viúva independente, que vivia num hotel familiar onde vi-

viam também viúvos e solteirões da sua mesma idade. Sentia-se só mas repelia todas as tentativas de amizade dos outros. Depois das refeições fechava-se em seu quarto, pensando que os seus companheiros de hotel não eram suficientemente bons para terem amizade com ela.

Existem muitas pessoas assim, que se retraem para não fazer novos conhecimentos ou cultivar amizades. Para combater a solidão, é preciso ter de início uma atitude acertada com relação às pessoas. É necessário que Você tenha em mente que, além de sua pessoa, existem muitas outras que também vivem só e procuram novas amizades. Porém, para ganhar um amigo é necessário que em primeiro lugar Você *seja amigo.*

A pessoa solitária está propensa a sentir-se inferior e a pensar que os outros não se interessam por ela. Outras são sem tato e deixam transparecer na presença de estranhos suas deficiências de personalidade, preconceitos e ódios ou então discutem seus males físicos e desta maneira se tornam sem atrativos. Esta falta pode ser facilmente remediada. Simplesmente requer um pouco de esforço para tornar-se agradável aos outros e analisar o que Você está para dizer antes de falar desacertadamente no momento impróprio. Você não pode almejar *não ser solitário* se Você não gosta das pessoas e delas se mantém à distância. A recusa de convites para ir a lugares torna-se um *hábito* e depois de certo tempo Você quase prefere estar só a exercer um esforço suficiente para atender a reuniões sociais onde pode encontrar e fazer novos amigos. Viver numa torre-de-marfim aumenta a sua solidão. Escolha os lugares acertados para ir, de acordo com a qualidade de amigos que Você deseja. Quando Você encontrar novas pessoas, procure conhecê-las melhor.

• O Conselho Para os Solitários

As pessoas solitárias precisam encontrar alguma coisa construtiva para ocupar suas noites e seus fins-de-semana. Existem mil e uma coisas de natureza absorvente que uma pessoa pode fazer. Uma pessoa preguiçosa jamais encontra uma coisa que lhe interesse. Um "hobby" em comum proporciona a reunião de diversas pessoas e é um meio de estabelecer novas amizades. Existem clubes dos quais Você pode fazer parte e de cujas atividades sociais pode participar.

Antes de decidir-se a fazer novos amigos analise sua personalidade. Corrija qualquer defeito sério que possa ter. Você não pode ser pretensioso, reservado ou antagônico e ainda esperar que as pessoas gostem de Você. Ninguém gosta de pessoa de mau-humor. Se Você tem consciência de suas faltas, sentir pena de sua pessoa não adianta. *Repare-as.*

Fazer coisas para os outros é um meio rápido de se conseguir amigos. Fazer que os outros se sintam auto-importantes torna-o atraente. Você jamais poderá esperar ganhar amigos enquanto tentar encontrar alguma coisa errada em cada nova pessoa que encontra. Todos possuem defeitos. É preciso que aprenda a ser tolerante e compreender que ninguém é perfeito. Se Você é infeliz não deixe que o mundo saiba disso. Se encontrar pessoas infelizes não fuja delas. Tente ajudá-las e influenciá-las para que melhorem sua atitude com relação à vida.

Um dos maiores predicados a adquirir a fim de proteger a sua pessoa contra a solidão é a *auto-suficiência. Aprenda a viver consigo mesmo.* Se Você não pode fazer-se a si mesmo feliz, como poderá fazer outrem feliz? Sempre que uma pessoa disser que *não gosta de seus semelhantes,* Você pode ficar quase certo de que ela *não gosta de si própria.*

Pare de meditar sobre a solidão. Através de um plano inteligente, da lógica e de bom-senso, qualquer pessoa pode vencer a solidão, seja qual for sua idade ou situação na vida. *Faça de Você seu primeiro amigo que os outros o seguirão.*

• As Frustrações não Devem Dominá-lo

Um jovem, de quase trinta anos, trouxe-me escrita alguma miscelânea de pensamentos a seu respeito, à qual deu o título de "Pensamentos ao Acaso". Através dessa miscelânea ele descrevia o que considerava ser seu problema emocional:

> Um dos meus piores defeitos é a minha disposição. Tenho tendências para tornar-me irritadiço, facilmente frustrado e temperamental. Durante anos aspirei à perfeição — rápido para ver erros nas coisas, nas pessoas e na minha própria pessoa. À medida que avançava para os trinta anos, tornei-me ainda mais crítico, com relação às fraquezas, aos erros, à organização caótica e à grande ineficiência do mundo em geral, lamentando a sua hipocrisia e estupidez e sentindo que, se o homem apenas usasse a sua cabeça, poderia reparar tudo. Isto fez que me tornasse azedo de personalidade e de alma. Passava todo o meu tempo preocupado com os importantes problemos do mundo em vez de cultivar ao máximo os meus próprios e imediatos interesses.

Como prova de que finalmente havia conseguido vencer a sua sensibilidade e irritabilidade, não mais se deixando tornar crônicamente frustrado, esse rapaz escreveu:

> Nestes últimos 2 anos tenho gradualmente passado por uma modificação fundamental no meu modo de pensar e na minha personalidade e este processo ainda continua. Não apenas consegui razoavelmente vencer a minha ansiedade e tensão que eram as minhas principais queixas, como também a modificação das emoções e frustrações mais importantes que causavam este problema. Estou começando a expressar a minha individualidade com menos reserva. Sempre tive um tipo impulsivo de ambição, trabalhando, estudando e me conduzindo de maneira que pudesse provar a mim mesmo a minha própria utilidade. Agora vejo a tolice disto e compreendo a importância de *viver*, de receber amigos e de todas as coisas boas da vida. Ainda possuo ambição, mas de maneira mais saudável, com a finalidade de me ajudar a alcançar o sucesso e a felicidade sem a preocupação de fazer uma impressão duradoura no mundo. Quero cooperar com a minha parte para melhorar o mundo, mas não a ponto de frustrar-me buscando neuroticamente a fama à custa da felicidade, do amor e de um sábio viver.
>
> Aprendi a estabilizar as minhas reações emocionais a um grau considerável, reduzindo a freqüência da cólera, da depressão, da melancolia, da inveja, do ódio e coisas semelhantes. Ensinei a mim mesmo não ser supersensível à crítica e tornei-me também menos crítico. Como conseqüência experimento menos frustração e encontro mais facilidade em dar-me bem com as pessoas.

• A Auto-Aquisição de Conhecimento Íntimo

A maior parte do seu sucesso em ocasionar a modificação de suas atitudes anteriores pode ser atribuída ao desenvolvimento do conhecimento íntimo na origem das suas antigas frustrações.

> Grande parte do meu zelo reformista, tenho certeza, é devida a uma sensibilidade aguda que resultou de uma desavença entre meus pais, na minha adolescência. O desejo de ser o campeão do mais fraco veio de um agudo complexo de inferioridade que começou na minha infância. Era muito rigoroso e radical. O meu ressentimento

contra a ordem estabelecida pode provavelmente ser remontado à minha aversão pelo meu pai, a qual agora já se encontra dissipada.

Sinto que alcancei um estado de tranqüilidade íntima. Não me preocupo em excesso com coisas que não são importantes. Considero o lado bom das pessoas e descobri que me torno menos irritado por qualquer coisa que elas fazem ou dizem.

Reconheço que minhas idéias, absolutamente ridículas, não bastam para modificar o mundo da noite para o dia e são na sua grande parte atribuídas às minhas frustrações da infância. Agora posso sentir prazer no mundo, viver nele e com ele, não me sentir ansioso porque não posso transformá-lo de um dia para outro num "Paraíso". Tornei-me tolerante com as pessoas, com as coisas e com as idéias. Isto me tem permitido começar a me divertir e às vezes relaxar em lugar de pensar que eu deveria estar sempre fazendo alguma coisa construtiva para o mundo. Reconheço que uma vida equilibrada de trabalho e divertimento é essencial. Encontro-me satisfeito com as minhas realizações e muito confiante, sem presunção, de que poderei conduzir minha vida com êxito, dentro de um senso realista, ao meu alcance e não como um novo salvador do mundo, como costumava pensar da minha pessoa.

Os meus sintomas psicossomáticos estão diminuindo. A nebulosidade, a tontura, as agudas dores de cabeça, as dores nas virilhas, os espasmos musculares, a melancolia, as constantes sensações de tensão e contração da garganta desapareceram. Uma vez ou outra eu sinto um enrijecimento na minha garganta, dificuldade no engolir e de vez em quando uma sensação de ansiedade com ligeira dor de cabeça, mas tudo com intensidade bem mais reduzida. Sinto que coloquei em execução grande parte do que aprendi.

Existem muitos indivíduos como esse que adquirem distúrbios emocionais porque se deixam tornar vítimas das frustrações de todos os dias. Lutam dia após dia nesse seu estado de infelicidade, nunca sabendo tratar inteligentemente um problema situacional.

• Como Governar as Frustrações de Cada Dia

1. Convença-se de que todos os *problemas situacionais* possuem uma solução *apropriada*. É uma questão

de paciência e de encontrar a resposta acertada para sua situação específica. Isto requer estudo e planejamento.

2. Pense antes de agir. As pessoas se tornam frustradas facilmente porque se *deixam* aborrecer emocionalmente. Não dão a si mesmas um oportunidade de ficarem calmas e objetivas. Agem impulsivamente e depois se arrependem.

3. *Simplifique* sua vida. Não aceite deliberadamente complicações que lhe causem ansiedade e preocupação.

4. Quando as coisas andarem mal, pense em algo que o faça *rir* ou *sorrir*. Não deixe de usar o senso de humor quando mais necessitar dele.

5. Não é sempre que podemos agradar todas as pessoas. Deparar com as pessoas que não nos apreciam é de se esperar. Aceite a repudiação estoicamente.

6. Convença-se de que *traz consigo um poder* que o ajudará a encarar as adversidades corajosamente — que o capacitará a superar quase todos os obstáculos.

7. Conte os seus problemas a alguém que possa ajudá-lo.

8. *O bom governo* das frustrações de todos os dias depende de como Você aprendeu a controlar e dominar suas emoções.

9. Não aspire à *perfeição*. As pessoas assim são propensas a se frustrarem facilmente, porque esperam muito de si e dos outros. São muito idealistas e pouco realistas.

10. Antes de culpar os outros pelas suas frustrações, pergunte a si mesmo: "Tenho facilidade em viver bem com as pessoas?"

11. Antes de ficar aborrecido por não ser capaz de tomar uma decisão, descubra as causas das suas indecisões.

12. Analise a psicologia básica de suas frustrações. As pessoas que se tornam *frustradas facilmente são superagressivas,* inseguras e impacientes.

13. Contrabalance suas frustrações recompensando-se a si próprio com atividades que lhe provoquem relaxamento.

14. Agir inteligentemente é melhor do que uma preocupação desnecessária.

15. Uma mudança de rotina pode dissipar a frustração de sentir-se aborrecido com a monotonia.

16. Você não pode solver as suas frustrações, dando-lhes as costas ou refugiando-se no álcool; isso apenas multiplicaria suas frustrações. O beber em virtude de uma frustração é sempre acompanhado de um resultado de culpa e de aumento de frustrações.

17. Quando Você sentir-se frustrado porque alguém o desapontou, diga para consigo mesmo que na realidade ninguém desaponta alguém. As pessoas se desapontam a si mesmas.

SESSÃO 19

APRENDA A PERDOAR-SE A SI MESMO

• É Anormal Ser Infeliz

A infelicidade é uma doença. É uma forma de auto-envenenamento da mente. Tratemo-la, pois, como se fora uma doença — como alguma coisa que possua uma *cura* definitiva e bem dentro de nosso alcance.

A monotonia da rotina da vida — comer, dormir e trabalhar — é uma das causas mais preponderantes do aborrecimento e da infelicidade.

Muitas pessoas infelizes são como pequenos barcos que derivam no mar da vida, navegando sem bússola.

Um jovem, queixando-se de inquietação, enfado, dores de cabeça freqüentes, instabilidade emocional, nervosismo geral, entrou numa Universidade do Sul. Durante todo o seu primeiro ano não conseguia decidir o que desejava ser ou que estudos fazer. Acabou por deixar a escola e passou 6 meses na ociosidade e depois convenceu um tio para que lhe desse um emprego no escritório. Depois de três meses aborreceu-se e decidiu viajar. Quando de sua volta começou a manifestar grande número de sintomas neuróticos, para os quais foi em busca de ajuda psiquiátrica.

Outro desorientado? Bem, quase isso. Sob cuidados profissionais, essa criatura desgarrada adotou um programa organizado de acôrdo com as necessidades. Sua cooperação e sua adesão a um conjunto de planos lhe proporcionaram a recompensa de um feliz ajustamento social e econômico.

• É Você o Responsável Pela Sua Própria Infelicidade?

Existem muitas causas *autoprovocadas* da infelicidade: um recuo das responsabilidades da vida, a perda da autoconfiança, medos e preocupações exageradas, a avidez, "querer", em vez de "dar", um tipo de existência monótona e sem alegria, sentimentos de indignidade, de autocondenação, sintomas para atrair a atenção, imaturidade emocional, solidão, idéia de perseguição e ódio.

• A Infelicidade é uma Atitude da Mente

Existem duas espécies de reações emocionais às desventuras pessoais: (1) Normal; e (2) Anormal. Se alguém fica deprimido depois de um acontecimento triste e tiver reação temporária, consideramos essa pessoa normal. Quando uma pessoa, porém, recusa ajustar-se à tristeza e permanece cronicamente infeliz, esta reação é anormal.

Já me perguntaram muitas vezes: que faz que uma pessoa continue infeliz?

Sentir alguém pena de si próprio é uma das causas da infelicidade crônica. É uma forma de atrair a atenção, é vontade de que o mundo se mostre desejoso de compartilhar de nossa infelicidade.

• Os Neuróticos Verbalizam e Propagam Sua Infelicidade

Os neuróticos estão sempre lembrando a si próprios seus grandes infortúnios. Abraçam a dor de encontro ao peito com medo de a esqueceram. Sentem prazer em contar a todos os amigos os seus aborrecimentos. Como a infelicidade é contagiosa, desejam reparti-la com alguém que os escute.

Os indivíduos emocionalmente maduros não alardeiam a profunda dor que sentem. Fazem todas as tentativas para sobreviver aos efeitos psicológicos de uma tragédia pessoal. Os neuróticos alcançam satisfação vicária na importância que criam quando captam a atenção e sentimento de pena dos seus amigos. Sentem prazer na atenção que sua infelicidade desperta. Usam o vocábulo de uma mente conturbada.

Se Você repentinamente deparar com uma mulher parada num canto, chorando, Você se sentirá inclinado a perguntar-lhe se poderá fazer alguma coisa para ajudá-la. Literalmente, existem muitas pessoas que choram, sem a prova visível de lágrimas; o seu "choro" está disfarçado nas queixas da sua infelicidade. Como uma agulha de vitrola, presa em determinado sulco de um disco muito usado, repetem por muitas vezes os detalhes de um infortúnio passado.

É prejudicial a inocente concessão de simpatia e piedade a uma pessoa que sempre expressa sua infelicidade. Ser severo ou indiferente também causa dano. Ninguém gosta de ser chamado de neurótico ou ser censurado por alguma coisa que não entende e pensa que não pode evitar.

Requer paciência e habilidade para reeducar-se tal vítima até o ponto em que a psicologia da sua infelicidade se lhe apresente clara. As motivações ocultas do estado mórbido da sua mente precisam ser trazidas no nível do percebimento consciente.

• A Infelicidade na Vida Adulta Muitas Vezes Tem Sua Causa Numa Infelicidade da Infância

Outra razão por que alguns reagem de maneira normal aos infortúnios comuns da vida é que a infelicidade não é apenas contagiosa e muitas vezes motivada pela autopiedade, mas também é o resultado do condicionamento da vida infantil. Assim, queremos dizer que os adultos infelizes via de regra foram infelizes quando crianças e muito provavelmente pertenceram a lares infelizes. Continuadamente expostos à infelicidade de seus pais, tornaram-se afeitos a reações de desprazer de maneira neurótica. Imitaram os pais durante tantos anos que se esqueceram de como reagir de outra maneira. Tornaram-se escravos de serem infelizes.

É arriscado casar-se com alguém que é infeliz ou que vem de um lar infeliz. A tendência é transportar a infelicidade da infância para a vida conjugal. Os jovens que sofrem de infelicidade crônica não devem pensar em casamento como solução de seus problemas. A infelicidade é uma doença psicológica que deveria ser tratada com êxito antes de celebrado o casamento. A infelicidade, pois, cria um hábito causado por frustrações arraigadas numa infância desditosa.

• A Necessidade de Expiação

Isto nos apresenta outro importante fator que ajuda a explicar a alta incidência da infelicidade neurótica, principalmente a culpa autoprovocada associada a uma falta de vontade de perdoar a si mesmo e uma necessidade de expiação — *masoquismo* — um complexo através do qual o indivíduo se entrega ao autotormento.

É possível que Você já tenha ouvido alguém afirmar que certas pessoas "somente são felizes quando estão infelizes". É equivalente à contradição apresentada quando uma mãe chora no casamento de sua filha e diz: "Choro porque sou tão feliz!" A mesma coisa se aplica aos neuróticos que descobrem uma razão para serem infelizes. Desenterram do passado alguma coisa pela qual se sentem culpados e em seguida passam o resto da vida expiando essa culpa. Revivem o incidente que subconscientemente provoca os sentimentos de culpa a fim de que possam ter alguma coisa para se punirem a si próprios.

Loretta era uma jovem que havia deixado sua casa porque não podia dar-se bem com os outros membros da família; nenhum deles a "compreendia". Vivia só, numa cidade estranha e encontrou na bebida uma companheira para ajudá-la na luta contra a necessidade que sentia de voltar para casa. Depois de sua adesão ao álcool, tornou-se promíscua e um dia ficou abalada ao saber que estava grávida. Tomou veneno, num esforço para escapar-se de tudo. A dona da casa, suspeitando de alguma coisa, entrou no quarto e encontrou-a prostrada no chão. Foi levada às pressas ao hospital mais perto e teve um aborto devido aos vômitos excessivos, mas logo se restabeleceu. Isto tudo aconteceu muitos anos antes de procurar o auxílio de um psiquiatra. Depois desse episódio, ela se tornou displicente, continuou a beber e mais uma vez tentou contra a vida. Era óbvio que estava tentando punir-se por uma culpa que experimentou como resultado das suas diversas "diabruras". Muitos dos vinte e dois mil suicídios que todos os anos se verificam nos Estados Unidos são perpetrados pela sensação de culpa e pelo sentimento de autodesprezo.

• O Medo de Ser Feliz

Existe grande número de pessoas que se julgam *indignas* da felicidade. Algumas são até supersticiosas a esse respeito. Sentem que se demonstrarem algum sinal de felicidade, algum mal cairá sobre elas. Tais pessoas *têm medo* de ser felizes.

Os indivíduos dessa categoria na verdade saem à procura de aborrecimento. Quando ele aparece, satisfaz um desejo inconsciente: agora possuem alguma coisa para se arrepender. A pessoa normal comete erros acompanhados de resultados desastrosos, mas ao procurar perdão ela também se perdoa a si própria. Lucra com essa experiência e evita praticar novamente erros da mesma natureza. O neurótico emaranha-se de desventura em desventura. Os psicanalistas afirmam que os neuróticos, aqueles que admitem sua infelicidade, obtêm uma satisfação erótica através dessa *necessidade de sofrimento*. Sua infelicidade é uma expiação autoinfligida dos pecados do passado.

• Não Faça da Infelicidade seu Alibi

Uma pessoa infeliz é propensa a usar sua infelicidade como um alibi para suas faltas — senso de desproporção e inabilidade para assumir responsabilidade. Atribui todas as suas dificuldades a ter sido vítima da má-sorte. É um bom jeito de enganar-se a si própria — é como ganhar no jogo-de-paciência, tirando cartas da parte de baixo do baralho. É a saída mais indolente para não trabalhar pelas coisas que trazem a felicidade.

Essas pessoas usam seus infortúnios passados para explicar o motivo do seu procedimento. Sempre que alguém sugere um remédio para o seu estado, elas se refugiam nos "se" e nos "mas".

• O Que Dizer a Si Próprio Quando Se Sentir Infeliz?

1. A infelicidade é uma doença da mente.

1. É contagiosa.

3. *Esqueça* que é infeliz. A infelicidade pode tornar-se um hábito ou uma obsessão.

4. Se Você deseja ser *feliz* reconheça as motivações existentes atrás da sua infelicidade.

5. Compreenda que os aborrecimentos aparecem para todos nós. Não é o que acontece, mas sim a sua reação ao acontecido que determina se Você ficará infeliz temporariamente ou se sofrerá de uma infelicidade crônica e neurótica.

6. Permaneça ocupado. Não tenha tempo para ser infeliz. Devote a sua energia para ser bondoso para com os outros. A bondade tem sua própria recompensa. Até Buda devia ter sabido disso, pois ele disse: "Praticar um pouco de bondade é mais do que alcançar grandes conquistas." Ele invocava a amizade como um meio de nos libertarmos da infelicidade e do medo, definindo a amizade como uma "afeição imaculada pela esperança ou pensamento de qualquer recompensa na terra ou no céu". A filosofia de Buda sustenta que a "amizade é a única cura para o ódio e a única garantia da paz".

7. Não viva no passado. O seu passado é como uma refeição previamente consumida.

8. Entre uma carranca e um sorriso, escolha o sorriso. A carranca desaparece. A conseqüência do seu sorriso o tornará feliz *interiormente* e é aqui que principia a felicidade; é exatamente aí — no seu *mundo interior*.

SESSÃO 20

AVANCE EM SABEDORIA À MEDIDA QUE AVANÇA EM IDADE

• Você Tem a Idade Que Sente

O provérbio familiar de que o homem é tão velho quanto o sente, é verdadeiramente muito mais significativo do que apenas um conceito popular. Ele contém as sementes da *sabedoria.* A velhice para se tornar uma *realidade* precisa primeiramente existir na *mente.*

Depois de atravessar a idade equatorial, a maioria das pessoas tem a tendência de reagir de um destes dois modos: ou se entrega à força do correr dos anos como se estivesse sob o poder de um ímã ou desafia corajosamente a aproximação dos anos lutando para manter o gosto pela vida.

O mero fato de Você contar quarenta, cinqüenta ou sessenta anos de idade, é relativamente de pouca importância. Não tem grande significado. A questão importante é esta: qual é a sua *verdadeira* idade? ou simplesmente: quantos anos Você tem? É mais provável que Você descubra a verdadeira resposta na sua *mente.*

Como são verdadeiras as palavras de George Sokolsky sobre o tema da permanência da mocidade:

> Cada um de nós ambiciona permanecer sempre jovem, para aos sessenta poder dançar alegremente, para continuar aos setenta interessado em tudo que diz respeito à vida e manter-se lúcido aos oitenta. E por que não? Os anos são artificialidades do calendário. Quando o espírito

é jovem os anos se tornam esquecidos. Se o espírito permanecer jovem poderemos aos oitenta anos cantar uma canção da mocidade como aos dezoito, porém aos oitenta terá um significado maior.

• Faça Sua Própria Idade

Todos os homens, até certo limite, fazem sua própria idade. Não me refiro unicamente aos elementos físicos. Muitos e muitos homens estabelecem certas práticas com invariável regularidade; renunciam a estimulantes alcoólicos, limitam-se a um charuto depois do jantar e, no entanto, envelhecem antes do tempo. Por quê? Por causa do medo de envelhecer — o pavor dos anos avançados — que permanece remoendo-lhes o coração, envelhecendo-os dia após dia, mesmo durante a sua procura para prevenir o inevitável.

A idade avançada não é nada mais do que uma rendição incondicional ao conhecido homem com a foice. Você se rende aos quarenta, aos cinqüenta, aos sessenta, aos setenta anos — *a qualquer idade.* Mas não há nenhuma necessidade disso. Ao contrário, se Você desejar, poderá atravessar a vida como um valente viajante, mantendo uma vontade férrea na competição contra os anos, sendo marcado mas não desfigurado por eles.

Temo-nos apegado quase tenazmente à convicção de que é inevitável uma velhice doentia. Referimo-nos de maneira pessimista aos anos derradeiros e antecipamos uma questão de rotina. E para dizer a verdade, não tem havido nenhuma falha nesta demonstração, para sustentar este ponto de vista. Apenas os indivíduos excepcionalmente favorecidos poderão escapar das mãos embaraçantes da doença.

• Permaneça Jovem Conservando Seus Pensamentos Jovens

O corpo envelhecerá gradativamente; os cabelos se tornarão grisalhos e escassos; as artérias se enrijecerão; os músculos perderão sua elasticidade; a pele se enrugará e perderá o viço. Isto é inevitável, mas poderemos conservar o espírito jovem. Não envelhecemos mentalmente, exceto quando deixamos nossas idéias se solidificarem e bloqueamos os canais que conduzem à apreciação. A mente amadurece mas não envelhece como os outros órgãos ou pelo menos o processo de desintegração é muito vagaroso, não sendo perceptível na maioria das pessoas. A Ciência já provou este fato.

Dissemos que permanecemos jovens, conservando nossos pensamentos jovens. Com isto não queremos dizer uma volta à alegria juvenil ou aos trajes e divertimentos da mocidade. Nada é tão ridículo como uma pessoa idosa querer imitar um jovem, uma paródia da mocidade. O que está implícito é que se conservarmos os nossos interesses pelo progresso mundial, se a nossa educação for sempre crescente, se não perdermos o nosso senso de humor, e não superavaliarmos nossa própria pessoa e nossas próprias idéias nem desvalorizarmos as dos outros bem como suas opiniões, então não envelheceremos.

• Não Há Necessidade para Temermos a Idade Avançada

A idade tem sido considerada como mera tradição de arrependimentos, de medos futuros e de lembranças de feitos na mocidade. Aqueles que espiritualmente se submetem às doenças e aos medos da meia-idade estão simplesmente tornando suas tendências neuróticas no principal interesse de suas vidas, com a horrível conseqüência de que em breve se tornarão introvertidos e autocentralizados, obcecados pelos sentimentos de desânimo e de autopiedade. Encontram-se cegos na sombra da sua velhice, decrépitos fisicamente, na quarta ou quinta década da vida, vitimados pela perda prematura dos interesses jovens.

Não é isto, afinal de contas, um pouco tolo ou obviamente tolo, preocupar-se e temer o fato de se ter atingido o quadragésimo ano? É nesta ocasião que por fim Você alcança a idade radiante, é quando Você se sente livre das responsabilidades da juventude e mais *dono de si* devido às experiências que ocorreram durante a mocidade.

O homem sempre teve no outono da vida uma tendência mórbida para temer os anos futuros. Começa a envelhecer fisicamente quando deveria começar a viver mentalmente.

Lembre-se que todos nós ainda preferimos beber um vinho de velha safra e fumar um cachimbo já curtido. O músico entendido escolhe para sua melodia um velho violino. Por que então hesitarmos em saborear a vida quando ela se encontra no melhor da sua sazonação?

• Os Anos de Colheita de Sua Vida

Se Você ceifar dia a dia a colheita da vida, sempre procurando novos interesses para satisfazer seu apetite intelectual, Você jamais envelhecerá.

No livro "A Vida Começa aos Quarenta", Walter Pitkin diz:

> Argumentarei que vários milhares de nossos cidadãos aproveitam muito mais quando atingem a quarta, quinta e sexta décadas da vida do que qualquer uma das anteriores, simplesmente aprendendo como viver e como tirar o melhor proveito das oportunidades ao seu alcance. Além disso sustentarei que os milhares de indivíduos afortunados pertencentes à classe das mais altas rendas podem dobrar ou triplicar seu prazer de viver, simplesmente através do domínio de uma moderna filosofia da vida.(1)

• É Você Pessimista ou Otimista?

Passada a meia-idade, nós nos tornamos pessimistas sem objetivo ou otimistas agressivos. Todos conhecemos os pessimistas. Na verdade, provavelmente conheçamos um número demasiadamente grande deles. O pessimista é o agente funerário, o desmancha-prazer, a lápide humana de uma sepultura. O otimista de visão, por outro lado — proprietário de uma disposição equivalente a um milhão de dólares — ama a vida, raramente se queixa de suas tristezas e sempre reflete um espírito jovem.

• Começando a Viver

Lembro-me do caso de um professor de colégio, casado e feliz, que havia sido praticamente, durante toda sua vida, um estudante compenetrado e muito trabalhador. Demonstrava muito pouco interesse em prazeres recreacionais até os quarenta e cinco anos de idade. Nesta etapa da vida, sofreu súbita transformação da personalidade. Começou a fumar, bebia "highballs" e dançava freqüentemente. A esposa ansiosa solicitou uma explicação psiquiátrica para essa mudança de comportamento. Depois de excluídas todas as possibilidades de doenças, foi constatado que nosso amigo estava apenas satisfazendo os luxos de uma mocidade que nunca tivera. Sua própria justificação era que havia encontrado a si mesmo e estava apenas começando a viver.

Esta reação é completamente humana e até mesmo, em alguns aspectos, digna de elogio. Este despertar tardio para o normal instinto de divertimento tem evitado muitos ardis de inumeráveis

---

1 Walter Pitkin, *Life Begins at Forty* (*A Vida Começa aos Quarenta*), New York: Whittlesey House, 1932.

trabalhos de ficção, e encontramos exemplos na vida real com uma certa freqüência.

Alguns Conselhos Profissionais

Não é difícil entender a elação de um indivíduo enclausurado que repentinamente tropeça na descoberta de que existe neste nosso mundo uma enorme quantidade de divertimentos. É preciso que fique bem entendido que estou inteiramente do lado desse homem desperto e de maneira definitiva. Se, porém, eu pudesse tirá-lo do salão de danças e daquela provocadora loura eu lhe sussurraria ao ouvido *algumas palavras de conselho*. De acordo com minha capacidade de psiquiatra, gostaria de dizer-lhe:

> Sr. Van Winkle, estou encantado de ver que está começando a emergir do seu sono de quarenta anos. Ótimo. Esfregue os olhos, jogue este sono fora e goze esta festa. Porém — espero que esteja com o ouvido bem atento para este ponto que é realmente importante — não tente compensar o tempo perdido. Isto é verdadeiramente impossível de ser realizado.
>
> Existem certos prazeres e passatempos que se encontram claramente rotulados "*Exclusivismos da Mocidade*". Deixe-os. Não são para o senhor. A juventude sente prazer nesses divertimentos, o que é justo e próprio. Mas, de acordo com os seus antecedentes, sua experiência e seu maduro ponto de vista, o senhor não encontrará satisfação duradoura em agir como adolescente. O senhor apenas acabará por perder melhores prazeres que estão à sua espera no grupo de pessoas de sua idade. Divirta-se. Divirta-se muito, porém com divertimentos "quarentões".

Torne Seus Últimos Anos Mais Valiosos e Mais Felizes

Arthur Christopher demonstra que existem ganhos definidos para compensar a perda da mocidade. Para começar, diz ele, nós, pessoas de meia-idade, perdemos o acanhamento da mocidade. Não esperamos mais causar impressão. Dizemos o que pensamos, completamente cientes de que nosso ponto de vista é apenas um dentre muitos e estamos bem preparados para revisá-lo.

> Com a idade a tirania das convenções decresce. Gradativamente, vim a descobrir que as pessoas se incomodam muito pouco a respeito do que a gente faz; que as pessoas da "elite" eram as mais enfadonhas e que os

únicos jogos em que vale a pena tomar-se parte são aqueles em que se diverte.

É verdade que na mocidade havia arrebatamentos mais vivos, percepções mais penetrantes e emoções mais apaixonadas. Mas, então, nessa época a mente também mergulhava com mais velocidade no desencorajamento, no tédio e no desespero. A vida não é tão exultante, porém é enormemente mais interessante... Na mocidade, os enganos parecem ser irreparáveis, as calamidades intoleráveis e as desilusões insuportáveis. Aprendi que os enganos muitas vezes podem ser reparados, que as calamidades podem às vezes ter uma alegria compensadora e que em geral a desilusão é em si um rico incentivo para novas tentativas. Aprende-se que é mais difícil conquistar a esperança do que vencer a dor e que muitas das tristezas da vida residem na imaginação.[1]

O melhor meio de enganar a idade é aprender a controlar as emoções que nos incapacitam para manter uma disposição mental feliz da qual a mocidade depende grandemente.

Nosso objetivo não é meramente uma longevidade maior, mas também uma vida mais valiosa e mais feliz. Afinal de contas, não existe muito senso em permanecer demoradamente num vale de lágrimas e atribulações. A não ser que os últimos anos possam ser cheios de sabor, interesse e significação, valerá muito pouco o esforço requerido para que a monótona chama da vida não se extinga. Quem é que faz caso de viver a menos que possa *viver*?

• Que Idade Tem Você?

Agora que Você completou quarenta anos, acha que a velhice está muito próxima? Está Você adquirindo má disposição em virtude do seu cabelo grisalho? Quando seu médico diz que não existe nada de errado com Você fisicamente, embora Você saiba que não está completamente perfeito, pare de preocupar-se durante o tempo necessário para que possa dar-se a si próprio um teste de idade. Isto poderá demonstrar-lhe a raiz de todo o seu problema. Faça em si mesmo uma vistoria mental através destas simples e reveladoras perguntas:

1. Você se está tornando freqüentemente mais deprimido, dando largas a sentimentos de autopiedade? Se assim for, responda: por quê?

1 Artur Christopher Benson, *Where no Fear Was*. N. Y. and Londres, G. P. Putnam's Sons, 1914.

2. Esta Você constantemente sonhando com o passado?

3. Você se preocupa com seu coração, temendo que o exercício em excesso possa ocasionar-lhe um ataque cardíaco fatal?

4. No cinema, sua esposa precisa cutucá-lo com o cotovelo para mantê-lo acordado?

5. Diminuiu o seu golfe para apenas nove buracos?

6. Você perdeu a brejeirice dos olhos?

7. Você se zanga porque os filhos o chamam de "velho"?

8. É Você muito dependente e possessivo?

9. Você ainda aprecia uma história picante e se diverte com uma caricatura maliciosa?

10. Você se associa a pessoas de sua idade ou se mistura com os jovens?

11. Você tem uma tendência para mentir a uma mulher atraente que lhe pergunta pela verdadeira idade?

12. Você se preocupa com trivialidades e é inclinado a ser pessimista em muitas coisas?

13. Você prefere passar a maior parte das noites em casa?

14. Você falou à sua esposa que preferia, agora que se está tornando mais velho, dormir em camas separadas?

15. Você se irrita facilmente e é exageradamente sensível?

16. Você se está tornando menos tolerante, mais crítico e mais dominante?

17. Você inveja as pessoas jovens?

18. Você se queixa excessivamente da saúde?

19. Você está aborrecido com a vida?

20. Você é muito preguiçoso para iniciar um "hobby"?

21. Está Você adquirindo uma disposição irritadiça?

22. Você possui um modo de pensar com relação à maneira de viver de outras pessoas?

23. Você deixou de ir à igreja?

24. Você faz do mexerico um passatempo?

25. Você se sente muito velho para mudar?
26. Você rejeita os conselhos dos mais moços?

• Pode o Excesso de Trabalho Causar Uma Velhice Prematura?

Freqüentemente ouvimos a afirmativa de que certo indivíduo está fazendo do "trabalho um meio de morte". Existe talvez alguma exação nisso, mas, como regra, minha opinião é moderadamente cética. Na verdade, um trabalho muito intenso em condições adversas pode envelhecer um homem prematuramente: talvez realmente, possa até matar uma pessoa fraca antes que ela se acostume às suas tarefas. Mas nas ocupações sedentárias desempenhadas por muitos de nós, o perigo do excesso de trabalho é um pouco mais remoto.

Depois de um exame minucioso Você descobrirá que não é o excesso de trabalho que está envelhecendo o funcionário sobrecarregado, mas sim os cuidados e as preocupações de administração, dos quais ele não aprendeu a se desembaraçar. E com certa freqüência Você encontrará, em aditamento à complicação, uma relação doméstica insatisfatória. O trabalho não tem nada a ver com os profundos sulcos na testa. A preocupação é que os estampa. Preocupar-se durante o outono da vida é como uma pedra de amolar que desgasta o seu instante de vida.

• Um Exemplo de Mocidade Triunfante

Talvez poucos de nós saibam que Benjamin Franklin contava setenta e um anos de idade quando seguiu para Paris encarregado da delicada tarefa diplomática de negociar uma aliança entre a França e o Estados Unidos. Muitos dos seus contemporâneos andavam de um lado para outro aguardando resignadamente pelo "Inflexível Ceifeiro". Mas Franklin, através da sua brilhante personalidade, conquistou um poderoso aliado para seu país e muito respeito para si próprio. Contava quase 77 anos quando negociou o tratado com a Inglaterra que tornou o nosso país em república. Depois de alguns meses do octagésimo aniversário Franklin foi eleito governador da Pensilvânia com apenas um voto divergente; foi duas vezes eleito por unanimidade.

Guarde bem em mente que Franklin tinha oitenta e um anos de idade quando outra vez demonstrou as suas ainda perfeitas faculdades mentais na formação da Constituição dos Estados Unidos. Jovens, com a metade da sua idade, caíram em discussões entre si na deliberação de representação pelos Estados ou pela população. Foi Franklin quem acalmou a situação sugerindo o

Conselho do Senado, o qual, com efeito, realizou a representação tanto pelos Estados como pela população. Sim, verdadeiramente, um grande homem idoso, sob qualquer padrão em que o encaremos.

• As Pessoas Famosas Nunca Envelhecem

Caminhando bem mais para trás, antes do tempo de Franklin, Michelangelo continuava a produzir obras-de-arte, com a idade de 89 anos; *Fausto* foi completado por Goethe, que contava 81 anos e Tennyson escreveu sua obra, "Crossing the Bar", com 83 anos.

Encontramos ainda inspiração nas vidas contemporâneas de Dwight D. Eisenhower, que foi eleito, com sessenta anos, para o mais alto cargo do seu país; o aposentado Presidente Harry Trumman (70 anos) decidiu viajar; Mrs. Eleanor Roosevelt, Winston Churchill, o Presidente Conselheiro Bernard Baruch, o detentor do Prêmio Nobel, Selman Waksman, Carl Sandburg, Helen Keller, Ethel Barrymore e a artista Vovó Moses.

• Diminua Seu Trabalho Mas Não se Aposente

Hoje em dia, contam-se aos milhares os homens profissionais e de negócios que se aposentam e que se encontram sem descanso e irritadiços em virtude da inatividade. Procuram desesperadamente alguma coisa – qualquer coisa – para preencher as horas vazias dos seus dias monótonos. Na verdade, o problema assumiu tão sérias proporções que diversas Companhias de Seguro tomaram conhecimento disto. Quando um homem saudável e ativo (sem considerar a idade) repentinamente se aposenta de seus negócios, dos quais era uma força de impulso, o responsável pelo seguro sacode a cabeça gravemente e principia a fazer cálculos de diminuição. As frias estatísticas demonstram que tal procedimento usualmente encurta os dias do homem sobre a terra. Sua Companhia de Seguros preferiria vê-lo decrescer gradativamente, delegar um pouco mais de autoridade aos subordinados, adquirir alguns interesses externos e ainda conservar-se suficientemente junto dos seus negócios para que seu intelecto se torne afiado na pedra de amolar das atividades diárias. Em outras palavras o conselho é: *Diminua seu trabalho mas não se aposente.*

Existe estranha sutileza na natureza humana que leva muitos de nós a uma conclusão de bazófia que, conquanto possamos ter as nossas deficiências, podemos manejar bem duas coisas: o nosso licor e o nosso descanso. Na maioria das vezes estamos errados em ambas as considerações. Suponho que muitos de nós têm pensado uma vez ou outra em se aposentar. O homem profissional ou de negócios quando atinge a meia-idade aguarda o tempo em que poderá levar a vida mais despreocupadamente; quando não mais será impelido pela indústria ou compelido pela necessidade de manter o seu frenético andamento. Sim, ele pensa nesse tempo e o aguarda ansiosamente. Não faz, porém, nenhum plano inteligente para preencher seus anos futuros.

• Você Já Fez Planos Para Seus Anos de Descanso?

Na próxima vez que um amigo ou sócio falar em aposentadoria, experimente esta prova: pergunte-lhe de chofre o que ele pretende fazer do seu tempo de descanso. As probabilidades são de 5 contra 10 de que ele se desembaraçará do assunto com airosa segurança dizendo: "Oh! quanto a *isso* não existe nenhum problema. Encontrei inúmeras coisas para fazer." E ele é perfeitamente sincero na sua resposta. Parece-lhe agora que a coisa mais fácil e imaginável é passar uma infindável sucessão de dias novamente planejados sem fazer nada de especial. Jamais encarou o descanso como um problema opressivo, porque sempre o gozou de maneira reduzida. Quando chegavam as férias e os dias feriados, estava ele sobrecarregado ao máximo. As coisas por fazer sempre superavam a disponibilidade de tempo. Sua mente não podia encerrar os problemas de umas férias perpétuas.

Mas insista no assunto, para que seu amigo demonstre as atividades que pensa em realizar e Você receberá evasivas e vagas respostas. "Oh! bem, eu viajarei muito, naturalmente. Passearei um pouco, verei o mundo. Uma coisa que eu sempre quis fazer." Muito natural. Isto parece ser uma maneira de pensar universal. Quanto mais sobrecarregadas forem nossas vidas com a rotina, mais depressa queremos distanciar-nos dela e, quando assim pensamos, é muito comum que nossa mente tome uma tendência geográfica.

• Então Você vai Viajar

Meu entusiasmo para viajar e minha confiança de que é uma das atividades mais estimulantes e satisfatórias não são inferiores aos de nenhum homem. Por prazer, porém, é em primeiro lugar uma reação. É muito bom sair por algumas semanas ou mesmo alguns meses. Faz que Você dê mais valor ao lar.

Viajar não é, todavia, ocupação para um homem saudável de cinqüenta anos e que ainda possui mais vinte bons e prazerosos anos à sua frente. Somente depois de ter visitado capitais estrangeiras e observado os atormentados turistas correndo obrigatória e obstinadamente de castelos a catedrais e verdadeiramente passado por estas coisas é que Você poderá compreender que viajar pode tornar-se uma confusa tarefa "cultural". Não existe destino mais horrível do que sentenciar um homem a uma década de viagens sem objetivo, de acordo com um livro-guia. Não, reserve as viagens para dar sabor aos seus dias. Você precisará de alguma coisa mais substancial e mais satisfatória para preencher seu tempo.

A verdade mais simples e mais clara é que é uma arte aposentar-se com êxito, estabelecendo um equilíbrio entre a ociosidade excessiva e afazeres extremos. Requer um planejamento cuidadoso e sistemático, feito com bastante antecedência. Em tão importante programa de vida Você dificilmente esperará tropeçar na felicidade.

É muito importante possuir um plano que venha ao encontro das suas necessidades e dos seus desejos e depois segui-lo conscienciosamente. Somente deste modo Você poderá ter a certeza de estar verdadeiramente conduzindo sua vida de maneira satisfatória quando, quer por necessidade, quer por vontade, Você se aposente das suas ocupações regulares.

• O Sentimento de Ser Útil é Necessário

O Dr. Spurgeon English, psiquiatra da Filadélfia, afirma que o futuro de uma pessoa idosa está em grande parte nas suas próprias mãos.

> É preciso que ele progrida a tal ponto que permaneça útil, através dos seus esforços físicos ou das suas qualidades de personalidade, ou através de ambos, às pessoas de todas as idades que o cercam. Então, sem dúvida alguma, ele terá lugar nos afazeres dos homens. Nunca será vencido, nunca se sentirá supérfluo ou jamais ficará sem uma válvula de escape para essa urgência de fazer algo se puder desempenhar um trabalho e tornar-se a si próprio adaptável.

Isto implica que a pessoa mais velha não tem necessidade de retirar-se da vida para uma despreocupação completa. Pode tornar-se útil dentro de uma ou outra capacidade para que possa desenvolver o sentimento de ser *necessário* a alguém.

• Os Segredos Para Permanecer Jovem

Avançar em sabedoria à medida que Você avança em idade quer dizer:

1. Lembrar-se que a idade é Você quem a faz — ter sempre em mente — que Você nunca é velho demais para aprender. É como Roger Bacon disse: "O aprender faz do homem uma companhia adequada para si próprio." Aprender é saber. Saber é poder e o poder é o Capitão da Juventude.([1])

2. Se Você desejar viver mais longamente, aumentar a extensão da sua vida, é preciso que viva *inteligentemente* e de maneira salutar, respeitando as leis da saúde física e mantendo uma entusiástica e duradoura perspectiva da vida.

3. *Diminuir a velocidade.* Já tem sido dito morbidamente que nossas vidas são nada mais do que marchas para a sepultura. Se a análise de tal pessimismo for verdade, por que não aprendermos a andar pela vida *vagarosamente,* em passos curtos? Deixe o correr para aquele que prefere ser o primeiro a partir a fita.

4. Permanecer *jovem* de espírito. Você não pode controlar seu *calendário* de aniversários, mas poderá permanecer jovem de *mente* e de *coração.* Quando perguntei à minha sogra, que tem oitenta e sete anos, qual o segredo da sua longevidade, ela me respondeu: "Frank, eu penso que é porque eu gosto das pessoas. Nunca apreciei ser ociosa. Mesmo nesta idade estou planejando renovar toda a mobília do meu "living". Entusiasmo-me quando viajo de avião. Sinto prazer em ir à igreja todos os domingos. Acho o mundo maravilhoso. Existem tantas coisas boas para se fazer e ver! Agradeço a Deus por todos os dias da minha existência neste mundo!" Eis aí a resposta. Com tão sábia filosofia não é para admirar que ela seja a magnífica e afetuosa pessoa que é.

5. Esquecer os erros e os desapontamentos passados e não se deixar ficar sobre o pensamento do que *poderia ter sido.*

---

1 Hugo Vitorino, filósofo alemão, declarava sempre: *Aprende tudo e verás que nada é inútil.* Por aí se vê que nosso autor tem razão em aconselhar, quando não a sabedoria, pelo menos a sabença: o saber é sempre alguma coisa a mais para enganar a idade anosa (Nota da tradutora).

6. Aceitar as limitações físicas prazerosamente, envelhecendo com dignidade, queixando-se menos, apreciando mais, reservando em cada dia um tempinho para um descanso físico e mental.

7. Fazer um inventário da sua própria pessoa, substituindo os traços indesejáveis comuns em tantas pessoas idosas, cultivando a tolerância, a compreensão, a bondade e o desprendimento.

8. Evitar a inclinação excessiva de preocupar-se a respeito de tudo, deixar que seu médico se preocupe com os problemas de saúde, depositar maior fé no seu Criador e acreditar na sua própria pessoa.

9. Encontrar maior prazer na vida através de novos e estimuladores interesses; encarar as coisas com bom-humor, aprendendo a sorrir mais do que franzir os sobrolhos.

10. Pensar nos seus aniversários como uma concessão de graça, tornando-se reconhecido a cada ano que passa, Evelhecer feliz, conseguindo um viver sempre melhor, dizendo a Você mesmo: "É maravilhoso estar vivo!" Pensar que agora Você alcançou a idade em que pode viver sua própria vida dependente apenas de sua imaginação e dos seus desejos.

11. Tornar-se senhor da arte de viver reconhecidamente.

12. *Viver* em vez de apenas *existir.*

SESSÃO 21

O PODER DO AMOR

- **Que é o Amor?**

A palavra "amor" é usada milhões de vezes em poemas, canções, novelas, no palco, no cinema, no rádio, na televisão e ainda nas conversações diárias. Poucos, no entanto, cogitam de considerar sua verdadeira aplicação e qual é por fim o real significado que damos à palavra amor.

Algumas pessoas sustentam que não existe sentimento intermediário com relação ao amor. É como o pregador do sul dos Estados Unidos que disse: "Ô Você 'tá ô num tá' apaixonado".

Quando peço a meus pacientes uma definição do amor, nunca recebo a mesma resposta duas vezes. Na maioria dos casos, nem conseguem dar-me uma clara idéia do que o amor significa para eles.

Quando pergunto a uma esposa:

— A senhora ama seu marido?

Ela responde:

— Eu não sei. Não tenho certeza.

— A senhora o amava quando se casou com ele, dez anos atrás?

— Pensei que sim. Agora, porém, não estou certa se o amo ou não.

Essa esposa é o exemplo típico de milhares que se encontram confusas a respeito das suas próprias emoções. Nunca tiveram uma clara idéia do que o amor realmente significa ou se o sentimento que tiveram pelo homem com quem se casaram era ou não amor. O que acharam que era amor poderia ter sido um amor temporário, uma atração física, um desejo de escapar da sua própria família ou um desejo infantil de depender de alguém.

Quando pergunto aos maridos, que se encontram num período de desentendimento conjugal, se amam suas esposas, a resposta é a mesma. Não têm certeza. Nem estão certos se as amavam no princípio.

Então pergunto:

– Poderia dizer-me o que significa para o senhor quando diz que ama alguém?

– O amor é apenas um sentimento que vem e vai. À vezes o sentimos e às vezes não. Não se pode fazer nada com relação ao amor. Que há no amor para que se possa entendê-lo?

• As Coisas Que Todos Devem Entender a Respeito do Amor

Você é capaz de reconhecer *realmente a coisa* e saber quando ama verdadeiramente alguém e quando é também verdadeiramente amado?

A necessidade básica de afeto é tão predominante em todos nós que o ato de amar é inconscientemente motivado pelo desejo ou a necessidade de ser amado. Um elemento narcisístico existe em todas as relações de amor. Demonstramos fisicamente o que desejamos que a outra pessoa nos faça. O amor no seu melhor sentido é recíproco.

Todos nós nascemos com o instinto de amar, para gozar o dom da vida. O amor no seu mais amplo sentido é o amor pela vida em si mesma, para viver e sobreviver.

Esta espécie de amor não depende de pessoas, de circunstâncias, mas apenas de nós mesmos; é uma entidade do próprio amor. É uma fonte de força que torna a dor física suportável e a angústia mental tolerável.

Um verdadeiro amor pela vida é o primeiro pré-requisito para o amor que deve existir entre um homem e uma mulher. Quando cada um entende o real significado do amor, possui uma boa relação com a família, amigos e associados.

Ambos estão em paz, com o seu mundo e o seu Deus. Não são atormentados pelos conflitos. Sem este amor básico e saúdável pela vida, o amor romântico torna-se fraco. Depois do casamento, pequenas brigas, ciúmes, dificuldades financeiras, doenças, toda espécie de insegurança colocará os cônjuges na situação de culpar um ao outro. A atração temporária que acreditavam ser amor se esboroa sob a força do primeiro impacto.

• O Amor Verdadeiro é ao Mesmo Tempo Prático e Idealista

No casamento, duas pessoas que basearam sua união num verdadeiro amor, são tolerantes com as deficiências de cada um. O amor verdadeiro luta por uma afinidade *ideal,* porque isto é viver no melhor sentido da palavra. É *prático,* porém, quando dá lugar às falhas de cada um.

Às vezes ficamos surpresos ao saber do rompimento de um casamento que parecia perfeito. "É difícil de se entender. Estavam tão apaixonados, não se incomodavam com ninguém! Não davam um passo a não ser juntos!"

O "casal perfeito" verdadeiramente não se amava. Agarrava-se neuroticamente um ao outro. Um dependia do outro para sustentar um ego duvidoso e para resguardar-se do medo da vida. A primeira insinuação de que um dos cônjuges não está vivendo de conformidade com um ideal 100 por cento é um choque insuportável para o outro. "Como isto pôde acontecer para mim, para nós?"

Quando duas pessoas conhecem o verdadeiro significado do amor não se irritam com o companheiro por causa de suas falhas. Não ficam de mau-humor e não viram as costas para ele, porque não viram as costas para a vida em geral quando ela deixa de preencher seus ideais.

O amor verdadeiro não é possessivo. É como o Dr. Harry Overstreet escreveu: "O amor por uma pessoa não implica na posse desta pessoa, mas sim na sua afirmação. Significa conceder-lhe alegremente o direito integral e único do ser humano. Não se pode amar verdadeiramente uma pessoa e ainda procurar escravizá-la, através da lei ou pelas algemas da dependência."(1)

Conhecer o real significado do amor também nos salvaguarda contra um auto-sacrifício anormal. O amor próprio normal é parte do nosso amor pela vida. É normal importar-se consigo mesmo o suficiente para desejar alimentar-se bem, sentir-se bem, ter boa aparência e gozar o que a civilização oferece dentro de uma vida de progresso.

O amor próprio normal é na verdade um respeito por si mesmo. Sem este amor o homem ou a mulher torna-se fraco ou masoquista, dando lugar ao martírio.

• Espécie Errônea de Amor

Uma jovem, que chamarei Rosemary, é um exemplo vivo do que uma espécie errônea de amor pode fazer a uma vida. Quando

---

1 Dr. Harry Overstreet, *The Mature Mind* (*A Mente Madura*) — New York: W. W. Norton & Co., 1949.

Rosemary veio conversar comigo, tinha seus trinta anos e encontrava-se doente, nervosa, à beira do suicídio. Contou-me uma longa vida de martírios que sofreu nas mãos de um marido que a maltratava desde o dia em que se casaram.

– Casei-me, disse ela, quando contava apenas 17 anos. Meus pais não queriam o casamento, porém eu amava Joe. Depois que nos casamos e mesmo após o nascimento de nosso filho, ele bebia e me dispensava um tratamento brutal. A situação tornou-se tão insuportável que me separei dele.

Estivemos separados diversos anos, depois voltei e tentei viver junto de Joe novamente. Ele, porém, ainda era cruel e separamonos outra vez. Agora, que meu filho está na adolescência, tenho tentado viver com meu marido, mas ele está pior do que nunca. Não sei o que fazer. Estou a ponto de me matar.

Perguntei-lhe:

– Por que foi que voltou para junto de seu marido, uma vez que ele a maltratava?

– Eu o amava. E ainda o amo, não importa o que ele faça. Não posso ser diferente.

– E seu filho?

– Oh! Eu adoro o meu menino, doutor! Todos estes anos longe do meu marido eu só vivi para meu filho!

Rosemary chorava. Enterrava-se cada vez mais num mar de falsas emoções.

– A senhora nunca entendeu o que significa o amor. A senhora não ama seu marido. Sente prazer em ser martirizada por ele. O que a senhora sente é *masoquismo* e não amor. Seu sofrimento lhe é agradável. E quanto a seu filho, também não o ama. Se o amasse estaria planejando sua felicidade. Não consideraria o suicídio como um meio de fuga, deixando-o nas mãos de um pai brutal. Desde o momento em que se casou, com a idade de dezessete anos, contra a vontade de sua família, a senhora se tem portado de maneira infantil e insensata. O amor nunca fez parte de sua vida.

Essa mulher não tinha nenhuma idéia do que na realidade significa o amor. Se a tivesse, toda sua vida teria sido vivida de maneira diferente.

E a respeito do marido de Rosemary? O que este poderia conhecer do amor, se intimidava a esposa e menosprezava o filho? A resposta é *nada*. Como Rosemary, seu marido nunca soube o significado do amor. É exemplo extremo, porém existem muitos homens assim, em graus diversos, que nunca tiveram qualquer idéia do que possa ser amor entre marido e mulher.

Uma Regra da Natureza

Na relação conjugal, existe uma verdade básica que os cônjuges deveriam sempre guardar em mente: *O amor na sua prática e no seu aspecto diário significa diferentes coisas para o homem e a mulher.*

Para o marido o amor deve ser predominantemente ativo e protetor. Para a esposa, o amor deve ser predominantemente receptivo. Isto não é uma teoria, mas uma regra da Natureza.

A Origem de Todo Amor é Maternal

O homem moderno está em perigo de se esquecer disso, embora possua o instinto do amor que na mulher é mais forte por causa do papel materno. Psíquica e emocionalmente as mulheres são por natureza equipadas para dar à luz, sustentar e proteger a vida. Os homens se esquecem que este aspecto da construção feminina afeta toda a personalidade da mulher. Esquecem que ela é mais sensível e que possui maior capacidade para amar.

Enquanto crianças, nós todos somos recipientes do amor e da nutrição provindos da mãe. É a mãe quem nos conserva vivos. O sobreviver para nos nutrir e nos proteger.

Os homens, na sua maior parte, sabem que, em virtude das suas vidas, estão em débito para com as mães. Sabem que na infância dependiam delas, que os alimentavam, os amavam e os protegiam. Quando o homem se torna adulto, deve recompensar o dom da vida, transferindo o amor e a proteção à mulher com quem se casa. Simbolicamente, protegendo sua esposa, ele está restituindo o leite materno que lhe deu sobrevivência na infância.

O homem normal é sabedor do seu papel de *dar* amor e proteção à mulher.

Os Eternos Bebês

Quando um homem procura inverter o papel, tornando-se passivo e receptivo na sua relação para com a mulher, ele é neurótico. Deseja da mulher na vida adulta a espécie de mimos que recebeu da sua mãe na infância. Stekel chama a esses homens de "eternos bebês", que não querem uma mulher para amar e proteger, mas sim uma que lhes *dê* amor.

Infelizmente, o homem moderno está voltando de forma crescente para este desajuste do papel masculino e feminino. Isto é fatal para a psicologia masculina. Em minha clínica tenho tido provas diárias quando homens, sofrendo de impotência e fracasso sexual, culpam as esposas, dizendo: "Não recebo amor suficiente por parte de minha mulher."

Este estribilho é comum em nossa época. Universalmente se escuta os homens perguntarem um ao outro: "Qual é a satisfação sexual que ela lhe proporciona? Quanto (amor) Você consegue de sua esposa? É o mesmo que perguntar: "Quantos embalos de berço Você está recebendo? Está Você conseguindo o suficiente em leite materno e mimos?"

• Infantilismo Adulto

A reação de impotência no homem é um sinal de que ele é supersensível e infantil. Jamais efetuou a transição para a maturidade e ainda se considera tão tenro como se fosse uma criança.

Muitos homens caem presa deste pensamento errado porque nosso mundo é competitivo. Eles precisam trabalhar para sustentar as famílias e sentem que já fizeram tudo que deles é exigido quando trazem para casa o cheque de pagamento.

É verdade que a primeira função do homem na vida é trabalhar para atingir suas ambições para ser auto-suficiente e ganhar para sustentar a família. A fim de levar avante esta função primordial, porém, o homem necessita, durante este esforço competitivo, de amor e companhia.

• O Amor e o Companheirismo Precisam ser Conquistados

Os maridos se esquecem de que o amor e companheirismo não chegam a ninguém por graça divina. Estas coisas precisam ser merecidas. Um homem não as consegue por exigência, mas por doação. O homem que luta para fazer sua mulher feliz é bem recompensado; ela não apenas tenta torná-lo feliz, mas também os frutos do amor de ambos se refletem no lar e nos filhos.

Tenho observado que um número elevado de homens neuróticos tem do amor um conceito comercial — tanto por tanto. Querem a medida completa e observam desconfiadamente para terem a certeza de que a têm, como pechincheiros do mercado.

Os homens que conservam esta atitude para com as mulheres estão não só enganando a elas, mas também a si próprios. Arruínam sua própria capacidade de amar espontaneamente, exterminam o amor do coração das esposas. Pertencem a escôlas de pensamento de auto-satisfação, não fazem esforço algum para compreender a psicologia do amor e muito menos a psicologia da mulher. "As mulheres, argumentam eles, são um enigma. Existem para ser *possuídas* e *não compreendidas*. Não há vantagem alguma em tentar entender a mulher."

Depois se admiram porque suas relações sexuais com suas mulheres são deficientes. Meus pacientes ficam chocados quando lhes digo: "Em todos os anos de vida conjugal os senhores jamais tiveram com as esposas uma relação de amor real. Suas relações sexuais com elas representam nada mais do que usá-las para satisfazer a um impulso físico. Nunca se deram ao trabalho de entendê-las ou de conquistarem a receptividade de suas mulheres."

• O Sexo Pode ser Uma Demonstração de Amor

O ato sexual entre o homem e a mulher pode representar a mais alta expressão do amor. É a parte do amor parental que é a fonte de toda a alegria da vida. Como uma expressão do amor entre o homem e a mulher, observamos que ele renova e estreita, torna a despertar em ambos o apercebimento do instinto do amor, para sobreviverem ao desastre unidos e para gozarem a vida por amor à mesma vida.

Muitas vezes os casais me perguntam:

– Doutor, por quanto tempo a relação sexual permanece viva?

Minha resposta a esta pergunta é que a relação sexual se mantém viva enquanto durar o amor de um para o outro. Enquanto a emoção permanecer viva a chama do casamento nunca se apagará. É como uma vez escreveu Havelock Ellis: "O sexo tende a morrer na meia-idade somente nos casais que não têm imaginação e nos quais o sexo já se tornou rotina." Em outras palavras: os casais que conservam sua vida sexual estimulada por associações agradáveis de noites felizes e planejadas jamais terão necessidade de temer o divórcio.

No caso de Rosemary e seu marido, que arruinaram seu casamento, eram apenas dois entre milhares de jovens que vivem uma vida sem expressão, porque seus pais não lhes ensinaram o conceito do amor verdadeiro.

• As Crianças Precisam ser Ensinadas a Amar

A menos que uma criança seja ensinada, ela não poderá por si mesma entender o significado do verdadeiro amor e possuir uma fortaleza contra os ferimentos e as frustrações que encontrará na vida.

O que acontece quando uma criança cai ou se corta pela primeira vez? Ela grita em sinal de protesto. Fica amedrontada. Uma criança pequenina em geral pergunta: "Mamãe, será que o sangue vai sair todo? Será que vou morrer?"

A mãe deve ensinar-lhe como suportar esta experiência. Desinfetará o corte, colocará uma bandagem e a hemorragia cessará. Deverá então reassegurar à criança que o acidente é uma ocorrência comum em todos nós, que haverá uma cicatrização e que ela não morrerá.

E a respeito dos seus ferimentos emocionais que virão mais tarde? Os ferimentos no seu orgulho, as suas esperanças e as ameaças à sua segurança? Nós, na maioria, jamais fomos, quando crianças, ensinados a suportar nossos cortes e nossas contusões no campo emocional, com coragem. Nunca fomos ensinados a amar a vida num sentido amplo que nos capacitará a suportar os prejuízos e perdas de ordem pessoal com a confiança de que a cicatrização virá.

Nós, na verdade, temos um instinto que pode tornar-se o inimigo do amor: é o medo. Um bebê pode demonstrar uma alegria natural pela vida, mas demonstrará também um medo natural. Se Você bater palmas bruscamente atrás dele, ele ficará tenso e chorará de medo.

Com o passar do tempo, se o bebê estiver sujeito a muitos medos, se o mundo exterior lhe infligir muitos abalos e ferimentos, seu amor-próprio normal se tornará neurótico. Todo seu instinto para amar se tornará introvertido, como medida autoprotetora. Crescerá neuroticamente egoísta porque se sente amedrontado e inseguro.

Existem muitas maneiras através das quais o instinto de amar numa criança pode ser danificado. Ela pode ser impossibilitada fisicamente ou possuir pais que a tratem de maneira cruel ou indiferentemente. Pode também ter sido tirada à força, por motivo de morte, da companhia de alguém que amava.

• As Conseqüências da Inseguridade do Amor

À medida que uma criança se torna adulta ela precisa enfrentar muitos desapontamentos e amargos fracassos. Estas coisas, infligidas pelo mundo exterior, a tornam primeiramente medrosa e depois ressentida. Finalmente, sua inseguridade a torna desconfiada e hostil para com o mundo.

Pelo que lhe aconteceu, começou a odiar todas as pessoas.

Pode rejeitar a vida tão violentamente que se torna alcoólatra, viciada em drogas ou criminosa. Pode até matar-se num gesto de vingança contra o mundo que a tratou com injustiça.

A pessoa que se torna neurótica por causa do medo sente que foi especialmente escolhida para ser ferida e desapontar-se. A vida moderna produz muitos indivíduos desta espécie, em virtude de a vida ser complexa e competitiva, havendo sempre desafios à nossa segurança.

Maior do que qualquer outra ameaça é o dano ao instinto interior do amor. O egoísmo neurótico é como um câncer para o amor. Mata a própria força existente em nós, que cicatriza as nossas mágoas e nos fortifica depois de um golpe desferido pelo Destino.

O verdadeiro significado do amor exige o controle do medo. Para ganhar o poder integral do amor, cada homem precisa aprender a estimar a quantidade de insegurança que a vida lhe tem imposto, sem desespero. Deve lembrar que o medo é universal, um instinto de autopreservação; mas somente é protetor quando *controlado.*

• Quão Adulto é Você com Relação ao Amor?

Existem duas espécies de amor:

1. Amor normal ou adulto
2. Amor neurótico ou imaturo.

Para sermos capazes de amar é preciso crescermos emocionalmente. A imaturidade emocional é uma barreira para um amor normal. Você não pode esperar conquistar o respeito e o amor se ainda continua agarrado às saias de sua mãe. Tal "cordão de prata" pode levá-lo do ventre à sepultura.

Você precisa ter certa confiança em si mesmo antes que seja capaz de amar.

• Qual é o Seu Q.A.?

Proponha a si mesmo as seguintes questões. As respostas poderão dar-lhe alguma idéia a respeito do seu Q.A. (Quociente Amoroso) com relação à sua maturidade emocional.

1. Você depende fortemente de seus pais?
2. Qual a sua idéia sobre o amor?
3. Sente-se inseguro na sua relação de amor? Se assim for, por quê?
4. É Você indeciso a respeito de tudo?
5. É o seu amor motivado pelo egoísmo?

6. É Você possessivo e ciumento?

7. É Você supersensível e defensivo?

8. É preciso que lhe digam muitas vezes que é amado?

9. Você associa o amor a um sentimentalismo choramingas?

10. Trata-se de amor verdadeiro, desejo sexual ou ambos?

11. Você já se apaixonou muitas vezes?

12. Você acha que nunca mais poderá apaixonar-se outra vez?

13. Você usa conversa de bebê durante a prática do amor?

14. Seu amor precisa ser fortificado com segurança material?

15. Você confia na pessoa que ama?

16. Você acredita em amor à primeira vista?

17. Você pode distinguir entre "gostar" e "amar"?

18. Você recorre a bebidas alcoólicas antes que possa amar?

19. Você possui um desejo mais forte de ser amado do que de amar?

20. Você tem um amor-próprio normal ou desgosta de sua pessoa?

• O Amor Controla o Medo e o Ódio

No mundo de hoje as psicologias raciais, os ajuntamentos em clãs e as filosofias políticas dividem os homens em campos hostis. Seus membros se sentem ameaçados. *Odiando* o resto do mundo eles acreditam que a resposta para o seu *medo* está na imposição da sua filosofia aos seus semelhantes, conquistando e governando através da *guerra,* se necessário.

O homem de senso sabe que não pode parar a chuva, mas pode proteger-se dela. Não pode deixar de compreender que — juntamente com o bem — o ódio, a corrupção, a hipocrisia e o cinismo campeiam em nossa sociedade. Ele sabe que não pode terminar com guerras já em curso. Pode, porém, proteger sua serenidade daqueles que desejam torná-lo cínico. Ele pode espalhar sua própria medida de boa-vontade.

Depois de vinte e dois anos de prática psiquiátrica, sou de opinião que os males do mundo são causados não apenas pelo medo e pelo ódio, mas também pelas *frustrações no amor*. *As doenças por amor* podem originar os suicídios, os crimes, as desordens mentais e nervosas (excluindo-se naturalmente aquelas que são causadas pelas condições orgânicas). Somente com uma melhor compreensão do amor e do seu poder é que poderemos ter esperança em reduzir as imperfeições da conduta humana ao mínimo possível.

• A Onipotência do Amor

O poder da boa-vontade, do instinto do amor no homem não é uma questão de conjetura. É demonstrado diariamente. Ajustamo-lo em força total quando um grupo pequeno defende sua terra natal contra forças individualistas. Vemo-lo incitar os homens a realizar salvamentos quase inacreditáveis quando seu semelhante está em perigo de vida. Esta é a força que une as pessoas que enfrentam um desastre comum e investe cada homem com a força de todos.

• O Desenvolvimento da Capacidade de Amar

Todas as pessoas nascem com a capacidade de amar. O amor não é coisa que apenas acontece. O amor é alguma coisa que *cultiva*. É parte do instinto de autopreservação. A fonte de amor é *universal*. Cada pessoa deseja ser amada. Viver é amar. Amar é viver.

Algumas pessoas acham difícil dar expansão ao amor por causa de conflitos internos que dão em resultado a solidão e a infelicidade. Outras são incapazes de aceitar o amor pela mesma razão. As pessoas que possuem amor-próprio em excesso (narcisismo) encontram dificuldade para amar; e aquelas que não possuem amor-próprio suficiente, que são insatisfeitas consigo mesmas, também experimentam dificuldades em expressar amor. Para ilustrar, temos o que disse uma paciente do Dr. Theodor Reik:

— Eu não posso amar porque não sou bonita.

O Dr. Reik faz o seguinte comentário:

> Esta jovem certamente superestimava a atração física e às vezes chegava a pensar que era a única qualidade de valor perante os olhos dos jovens. O que ela

queria dizer era o seguinte: "Eu sei que não sou bonita. Quando me sinto tentada a me apaixonar, percebo desde logo que o homem não terá atração por mim. Assim terei apenas infelicidade e frustração. Não posso arriscar-me a ficar apaixonada porque dolorosamente prevejo que meus sentimentos não serão correspondidos."(1)

• É Preciso Que Você Sinta Amor Para Que Seja Amado

Marilyn Monroe, de acordo com a colunista Lydia Lane, disse uma vez à imprensa: "Quando caminho, sempre penso, "peito erguido" e "costas retas". A maneira com que Você conduz o seu andar, porém, é influenciada pela maneira com que se sente internamente. É preciso que se *sinta atraente* para ser atraente. As bases do "sex-appeal" são o seu prazer em ser mulher, o que quer dizer o seu prazer em ser admirada pelo sexo oposto.

"Às vezes uma moça muito atraente não é popular. Sem saber disso, ela trouxe consigo desde a infância uma atitude inamistosa para com os rapazes; pode não estar consciente disso, porém continua lutando na batalha dos sexos".

O acima mencionado é aplicável ao problema do amor. Podemos parafrasear algumas das afirmações de "Miss" Monroe quando diz que a maneira de Você amar é influenciada pela maneira pela qual se sente intimamente. É preciso que Você sinta amor para amar ou ser amada.

• O Amor Não é Egoísta

Como outro exemplo temos o caso de um marido egoísta e imaturo que foi responsável por ter bloqueado a capacidade de sua mulher para o amor.

Uma jovem senhora, casada havia cinco anos, foi-me enviada como sendo o resultado direto de um infeliz início de vida conjugal. Ela havia ido de médico em médico para tratamento de várias condições crônicas. Sofria de fadiga, dores, inércia e muitos outros males. Chorava facilmente.

O marido, um homem ignorante, nada fazia senão zangar-se em virtude do aumento do número de contas do médico. Vários médicos haviam desistido de tentar a cura e o último com quem consultou lhe recomendou a Psiquiatria. O marido, desgostoso, levantou as mãos para cima, dizendo:

---

1 Dr. Theodor Reik, *As Psychologist Look at Love.* (*Como Um Psicólogo Encara o Amor*) New York: Farrar & Rhinchart, 1944.

— É sempre alguma coisa — médicos especialistas para tudo! Dos pés à cabeça! É agora psiquiatra!

Apesar de tudo, ela veio ao meu consultório e na primeira consulta me contou como foi que o marido procedeu na noite de núpcias. Comportou-se como um animal. Nunca, em nenhuma vez, lhe disse que a amava e nem lhe perguntou se ela se sentia feliz. Sem quaisquer carícias iniciais, ele obteve uma rápida e brutal satisfação para si próprio; depois, virou-se para o lado e dormiu.

Sua lua-de-mel teve como princípio a dor, o medo, a desilusão e ela se arrependia de ter-se casado. Amara o marido, mas sua atitude a impediu de lhe demonstrar o seu amor. Em lágrimas me disse:

— Doutor, se meu marido tivesse sido mais gentil, se tivesse sido mais carinhoso e conversado comigo, eu sei que poderia ter-lhe demonstrado meu amor.

• Como Amar, Aceitar e Reter o Amor

Se Você quiser aprender a amar, aceitar e reter o amor, depois de o ter encontrado, guarde em mente as considerações abaixo mencionadas, que em sua essência contêm a *sabedoria* dos velhos filósofos, as *conclusões* dos modernos psicólogos e os sentimentos daqueles que *viveram e amaram com êxito*. Descobrirá que o amor tomou um *novo* sentido para Você.

1. Todos nós nascemos com o instinto de amar. Todos nós devíamos entender a natureza do amor.
2. *O amor verdadeiro é positivo.* É forte, mas não possessivo. É tolerante, porém não é dependente. Esta é a verdade a respeito do amor real, sem considerar se se trata do amor de mãe para filho, o amor entre os membros da família ou entre o marido e a esposa; do amor ao inanimado, da natureza e da beleza.

3. O denominador-comum referente a todos os aspectos do amor é o *amor pela vida em si.* É a origem de todas as outras formas de amor, porque, é como um grande tronco que possui muitos galhos, todos alimentados pela mesmas raízes. Chame-o de amor sobrevivente — o amor para suportar, o amor para tolerar, o amor que continua e que auxilia outros. Este amor é gratidão pelo privilégio da sobrevivência.

4. As atitudes puritanas ou neuroticamente pudicas com relação ao sexo impedem a capacidade de alguém

para amar. O sexo pode ser um gesto de amor. Na relação amorosa é o seu espírito que tem valor. Embora o aspecto físico do casamento desapareça, como é natural, com o passar dos anos, não existe nenhuma razão para que não haja outras manifestações de amor. A ternura, o aconchego e as demonstrações de amor podem ser conservados vivos durante os últimos anos, quando então o ato sexual em si não é consumado. A desistência do amor é mau sinal. Um beijo, um aperto de mão, um olhar que é um símbolo de compreensão mútua — estas são as demonstrações de amor que nunca devem ser abandonadas.

5. Se Você deseja ser amado, *inspire amor. Amar é* ser amado. É a chave-de-ouro para o amor. Amar é também vencer o sentimento de *não gostar de si próprio.*

6. A importância das obrigações parentais com relação ao esclarecimento dos filhos, a respeito do significado do amor, não pode ser realçada em excesso. É aconselhável aos pais das futuras esposas acentuar o fato de que o sexo e o casamento podem ser uma expressão de amor e de devoção e que o falso puritanismo é uma barreira não apenas para o êxito como, também, para a satisfação sexual.

7. A compatibilidade dos pais e a atmosfera saudável do lar são da mesma maneira tão essenciais, para cultivar na criança a capacidade de amar, como o repouso, boa alimentação e o ar fresco.

O Dr. Stekel nos avisa: "Nosso destino é decidido nos primeiros anos da nossa vida. Tudo o que aprendemos no futuro não é senão uma superestrutura construída sobre as primeiras impressões e experiências. Uma união bem equilibrada criará filhos bem equilibrados. A atmosfera de felicidade, de alegria e harmonia é transferida para a criança de maneiras invisíveis". Mais adiante ele continua dizendo: "Uma indiscritível e doce brisa sopra nas amizades da infância. Elas são tenras, como pálidas pétalas azuis que tremem ao toque da alma infantil e cujas raízes mesmo então penetram nas camadas profundas nos quais o instinto hereditário e os desejos tentadores fertilizam o solo das paixões".

8. Se Você já sofreu uma desilusão, perdeu seu amor, ou seu casamento terminou em divórcio, lembre-se de que tem o *direito de amar outra vez.*

9. *Dizer* que Você ama alguém não é suficiente. O amor precisa ser *sentido* e demonstrado com ações de alguma espécie. Deve existir uma *prova de amor*. As palavras são quase sempre enganosas. São os feitos e não as palavras que têm valor. O casamento precisa conter a *demonstração* das palavras sacramentais "Amor, Honra e Proteção".

10. O amor é associado ao desejo infindo de estar com a outra pessoa. Um desejo de *compartilhar* a beleza e os êxtases da vida – e uma alegria mútua. O real amor é encontrar segurança um no outro.

11. O amor envolve *esquecer* e *perdoar*, a tolerância das fraquezas e dos defeitos um do outro.

12. O amor não pode *crescer*, a menos que seja conservado vivo.

13. A aptidão para amar precisa ser primeiramente encontrada no *interior da sua própria pessoa* antes que Você possa encontrá-la nos outros. Você não pode fazer de si mesmo um ermitão e ainda esperar encontrar o amor.

14. *Aviso aos homens*: as mulheres se sentem mais inseguras do que os homens, portanto têm maior necessidade de serem amadas, maior necessidade de sentirem-se importantes, de pertencerem e de serem úteis a alguém.

15. *Aviso às mulheres*: os homens precisam ser elogiados. Querem ser *apreciados* como um amante e preferem as mulheres que correspondam aos seus sentimentos. A recompensa de seu ego abrange a satisfação e a verificação de também serem amados.

16. Lembre-se que a *boa saúde* pode aumentar os anos de sua *vida*, mas o amor *dá vida* aos seus anos. Nesta era atômica, neste mundo que está sempre mudando e cujo fim é imprevisível, o amor é a única segurança real que possuímos. Precisamos compreender que as potencialidades do amor são maiores do que as potencialidades da energia atômica.

SESSÃO 22

PLANEJE UMA VIDA BEM EQUILIBRADA

"À nossa saúde, felicidade e sucesso." Você tem ouvido este brinde inúmeras vezes. E por quê? Porque representa o *alfa* e o *ômega* do que todos desejam da vida.

Se alguém goza de *boa saúde* é mais provável que seja feliz e sendo *feliz* tem mais probabilidade de ser *bem sucedido.*

O alcance destes três ingredientes básicos depende, na sua maior parte, da espécie do plano que Você faz.

Eis a Fórmula-Mestra:

PLANEJE SUA VIDA
PONHA SEU PLANO EM PRÁTICA

Planejar é realizar. Realizar é ter *êxito.* O êxito alimenta a *felicidade.*

Que é a felicidade senão um *modo de viver? Planejar com inteligência* é *"via régia"* para uma vida bem equilibrada.

Anote seus planos num papel; se forem repentinamente bloqueados por algum motivo imprevisto, que acontecerá? Você simplesmente fará *novos planos* para preencher as circunstâncias alteradas. Nenhum plano deve ser tão *inflexível* que o impeça de fazer um novo, que vá ao encontro da situação que foi modificada.

Um engenheiro-civil constrói uma ponte de acordo com as especificações da planta. O processo deste mundo depende de um plano cuidado.

Viver com êxito é ao mesmo tempo *Arte e Ciência.* Desde que a Ciência é definida como "fatos organizados", a ciência de um viver inteligente pode ser definida como a sábia aplicação de *planos organizados* que tratam do estilo da vida — um sistema ou uma técnica de viver que conduz a uma saúde melhor, aumenta a felicidade e proporciona um sucesso maior.

Eis um *plano contendo 6 pontos para uma vida bem equilibrada.* Você poderá modificá-lo, fazer substituições ou usá-lo como um padrão para seu próprio plano.

• A Saúde da Inteligência

"A saúde é a nossa vida", escreveu Rabelais. "Sem saúde a vida não é vida."

A política de uma mente *saudável* está num *corpo saudável,* como apreciamos tempos atrás com a sabedoria dos romanos — *Mens sana in corpore sano.*

O que se segue são os principais *construtores da saúde* que servem de fundação para um viver inteligentemente planejado.

• A Saúde do Corpo

1. A *alimentação.* A alimentação apropriada é essencial para a boa saúde do corpo. Os neuróticos ou comem pouco (anorexia nervosa — falta de apetite nervosa) ou comem muito (frustração). A maioria das pessoas gordas são *emocionalmente imaturas.* Sofrem de *gordura mental.* Uma das principais causas da lentidão mental é o *comer excessivo.* O Dr. H. M. Marvin, antigo presidente da "American Heart Association", afirma que "cada 450 gramas que Você carrega além do seu peso normal obriga o seu coração a impulsionar o sangue através de quase 5 quilômetros de vasos sangüíneos, que em caso contrário ele não teria de servir."

2. O *sono.* É estimado que aproximadamente 52 por cento de nossa população sofrem de *insônia;* que se vendem 3 milhões de pilulas soporíferas por ano. Para que Você se cure da insônia é preciso *não se lembrar* de que *não pode adormecer.* O medo de não ser capaz de dormir é que o conserva acordado. O bom sono proporciona saúde ao corpo e à mente. Todos precisam de uma média de seis a oito horas de sono por noite. Adote o método de ir para a cama mais ou menos à mesma hora. Espere pela hora de dormir. Coloque-se na *disposição* apropriada de quem vai dormir.

3. A *ginástica.* A indolência física desempenha o principal papel para determinar a provável duração da vida. A maioria de nós não pratica exercício suficiente. A ginástica adequada, moderada, melhora a circulação e a eficiência pela restauração da tonicidade dos músculos fatigados e a manutenção da simetria psíquica. A média dos homens profissionais ou de negócios, de meia-idade, volta para casa à tarde e se delicia com um jantar

substancioso, liga a sua TV, fuma um charuto e logo adormece agarrado ao jornal. Seus pulmões têm necessidade de ar fresco, seu corpo reclama exercício e sua mente deseja ardentemente divertimento. Seu estômago torna-se vítima de seu apetite para uma alimentação substanciosa. A circulação deficiente e a eliminação precária proporcionam-lhe a sensação de um intoxicado fim-de-dia. O nosso típico homem de meia-idade queixa-se de dor de cabeça, fadiga geral e desculpa-se por não aceitar compromissos recreacionais, dizendo: "Eu devo estar ficando velho".

4. *O álcool e o fumo.* O beber e o fumar excessivo encontram-se na mesma categoria do comer em demasia. Praticamente todos os fumantes em excesso e alcoólatras terminam por sofrer de algum mal físico. A moderação é a chave-mestra de um sábio viver.

5. *A higiene pessoal.* Conservando-se asseado. Você levantará o seu moral. O chuveiro frio pela manhã lhe dará uma sensação de euforia, de bem-estar e melhorará sua circulação. O banho tépido antes de ir para a cama relaxa-lhe os músculos cansados e lhe provoca o sono. A água (hidroterapia) não é dispendiosa. Não existe jamais uma desculpa para a falta de asseio. A boa higiene pessoal inclui o cultivo dos bons hábitos, como o cuidado pessoal, a elegância e o esmero que promovem o respeito e o amor próprios adequados.

6. *Exame físico.* A pessoa inteligente procura seu dentista duas vezes por ano e solicita um completo e periódico exame físico pelo seu médico. Foi educada para levar em consideração a importância de conservar-se fisicamente ajustada. Muitas doenças crônicas inclusive o câncer e desordens cardíacas, poderiam ser evitadas se maior número de pessoas cultivasse o bom e salutar hábito de consultar o médico em intervalos freqüentes. Um exame anual deveria tornar-se uma obrigação para toda pessoa que passe dos cinqüenta anos.

7. *A saúde da mente.* A fim de nos tornarmos emocional e mentalmente ajustados é imperativo que vençamos o *hábito de nos preocuparmos.* A preocupação, como Você já sabe, *é destruidora da saúde* — é uma forma de autotormento. A preocupação, não o trabalho, encurta a vida. Aprenda a não fazer uma tempestade dentro de um copo dágua. O famoso Dejerine de Paris disse: "Em nossas vidas existem gotas dágua e tempestades, mas na vida dos neuróticos existem as tempestades."

Quando falo sobre a "preocupação" me refiro à preocupação *excessiva*. *Todos* se preocupam. *Somente os mortos* não têm preocupações.

Lembre-se: *não se apresse e não se preocupe*. A saúde mental requer o *relaxamento da mente*. Convença-se de que sua vitalidade física depende da maneira pela qual Você pensa. Aprenda a entender-se a si mesmo, a natureza da sua personalidade, seus medos e suas ansiedades. Mais cedo ou mais tarde Você terá de encarar frente a frente a revelação do seu próprio eu. Não adianta fugir. Aonde Você for sua mente irá também. Se seu pensamento for errado em Nova Iorque, também o será no México. Se Você for ciumento em Rhode Island, provavelmente também o será no Texas. As pessoas carregam seus complexos para onde quer que se dirijam. A higiene mental, como o dinheiro, tem valor em qualquer parte do mundo.

Assim como sua mente pode torná-lo *doente*, ela também poderá torná-lo *são*.

A profilaxia da saúde mental quer dizer rendição dos pensamentos perturbadores, dos obstáculos auto-impostos, dando à mente a mesma atenção e cuidado que ao corpo. Assim como o corpo precisa de exercício, a mente necessita ser estimulada com novos interesses.

Você será rico ou pobre, de acordo com a riqueza ou pobreza da sua mente. Alimente a mente com pensamentos inspiradores, da mesma maneira que alimenta o estômago com alimentos saudáveis.

O senso de humor é essencial para a saúde mental. Todos têm necessidade de rir. Os velhos filósofos sabiam disso quando concluíram que "um coração alegre faz tanto bem quanto os remédios".

Para manter a saúde mental é necessário corrigir as atitudes errôneas e eliminar os traços indesejáveis de personalidade que poderão ser modificados de acordo com a vontade.

Arranje tempo em cada dia de trabalho para repetir a si mesmo:

1. Estou *melhorando* dia a dia.
2. Estou *progredindo* dia a dia.
3. Estou me tornando *mais inteligente* dia a dia.
4. Estou me tornando *mais experiente*.
5. Estou aprendendo a *relaxar*.
6. Estou adquirindo maior *autoconfiança*.
7. *Acredito* na minha própria pessoa.
8. Estou adquirindo uma *paz de espírito* maior.

9. Eu *posso ser mais feliz.*

10. Eu *sou mais feliz.*

Esta técnica de *auto-sugestão* – definida por William J. Fielding como "a realização subconsciente de uma idéia que tende a transformar-se em ação" – é baseada no princípio de que aquilo que se repete com suficiente persistência acabará como crença e finalmente acontecerá em sua vida. Você descobrirá que isso influenciará seu futuro completamente.

Um método similar é o do *Autocondicionamento.* O Dr. Hornell Hart, Professor de Sociologia da Universidade de Duke, escreveu recentemente um livro a este respeito: *Autoconditioning: The New Way to a Successful Life*[1] (*O Autocondicionamento: Um Novo Meio de Êxito na Vida*). Ele apresenta uma técnica simples e funcional para vencer as dificuldades emocionais – melhorando a personalidade. O autocondicionamento é baseado em princípios científicos e é de valor para aqueles que estão procurando auxiliar-se a si próprios.

• O Sucesso no Trabalho

O sucesso no trabalho é geralmente merecido. As pessoas preguiçosas são afeitas a fazer castelos de sucesso. Deixam de compreender que o sucesso é atingido passo a passo e impõem a *ambição, determinação e perseverança.* A Édison foi atribuída a seguinte frase: "O sucesso é 99 por cento de *transpiração* e 1 por cento de *inspiração.*"

A habilidade de ser auto-suficiente, encontrar auto-satisfação no trabalho, seja ele qual for, é essencial para um viver bem equilibrado. Todos nós precisamos trabalhar, quer gostemos ou não. Até os milionários acham que precisam trabalhar, quando não fisicamente pelo menos mentalmente, para poderem manter suas fortunas.

As pessoas que devotam a maior parte de suas vidas a um trabalho que lhes parece penoso ou que trabalham num emprego enfadonho devem encontrar conforto ao saber que estão pelo menos ganhando sua vida honestamente e estão sendo úteis. De acordo com o Dr. William S. Walsh, no artigo – "You and Your Job" (Você e Seu trabalho), "a grande maioria dos 50.000.000 de

---

1 Dr. Hornell Hart, *Autoconditioning: The New Way to a Successful Life.* Englewood Cliffs, N. J. — Prentice-Hall, Inc. — 1956. Editado no Brasil pela IBRASA, com o título: "Condicionamento Pessoal".

pessoas vantajosamente empregadas em tempos normais não possui entusiasmo algum pelo trabalho que desempenham".

Para o desempenho de todos os tipos de misteres há necessidade de pessoas de todas as classes. Todos nós podemos ser professores de colégios, cientistas, pesquisadores ou presidentes de bancos. Se possível, é naturalmente melhor encontrar o tipo de trabalho a que Você esteja mais adaptado, *um trabalho do qual Você goste*. Porém mudar de empregos pode não ser a resolução acertada. Talvez Você tenha de mudar-se a si próprio ou a sua atitude com relação ao seu trabalho.([1]) As pessoas que fazem um esforço sincero para melhorar seus conhecimentos e suas experiências geralmente conseguem melhor emprego. Não ficam sentadas esperando pelas oportunidades. Lembrar-se a si mesmo do quanto Você odeia o seu trabalho apenas lhe ocasiona uma exaustão mental.

Pare de *lutar contra* o seu trabalho. Se Você puder criar satisfação no seu trabalho, estará menos propenso a sentir-se cansado e aborrecido. O chofer de caminhão que sente prazer no emprego ao ar-livre, o carteiro que aprecia as pessoas, o vendedor de loja que sente prazer em agradar aos seus fregueses, todos experimentam uma satisfação íntima. São felizes, pois possuem a capacidade para contrabalançar a monotonia do seu trabalho.

Desempenhar o que é meramente exigido de nós não é suficiente para que obtenhamos sucesso. Elmer Wheeler no seu livro "The Wealth Within You" ([2]) esclarece que "a pessoa que se destaca em qualquer atividade realiza mais do que é exigido. É aquela "alguma coisa" a mais — esforço extra, serviço extra; conhecimento extra, aquele empurrão a mais — que torna um campeão num campeão."

Ele acrescenta: "Se Você sente que deve desobrigar-se de um tanto de trabalho somente porque lhe foi exigido, esse trabalho passa a ser uma tarefa desencorajadora. Se, porém, sentir que deseja realizar alguma coisa além do que lhe é exigido, desempenhará com gosto o que precisa ser feito."

Todos os seres humanos precisam encontrar alguma coisa que possam fazer. Tal como o amor, o trabalho é medicinal. Alivia os males da alma.

---

1 Leia "Como Sentir Prazer no Seu Trabalho e Ter mais Alegria na Vida" (*How to Enjoy Work and Get More Fun of Life*) por O. A. Battista, Englewood Cliffs, N. J. Prentice-Hall, 1957.

2 Elmer Wheeler. *The Wealth Within You*, (A Riqueza Interior Que há em Você), Englewood Cliffs, N. J. Prentice-Hall, Inc., 1955,

O sucesso na vida não é um conjunto de fama e fortuna. É algo mais do que *sucesso material.* O chamado "homem bem-sucedido" (aos olhos do público) pode demonstrar que é *falho* como *amante, marido, pai e cidadão* da sua comunidade. O sucesso em uma esfera não impõe necessariamente a ninguém a possibilidade de o alcançar em outras esferas da vida. Contudo, o homem que alcança o sucesso no trabalho estará mais apto a ser bem sucedido em outros setores.

Da mesma maneira, o homem que repetidamente experimenta *fracasso no trabalho,* que sustenta mal a família, está mais propenso a culpar os outros pelas suas próprias deficiências. É uma pessoa com quem muito mais dificilmente se poderá conviver. Encontrei muitos indivíduos neuróticos que tinham medo de aceitar uma promoção. Receavam assumir as responsabilidades do novo trabalho. Era necessário de minha parte um encorajamento considerável para fazê-los aceitar o emprego melhor. Muita gente tem necessidade de ser *empurrada* para obter sucesso.

É muito natural presumir-se que a maioria das mulheres respeita os homens que são bem sucedidos. O sucesso é um símbolo de *autoconfiança.* A confiança torna a pessoa *feliz.* A pessoa feliz faz os *outros felizes.*

O sucesso no trabalho é essencial para a felicidade das mulheres. Dirigir uma casa, criar filhos, encorajar o marido representa um trabalho *importante.* A mulher pode fracassar ou ter êxito no desempenho do seu papel de esposa e de mãe. O sucesso da sua missão depende de sabedoria que ela exercita em saber tornar-se feliz, fazer seu marido e seus filhos felizes.

O sucesso no trabalho pode ser, portanto, definido como a satisfação de saber que, seja o que for que, estiver fazendo, Você o faz o melhor possível. Que Você trabalhe em alguma coisa que não está em conflito com sua consciência, que seu trabalho não é inteiramente motivado pelo egoísmo. O sucesso no trabalho não significa necessàriamente o sucesso material — um impulso obsessivo pelo dinheiro e pelo poder. Quando falo em sucesso no trabalho me refiro particularmente às pessoas que *primeiramente* alcançam um sucesso íntimo como pessoa (*maturidade e integração da personalidade*) e que então encontram satisfação no trabalho que realizarem.

Ao lado do sucesso no trabalho, todos têm necessidade de uma vida satisfatória.

• A Felicidade no Amor

O *sucesso no amor* é tão importante no programa de uma vida equilibrada como o *sucesso no trabalho.* Pode-se comparar a necessidade de *amar* e ser *amado* com os ponteiros dos relógios. O que seria da vida sem amor?

A felicidade no amor vem do nosso íntimo. *Você* precisa ter *vontade de amar.* A felicidade no amor vem da ação de *dar desinteressadamente* e receber amor. O amor gera o amor. A insegurança emocional é resultante da *falta de amor.* As pessoas que se sentem emocionalmente inseguras geralmente não têm capacidade para amar. Outras têm medo do amor. Não conseguem *aceitar* amor de maneira *adulta.* O ciúme patológico, o câncer de todas as relações amorosas causam a insegurança emocional.

Para se amar de maneira adequada é essencial controlar-se as emoções que não são saudáveis. Se Você manifesta uma disposição desagradável ou exibe mau gênio, não pode esperar alcançar sucesso no amor. Para se ser feliz no amor é preciso conservar harmoniosa a relação entre marido e esposa. As feridas emocionais egoisticamente infligidas um ao outro através da irreflexão deixam *cicatrizes* duradouras que diminuem a beleza da relação amorosa.

Muitos casais desiludidos deixam de apreciar o fato de que duas pessoas precisam trabalhar para conservar o casamento feliz. A felicidade não é apenas alguma coisa que Você considera como *direito* adquirido. Você precisa lembrar-se todos os dias de ser conjugal, desinteressado e atencioso. Quando um marido e uma esposa começam a discutir e a discordar já iniciaram uma *desunião.*

A felicidade no amor e a harmonia sexual são aliadas. A compatibilidade sexual no casamento é o cimento entre os tijolos do amor. O marido e a mulher que são sexualmente bem ajustados estão mais propensos a experimentar a felicidade no amor. A *sexualidade* (se me permitem inventar um novo termo, referindo-me à personalidade com atração sexual) auxilia a conservar o casamento numa *eterna lua-de-mel.*

A impotência e a frigidez quase não se verificam nos casais que experimentam um sentimento de amor verdadeiro um pelo outro, que estão conscientes da importância de cultivar a personalidade que os torna sexualmente atraentes. Em muitos homens e em muitas mulheres não existe a *sexualidade.* As pessoas que são afetuosas por natureza não necessitam de convite para demonstrar o amor que sentem um pelo outro. Falam a mesma linguagem do amor.

Para alcançar a felicidade no amor é preciso fazer um inventário da sua personalidade e expurgar de si mesmo os obstáculos que só são responsáveis pela infelicidade das relações interpessoais.

• A Compatibilidade da Personalidade — Dar-se Bem Consigo Mesmo

Tem Você um problema de personalidade? Existe solução para cada problema. Estude os fatos e a resposta acertada surgirá. É possível que seja *Você* o problema. Sujeite-se a um auto-exame de suas culpas. Analise-as. Descubra como foi que se tornou assim. É muito lógico que se Você não pode dar-se bem consigo mesmo, terá dificuldade em dar-se bem com os outros.

Qualquer pessoa, se realmente desejar, pode modificar sua personalidade para melhor. Experimente-o. Mantenha um relatório semanal por escrito dos seus esforços e progresso.

Não se desanime. O desespero significa depressão, que por seu turno afeta as pessoas que o cercam.

Compreenda que todos nós temos problemas de personalidade. Viver dia a dia é um problema. Estamos nos defrontando sempre com as situações que se modificam. Até aqui aprendemos que não é o problema em si que é tão frustrador, mas sim a maneira pela qual Você tenta resolver seu problema particular — é sua *reação pessoal* do que irá acontecer a Você que é o importante. Torne-se uma companhia adequada para si mesmo e o será da mesma forma para os outros.

• Dar-se Bem Com os Outros

Para viver uma vida bem ajustada é preciso que se cultive uma personalidade *congenial*. É um segredo para dar-se bem com as outras pessoas. Seja o que Você espera que os outros sejam. A habilidade de encontrar as pessoas e de se associar a elas tem um definido valor *emocional*.

Damos a seguir os *traços de personalidade* que com certeza o *tornarão impopular* — que o farão perder os amigos rapidamente. Evite-os.

Egoísmo
Sarcasmo
Queixa excessiva da saúde
Convencimento
Frugalidade
Agressividade excessiva
Teimosia
Crítica excessiva
Temperamento mutável
Ciúme desarrazoado

Imaturidade emocional
Vulgaridade e falta de maneiras
Irritabilidade
Sensibilidade excessiva
Acanhamento excessivo
Desonestidade
Contenda
Falta de asseio
Falta de tato
Mau gênio
Falta de apreciação
Inadaptabilidade.

Se Você está sinceramente interessado em dar-se bem com os outros, aqui vão alguns *lembretes para a personalidade.*

Cultive o senso de humor. A maioria gosta de rir. Quando ri se sente melhor. Elogie mais as pessoas. Quem é que não gosta de ser elogiado e admirado? Todos procuramos reconhecimento de uma maneira ou de outra — um gesto de incentivo. Demonstre um interesse genuíno para com as outras pessoas. Lembre-se do primeiro e último nome das pessoas. Faça perguntas. Seja mais atento. Fale menos a seu respeito. Quando Você realmente falar, torne a sua conversação *estimuladora.*

Pense antes de falar. As pessoas esperam que Você tenha tato. Seja diplomata. Não compensa ser sarcástico. Talvez haja repercussões *dispendiosas.* Pessoas, que são sensíveis demais, em geral são como "um copo rachado". Uma palavra áspera e descuidadamente pronunciada é tudo que é necessário para "quebrá-los" (e conduzi-los ao suicídio). Evite a crítica destrutiva e a contenda.

Deixe de ser um "sabe-tudo". Os ostentadores aborrecem as pessoas; porém ao mesmo tempo não se diminua. Ter uma opinião depreciativa de si próprio (autodepreciação) é também *neurótico.*

Aja com maturidade (mesmo que tenha que representar).

Não aborreça as outras pessoas com os problemas pessoais.

Não seja superagressivo e dominante. Aja amigavelmente. Você não pode ganhar amigos com disposição desagradável.

Seja sempre tolerante, compreensivo e atencioso para com todos. Viva e deixe que os outros vivam.

Controle o seu temperamento.

Cultive a arte de não ser egoísta. Seja prestativo para com as outras pessoas.

Conserve-se fisicamente atraente e emocionalmente congenial.

• Relaxamento Recreacional

A recreação e o repouso são para o corpo e a mente o que o alimento e o ar fresco são para o estômago e os pulmões. A *vida deve ser gozada.* Só trabalho e nenhum divertimento inclina a balança desfavoravelmente. Todos nós precisamos de férias periódicas. Faça dos interesses recreacionais um divertimento. O golfista, que é superansioso e preocupado com o resultado, não se beneficia no relaxamento recreacional. O pescador impaciente que se torna tenso porque o peixe não morde a isca está no mesmo caso. Isto inclui também o jogador de bridge que se deixa ficar emocionalmente perturbado porque seu parceiro joga a carta errada.

Não existe tônico melhor para o homem do que saber que está obtendo direito de gozar a vida. Para gozar a vida é preciso cultivar um sincero desejo de viver ampla e completamente. Vá atrás do que Você deseja da vida, mas depois de o conseguir tenha certeza de *sentir prazer* na coisa alcançada.

Aprenda a livrar-se das inibições; faça a vida mais fácil. Crie seus próprios feriados. Enriqueça sua vida com os "hobbies", passatempos. Ria um pouco todos os dias. A "gargalhada", diz o psicologista Donald Laird, "massageia o coração, aumenta e intensifica as suas batidas".

Especialmente aqueles que trabalham com a mente têm necessidade de um relaxamento recreacional. Quando Você se relaxa, trabalha melhor e se sente melhor. Para aprender a relaxar é preciso ser paciente. As pessoas que são nervosas ou extremamente aflitas são impacientes demais, sempre apressadas e conseqüentemente sofrem por serem incapazes de se relaxar. Preocupam-se com alguns pensamentos inquietadores que neutralizam qualquer esforço para o relaxamento.

O medo provoca a tensão, a qual, por seu turno, contrai os músculos. Para relaxar-se é preciso deixar os seus músculos amolecerem. O *relaxamento muscular* produz o *relaxamento mental.* Beneficia qualquer pessoa tornando-a menos medrosa. Os dentistas chegaram à conclusão de que os pacientes que se relaxam sentem menos dor. Quando Você se relaxa as pessoas ao seu redor, por *contágio psíquico,* também o fazem. Assim como a tensão, o mêdo, a hostilidade e a irritabilidade são contagiosos, a risada, a amizade e o relaxamento também o são.

• A Consciência Como Religião

A "consciência" pode ser definida como a religião íntima encontrada em todos os *sêres* humanos. Nenhum homem nasce sem "consciência", a qual os psicanalistas chamam de "superego" componente da nossa mente.

A religião da consciência não é uma religião *punitiva.* É uma filosofia de plena *satisfação* — que pode ser a base do seu viver. É uma *religião diária* baseada em preceitos éticos — a religião do amanhã — a sabedoria espiritual aliada à moderna Psicologia e ao senso-comum prático. Nem todos os freqüentadores de igreja têm a religião da consciência. O seu preceito prático abrange a idéia de um propósito de vida, uma fé num Poder maior que o homem, uma apreciação das maravilhas do universo, uma *alegria de viver.*

Qual é a sua filosofia da vida? Você já tentou formular alguma? Tôda pessoa necessita anotar num papel tudo aquilo em que acredita — na vida, nas pessoas e na Religião. Experimente fazer isso. Você poderá descobrir muita coisa a respeito de si mesmo — o *porquê* do seu próprio eu.

A pessoa que tem a religião da consciência possui a *saúde da alma.* Não é materialista. Não é escrava de um idealismo fanático. Não vive numa tôrre-de-marfim e nem possui senso destorcido de valores. Não é fatalista, acreditando que o que está para acontecer acontecerá. Não possui conflitos com a religião e com a igreja que escolheu. A *saúde da alma* é essencial para a *saúde do corpo e da mente.*

A religião da consciência alimenta a *compreensão humana, o* crescimento da personalidade, o desinterêsse, a serenidade através de isenção da culpa, da ansiedade e do "pecado"; a isenção do ódio por si mesmo, da auto-recusa neurótica, da autocondenação do mêdo de Deus e do mêdo do "diabo".

A religião da consciência significa a obtenção da *maturidade emocional* — dá o devido aprêço à sabedoria que existe em tratarmos nosso semelhante da mesma maneira que desejamos que êle nos trate (um princípio de ética que constitui o denominador-comum de tôdas as religiões tradicionais) — a compreensão de que *nossa consciencia é nosso psiquiatra.*

EPÍLOGO

UM PENSAMENTO FINAL

Agora que as nossas 22 sessões de Psicoterapia atingiram seu término, deixe-me transmitir-lhe este pensamento final. Não é o que Você já sabe, ou que aprendeu recentemente neste livro ou em qualquer outro, que é importante, mas sim a maneira pela qual orienta e aplica a aquisição deste novo conhecimento à vida quotidiana que é realmente importante.

O percebimento íntimo por si mesmo não é uma resposta completa. Requer a *sábia aplicação do proveitoso conhecimento íntimo*, da *autodisciplina efetiva* e da *ação construtiva* para alcançar uma vida bem equilibrada.

O conhecimento se torna *sabedoria* somente depois de ter sido pôsto em prática.

O valor que Você terá adquirido destas sessões será obtido através *do que Você pretende fazer de si próprio*, do quanto Você aprendeu a respeito do seu *verdadeiro eu*, da extensão da resolução dos seus conflitos íntimos e da habilidade de seguir direções apontadas.

É como Albert E. Cliffe, autor de "Lessons in Successful Living" (*Lições para um Viver com Êxito*) afirmou: "Quando Você compra um pacote de sementes, no invólucro estão impressas as instruções e Você sabe que se semear de acordo com elas obterá os resultados desejados. Se, contudo, forem plantadas de outra maneira, em desacordo com as instruções, não será obtido resultado algum. Assim pois, em tal caso não se deve culpar nunca a casa de sementes que as vendeu."

Um *novo modo de viver* — mais saudável, mais feliz e com mais êxito — será seu se Você estiver disposto a fazer o necessário esforço e se estiver desejoso de planejar e pôr seu plano em prática. É como um escritor se expressou:

Os homens destituídos de planos estão à mercê dos ventos errantes da sorte. Aqueles que possuem planos e determinação para seguir, têm o controle do destino. Os prêmios mais ambicionados que a vida pode oferecer estão nas mãos daqueles que planejam. As sobras ficam para aqueles que não têm ideal.

Esqueça o *dia de ontem* e viva o
dia de hoje.

Amanhã cedo, quando Você despertar, dê início ao seu *novo* dia com a convicção de que

A FELICIDADE É APENAS UM MODO DE VIVER

e

que *somente Você* é o
detentor da *chave* de sua Felicidade.

O AUTOR

FRANK S. CAPRIO é membro da American Medical Association, da American Psychiatry Association, da Society for the Advancement of Psychotherapy, da St. Elisabeth's Medical Society, da Washington Psychiatric Society, da American Association for the Advancement of Science do International Club of Washington.

De 1932 a 1941, quando se tornou capitão do Exército norte-americano, o Dr. Caprio desenvolveu extensa atividade clínica e de pesquisa como membro do corpo médico do Walter Reed Hospital. Seu aperfeiçoamento pós-graduado abrange cursos na Clínica Mayo, na George Washington University, na clínica do Dr. A. A. Brill em Nova York, assim como em Viena.

Antes deste, o Dr. Caprio escreveu dez livros sobre vários aspectos da Psiquiatria e do ajustamento, alguns dos quais traduzidos em línguas estrangeiras. Escreveu ainda mais de cem artigos em jornais médicos e de divulgação. Exerce a clínica particular em Washington, onde tem ajudado centenas de pessoas a tratar de seus problemas emocionais e encontrar melhor e mais saudável vida.

Em Ajuda-te Pela Psiquiatria o Dr. Caprio revela técnicas de auto-análise que todos podem empregar. Mostra como, pelo conhecimento de nós mesmos, podemos saber porque agimos de um modo ou de outro. E mostra-nos como — sendo nosso próprio psiquiatra — podemos literalmente mudar nossa personalidade de *dentro para fora*.

NAS LIVRARIAS

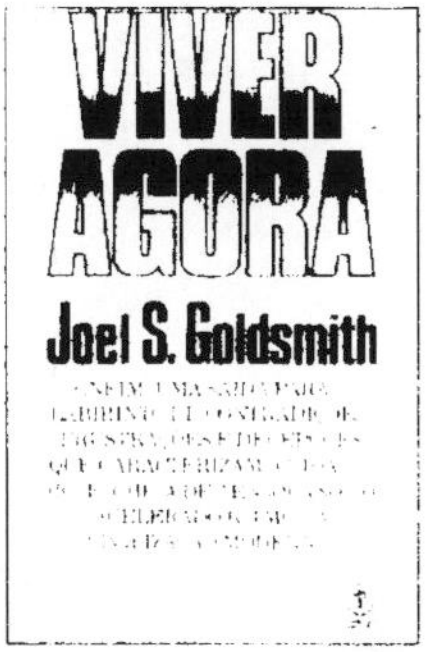

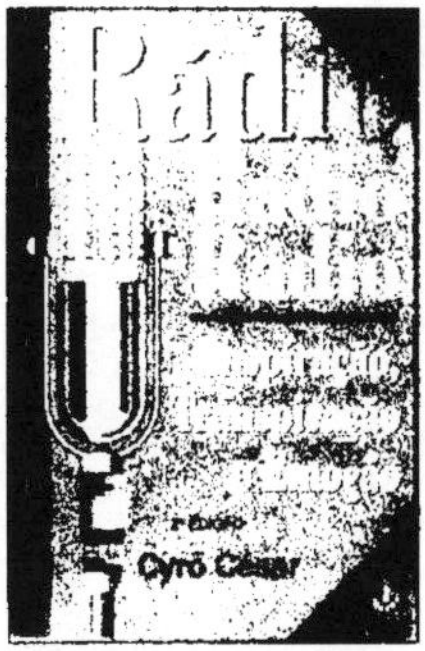

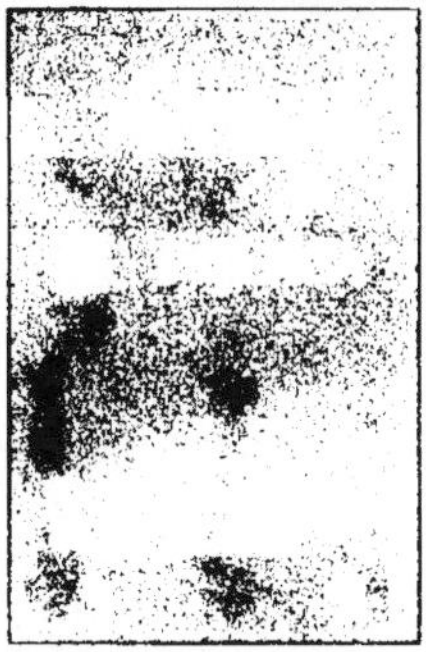